DRYAS

Volker Häring

»Ein Bus namens Wanda«

Abenteuer Alltag entlang des Mekongs

Erzählungen

Dryas Verlag

1., korrigierte Auflage 2011

© Dryas Verlag, Text und Bilder
Herausgeber: Dryas Verlag, Mannheim

Umschlaggestaltung: Rosa Segerer, Segerer Design
Umschlagbild und Bildteil: Volker Häring
Herstellung: Gabriel A. Neumann, Heidelberg
Druck: AALEXX Buchproduktion GmbH, Großburgwedel
Lektorat: Sandra Thoms

Bibliografische Information der Deutschen Bibliothek:
Die Deutsche Bibliothek verzeichnet diese Publi-
kation in der Deutschen Nationalbiografie, detaillierte
bibliografische Daten sind im Internet über http://dnb.ddb.de
abrufbar

ISBN: 978-3-940855-14-5
www.dryas.de

Meiner Frau Zornica und meiner Tochter Sarah, die dann doch noch vor diesem Buch das Licht der Welt erblickte.

Volker Häring:
Ein Bus namens Wanda
Abenteuer Alltag entlang des Mekongs

Vorwort 9

1. Teil: China 13
1. Ein Bus namens Wanda 15
2. Shangri-La: Wo die Sonne und der Mond das Herz berühren. 25
3. In luftigen Höhen 39
4. Zu Gast bei Lehrer Liu 53
5. Karaoke für Fortgeschrittene 63
6. Hao Jiu! 77
7. Von Daoisten und Kulturrevolutionären . . . 87
8. Vom Pferd zur Ziege 97
9. 12 000 Reisbezirke und ein Schrebergarten . . 109
10. Große Welt – Ende der Welt 121

2. Teil: Laos 129
1. Sawadii! 131
2. Abends nun mit Beleuchtung: Udomxai . . . 141
3. Spritztour mit Mönchen 151
4. Von alten und neuen Geistern. 161
5. Zapfenstreich! 171
6. Inselhängen am Mekong 179

3. Teil: Kambodscha 191
1. Bambusvorhang ohne Bäume 193
2. In der Diaspora 205
3. Auf den Spuren der Khmer 215
5. Entgleist in Phnom Penh. 233
6. Koloniale Patina. 243
Literaturliste Mekong 251
Karte 253

Vorwort

Der Mekong ist ein Mythos. Gehört hat im Westen fast jedes Kind von Asiens drittlängstem Strom und die meisten träumen davon, ihn einmal in Natura zu sehen. Mir ging es da nicht anders und zuweilen fühlte ich mich wie der kleine Tiger bei Janosch: „Oh, wie schön ist der Mekong!", schwärmte ich über Bildern und Landkarten, noch bevor ich ihn zum ersten Mal gesehen hatte. Und ja, zuweilen riecht der Mekong tatsächlich von oben bis unten nach Bananen! Und nach Blüten, Kokos und leckerem Essen. Zuweilen aber auch nach Diesel, Abfall und Abwasser. Warum sollte ein Mythos auch vollkommen sein?

Dem Mekong von der Quelle zur Mündung zu folgen, war mein Traum. Schließlich wurde es eine insgesamt knapp über 3 000 Kilometer lange Entdeckungsfahrt, vom Oberlauf in Deqin an der tibetischen Grenze bis nach Phnom Penh, der kambodschanischen Hauptstadt. Die in diesem Buch beschriebene Reise habe ich in vier Etappen zwischen 2003 und 2009 überwiegend mit dem Fahrrad gemacht. Dabei stand das Radfahren aber nicht im Vordergrund. Sicherlich habe ich auch meinen Spaß daran, 2 000 Höhenmeter zu bewältigen und dann ebenso viele bergab zu sausen. Ein Vergnügen, das sich aber für den Leser spätestens bei der wiederholten Beschreibung in Grenzen hält. Das Fahrrad hat daher eher eine Nebenrolle und war für mich Mittel zum Zweck. Denn mit kaum einem Fortbewegungsmittel kommt man den Menschen einer Region so nahe wie auf zwei Rädern. Und darum ging es mir: die Menschen hinter dem Mythos Mekong kennen zu lernen. Das sind nicht nur Tibeter, Chinesen, Laoten und Kambodschaner, sondern auch die vielen kleinen Minderheiten entlang des Mekongs, Volksgruppen, von denen im Westen kaum jemand gehört hat. Menschen, die am und vom Mekong leben oder in seinem Einzugsbereich.

Allerdings: Entlang des Mekongs – das klingt einfacher als es ist. In China gibt es gerade einmal auf 300 Kilometern eine Uferstraße, in Laos hält das Straßennetz zumeist einen Anstandsabstand von einigen Kilometern zum Fluss. Nur in Kambodscha konnte ich dem Fluss wirklich am Ufer folgen – dann aber auch nicht auf Straßen, sondern auf brüchigen Feldwegen.

Entlang des Mekongs konnte also nur eine Grobrichtung sein, ein geografischer Pfeil in Richtung Süden. Ich folgte einer Lebensweise, einer Kultur, die maßgeblich vom Mekong beeinflusst ist – jenseits von Landes- und Sprachgrenzen.

Beim Mekong denkt man gemeinhin an Palmen, Kolonialarchitektur und tropische Früchte: Südostasien eben. Das hat auch etwas mit der Entdeckungsrichtung des Mekongs zu tun: Sie verlief immer von der Mündung in Richtung Quelle, von Vietnam nach China, und über die subtropische Vegetationslinie schafften es die Wenigsten. Dabei entspringt der Mekong, wie fast alle anderen berühmten Flüsse des asiatischen Kontinents, im Himalaja und fließt immerhin fast die Hälfte seiner Länge durch China, meist durch enge Schluchten, umgeben von schneebedeckten Bergen. Klein, klar und reißend ist der Mekong dort, und will so gar nicht seinem Klischee entsprechen. Unter anderem deshalb wollte ich meine Reise dort beginnen und dem Mekong flussabwärts folgen.

Noch vor 100 Jahren hatte eine Reise am Mekong entlang Expeditionscharakter. Krankheiten, feindlich gesinnte Völker und das Klima machten das Reisen am Fluss zu einer Tortur. Heute kreuzen Fünf-Sterne-Schiffe durch das Delta, der Mekong scheint entzaubert, bezwungen.

Jenseits der Fassade hat der Fluss aber nichts von seiner Faszination eingebüßt. Der Alltag am Mekong birgt heute das Abenteuer. Der Rest ist ein Mythos.

1. Teil:

China

Wer auch immer behauptet hat, Chinesen seien introvertiert und zurückhaltend, war noch nie in der Volksrepublik China. Laut, gesellig und neugierig geht es zumeist zu. Wenn dann auch noch eine Langnase im Bus oder gar auf dem Fahrrad auftaucht, hat das Event-Charakter. Nicht so sehr in den großen Städten wie Peking oder Shanghai. Auf dem Land, in Dörfern oder Kleinstädten jedoch um so mehr. Sich als alleinreisender Westler einfach mal so an den Straßenrand, in ein Restaurant oder in einen Park zu setzen, ist eine Einladung zum Gespräch. Aber das ist ja auch gut so: Wer möchte schon durch ein fremdes Land reisen und sich immer nur in Selbstbespiegelung ergehen. Gewisse Sprachkenntnisse sind dabei jedoch von Vorteil. Auch wenn man als Reisender immer mal wieder Sprachgenies trifft, die das eigene Chinesisch im Vergleich zum dargebotenen Englisch oder Deutsch eher schäbig erscheinen lassen, spricht der überwiegende Teil der lokalen Bevölkerung nichts als das, was man dort für Hochchinesisch hält. Das ist dem Mandarin dann so nahe wie Schwäbisch dem Hochdeutschen.

Nirgends zeigt sich die Größe und Vielfalt Chinas so wie in der Südwestprovinz Yunnan, an den Südausläufern des Himalajas, angrenzend an Laos, Myanmar (Birma) und Vietnam. „Yunnan Duliguo", *das unabhängige Yunnan*, ist ein lokal gerne verwendetes Bonmot, das rein gar nichts mit tatsächlichen Unabhängigkeitsbestrebungen zu tun hat, sondern einfach mit der Tatsache, das Yunnan ein wenig anders als der Rest Chinas ist, war und fühlt: Eine in Ansätzen multikulturelle Gesellschaft jenseits von Xenophobie, in der sich selbst die in der Regel von ihrer eigenen kulturellen Überlegenheit überzeugten Han-Chinesen anderen Kulturen gegenüber aufgeschlossen geben. 25 offiziell anerkannte Volksgruppen wohnen in Yunnan, und viele sind schon seit Jahrhunderten an fremde Besucher gewöhnt. Mit der südlichen Seidenstraße und der historischen Teestraße führen allein zwei der bekanntesten Karawanenrouten durch die Provinz.

Meine Reiseroute führt von der Provinzhauptstadt Kunming zuerst entlang der Burmastraße ins 400 Kilometer entfernte Dali. Von dort bringt mich der namensgebende *Bus namens Wanda* bis zur tibetischen Grenze. Ab da beginnt meine Rad-Reise entlang des Mekongs, von Deqin im äußersten Nordwesten Yunnans entlang der historischen Teestraße nach Jinghong am südwestlichsten Zipfel Chinas.

Beim Erreichen der laotischen Grenze werde ich knapp 2 000 Kilometer mit Rad und Bus zurückgelegt haben.

1. Ein Bus namens Wanda

„Mashang! Ist das jetzt ein Yunnan-Mashang, ein Peking-Mashang oder ein Shanghai-Mashang?!" Der alte Mann, dessen Hornbrille noch größer als sein rundes Gesicht ist, blickt erwartungsfroh in die Runde. „Mashang ist ja ein vielfältiges Wort", legt er nach. Auf die Frage, wann denn der längst überfällige Bus nach Zhongdian kommen würde, hatte der Fahrkartenverkäufer „Mashang jiu daole!" geantwortet, „Er wird *gleich* kommen!" Gleich, *mashang* eben, eines dieser Wörter, die sich mit gutem Gewissen wirklich nur in „Alles zwischen einer Minute und einer Ewigkeit" übersetzen lassen. „Peking-Mashang heißt in der Regel zehn Minuten, Shanghai-Mashang heißt wirklich Mashang, also alles unter fünf Minuten", zieht der alte Chinese unbeirrt seine rhetorisch-philosophischen Kreise. „Wir haben es hier also mit einem typischen Yunnan-Mashang zu tun, das mit den Guizhou- und den Hunan-Mashangs zu den langsamsten des Vaterlandes gehört. Ein Yunnan-Mashang ist, wie soeben bewiesen, mehr als eine Stunde!"

Ehe die anderen potentiellen, dem philosophischen Exkurs ziemlich indifferent gegenüberstehenden Fahrgäste einen Kommentar abgeben können, hupt eine Schiffssirene und unsere Köpfe schnellen in Richtung des Wunderhornes. Was da rumpelnd und hupend auf uns zukommt, bleibt deutlich hinter seinen akustischen Fähigkeiten zurück und lässt Zweifel aufkommen, ob es der anspruchsvollen Strecke bis ins auf 3 200 Höhenmetern gelegene Zhongdian gewachsen ist. Immerhin, „Wanda Che" steht da in frischer Farbe auf der Seitenfront. *„Ein Bus namens Wanda"*, übersetze ich murmelnd vor mich hin und versuche die Aufmerksamkeit des Beifahrers zu erregen, der für das Ein- und Ausladen zuständig ist. Der versucht, mich und mein Fahrrad geflissentlich zu ignorieren. „Shifu, *Meister"*, spreche ich ihn an und er gibt ein wissendes Grunzen von sich. „Kannst du mit in den Bus nehmen!", sagt er, ohne aufzuschauen. *„Meister!"*, sage ich nun mit leichter Ungeduld und schließlich erhebt sich der Shifu aus seinem gefederten, weil wacklig in der Luft hängenden Beifahrersitz, geht zum Heck des Busses und zieht eine Eisenleiter vom Dach. Ich reiche ihm mein Rad, das er umständlich in der Luft umdreht. „Pass auf die Schaltung auf", rufe ich ihm zu, kurz bevor das Schaltwerk auf das Eisen des Dachgepäckträgers knallt.

Am Morgen war ich mit dem Nachtzug aus Kunming, der Hauptstadt der Provinz Yunnan, im 400 Kilometer entfernten Dali angekommen. Yunnan, Chinas Vielvölkerprovinz im Südwesten des Landes liegt an den südlichen Ausläufern des Himalayas auf durchschnittlich 2 000 Metern Höhe. Vor zehn Jahren war die Strecke Kunming-Dali noch ein zwölfstündiger rumpeliger Bustrip, heute braucht selbst die Bummelbahn gerade mal sieben Stunden. Dali, die legendäre Backpacker-Metropole, mit der in den frühen 1990er Jahren Pizza und Banana-Pancake den Einzug ins Reich der Mitte gehalten haben, wird in zwei Wochen noch einmal ein längerer Stopp auf meiner Reise sein, jetzt geht es erst einmal Richtung Oberlauf des Mekongs. Zhongdian ist mein Etappenziel, das ich mit dem Bus ansteuere. Mehr als 5 000 Höhenmeter auf knapp über 200 Kilometern ist mir für den Anfang mit dem Fahrrad eindeutig zu viel.

16

Mein Busticket verspricht die Sitznummer 1, die sich dann aber direkt über dem hinteren Radkasten befindet. Die Sitze in der ersten Reihe tragen die Nummern 26 und 14, wobei letztere Zahl wohl ein Omen ist. *Yaosi*, geh zum Teufel, kann man die 14 auch aussprechen, und hiermit ist verbal vorweg genommen, was den Sitzplatzinhaber bei einer Vollbremsung erwartet. Wobei die Kombination *Yaosi Erliu* (14-26) auch mit viel gutem Willen als „Er ist verdammt und hat es dennoch geschafft!" gelesen werden kann. Man könnte meinen, die Busgesellschaft hätte sich etwas bei der Zuordnung der Nummern gedacht. Die Abfahrt verzögert sich trotzdem, da einige Chinesen auf ihre Sitznummern bestehen, während andere wohl nichts von Zahlenmystik halten. Auf der Rückbank sitzt eine Gruppe junger Tibeter und grinst. Der Busfahrer mahnt zur Eile und der Philosoph murmelt ein *Mashang jiu zou*. *Gleich* wird es losgehen! Endlich schließt sich die pneumatische Tür auf den dritten Versuch mit einem lauten Seufzer und der Fahrer würgt mit ohrenbetäubendem Knarzen den ersten Gang ins Getriebe. Eine Minute Schwung holen und dann ist mein Bus namens Wanda eher Känguru als Fisch und hüpft munter von Schlagloch zu Bodenwelle. Jeden Schlag bekomme ich über die butterweiche Federung direkt auf meine Wirbelsäule. Die neu gebaute Straße zwei Kilometer tiefer im Tal sei zwar ungleich besser, koste aber Maut, erzählt grinsend der Beifahrer, der für den Sozialkontakt an Bord zuständig ist und mich als einzige Langnase im Bus als primären Gesprächspartner ausgemacht hat. Besser gesagt, als Zuhörer. Dafür hat er sogar seinen bequemen Sitz neben dem Fahrer verlassen und sitzt mir nun halb auf dem Schoß. Kaum habe ich ihm erzählt, dass ich aus Deutschland komme, rattert er etwas herunter, dass wie *Rummenigge-Matthäus-Beckenbauer-Hitler-Daimler Benz* klingt. Also Lu-me-ni-ge, Ma-te-you-si, Bei-ken-bao-er, Xi-te-le, Ben-che. Dazu geht dann der Daumen nach oben und ich spare mir die Bemerkung, dass Hitler nicht nur als Fußballer eine Null war – für die meisten Chinesen übt das „Dritte Reich" nun mal einen gewaltigen Reiz aus. Das kleine Deutschland gegen die ganze Welt, da findet sich manch ein Chinese wieder, auch wenn das Reich der Mitte natürlich nicht gerade ein kleines Land ist. Aber im Selbstverständnis eben auch allein gegen den Rest der Welt steht. „Aber Hitler war doch ein großer Führer!", insistiert der Beifahrer, als er meine angeekelte Grimasse sieht. Da ich nicht weiß, wie man Gröfaz auf Chinesisch übersetzt, frage ich ihn nach Chiang Kai-shek, den in der VR China meist eher gehassten großen Gegenspieler Mao Zedongs, und erfahre, dass er auch den gut findet. Am besten gefällt ihm aber Helmut Kohl, der hätte Maos Leibesfülle gehabt. Dann grinst er, hält mir zwei Zigaretten ins Gesicht, dessen bodenwellenbedingtes Wippen direkt unter meiner Nase mich etwas schwummrig macht. „Tingle!", *Hab' aufgehört!*, versuche ich die höflich-bestimmte Variante der Ablehnung. Als Nichtraucher ist man in diesen Breitengraden kein vollwertiger Mann, als Ex-Raucher aber ein echter Kerl, weil man es geschafft hat, aufzuhören. „*Ich schaff das nicht!*", entgegnet der Beifahrer, der auf den schönen Namen Liu hört, neben Wang und Zhang der chinesische Meier.

Nach einer Stunde Gehüpfe und Geruckel erreichen wir das nördliche Ende des Erhai-Sees. Ein halbverfallener Wachturm erinnert an die glorreiche Vergangenheit des Örtchens Shaping, das, als es noch

Shangguan, der *Obere Pass*, hieß, wichtigste Zollstation am oberen See war. Die Karawanen der Teestraße kamen hier vollgepackt aus Lhasa an und mussten ihren Obolus entrichten, bevor sie ihren Weg über Dali in Richtung Indien und Südostasien fortsetzen konnten. Zuweilen wurde die wertvolle Fracht auch auf Dschunken umgeladen, die sie dann auf dem Erhai, den *Ohrensee*, nach Xiaguan am Südufer brachten. Heute tummeln sich nur noch einige vereinzelte Ausflugs- und einige Fischerboote auf dem See, Motorboote sind streng reglementiert, nachdem der Erhai Ende der 1990er ob seiner Verschmutzung negative Schlagzeilen machte. Das war schlecht für den gerade aufkeimenden Fremdenverkehr und so griff die Umweltbehörde der Provinz zu drastischen Maßnahmen. Sprich: Die Touristenströme wurden auf große staatliche Ausflugsboote verfrachtet und die Fischer, die sich vor allem mit der Beförderung von Backpackern eine kleines Zubrot verdienten, gehen seitdem fast leer aus.

Die Straße ist, seit wir das Tal des Erhai verlassen haben, deutlich besser geworden. Zur Fahrgeschwindigkeit trägt dies nur unwesentlich bei, da gerade Erntezeit ist und die Bauern die Staatsstraße zum Trocknen und Dreschen des Korns verwenden. Das ist so praktisch wie verboten, aber wer legt sich in China schon gerne mit ein paar Tausend Bauern und der Tradition an. Von einem Verbotsschild am Straßenrand mit der Aufschrift „Missbraucht nicht die Straßen – öffentliches Eigentum ist Volkseigentum!" hängt eine Dolde Maiskolben neben knallroten Chilischoten zum Trocknen. „Suzhi tai di, *den Bauern fehlt es an Bildung!*" bemerkt der Beifahrer und rotzt in den Mittelgang. Der Fahrer gibt Gas und verlässt sich auf die Warnwirkung seiner Hupe. Da alle anderen Fahrer das aber genauso machen, stört sich keiner mehr an der Hupkakophonie und die Bauern schlichten in aller Seelenruhe das fertig gedroschene Getreide um.

An der Ortseinfahrt von Niujie, zur Karawanenzeit noch wichtige Übernachtungsstation, heute ein schäbiges Straßendorf, prunkt ein großes Propagandaplakat, mit der chinesischen Fahne, Deng Xiaoping und dem Spruch „Nur der Fortschritt ist ein harte Tatsache!". Direkt dahinter hört die asphaltierte Straße für ein paar Kilometer auf und führt dann mit runderneuerter Teerdecke in die Berge. Die Ortschaften und damit die zerealen Hindernisse werden seltener und der Fahrer schaltet zum ersten Mal in den vierten Gang. Leider. Er lehnt sich in die engen Kurven, als säße er auf einem Motorrad. Tatsächlich fühlt es sich in einigen Serpentinen so an, als würden die dem Abgrund gegenüberliegenden Räder abheben. Weil es sein Fahrgefühl fördert, schiebt der Busfahrer eine Kassette mit Kantopop in die Anlage und aus von der Lautstärke vollkommen überforderten Boxen schmalzt eine männliche Stimme, dass sie ihn doch endlich verstehen sollte. Die weibliche Antwort lässt nicht lange auf sich warten und so plätschert das Lied als Duett dahin, gefolgt von einer Auswahl weiterer chinesischer Schlager. Nach einer halben Stunde chinesischer Schnulzen aus dem Perlflussdelta arbeitet sich einer der Tibeter durch den mit Gepäck vollgestellten Gang nach vorne und hält dem verdutzten Fahrer eine Kassette unter die Nase. „Liebesgesänge, tibetische!" sagt er grinsend. Der Busfahrer dreht sich in den Fahrgastraum um und fragt, ob die anderen Passagiere das hören möchten, wohl in der Hoffnung, ein „Nein" als Antwort zu bekommen. „Warum nicht!", ruft eine Chinesin in der dritten Reihe und ich schließe mich an. Der Philosoph sagt, die tibetischen Gesänge sollte man *Mashang* hören und der Busfahrer versteht dies als Shanghai-Mashang und wechselt die Kassette. So wie ich den Philosophen und Sprachkünstler einschätze, könnte er Mashang auch im Wortsinne gemeint haben: „*Zu Pferde*, ma shang, sollte man diese Musik hören!" Wobei das Wortspiel wohl eher rhetorisch als abschätzig gemeint ist. Für den Chinesen, auch den gebildeten, sitzen die Tibeter eben idealtypisch auf Pferden, tragen Cowboyhüte und trällern Lieder. Es ertönt ein herzzerreißender A-cappella-Gesang, gerade als wir die Passhöhe erreicht haben, der Fahrer auskuppelt, den Motor abstellt und den Bus die stark abschüssige Straße hinabrollen lässt. Einige tibetische Liebesschwüre später, nach einigen engen Kurven, die wir mit gefühlten 80 Stundenkilometern durchjagen, ohne dass der Fahrer den Fuß auch nur in der Nähe der Bremse zu haben scheint, glänzt im Tal ein träge dahinfließender Fluss in der Sonne. Eigentlich möchte ich ja zum Mekong, jetzt gebe ich mich vorerst aber auch mit dem Yangzi zufrieden. Der liegt quasi auf dem Weg und war, wie Geologen festgestellt haben, vor 20 Millionen Jahren ja auch nicht mehr als ein Nebenfluss des Mekongs. Drei der gewaltigsten Flüsse Asiens, der Salween, der Mekong und der Yangzi laufen hier auf mehr als 100 Kilometern parallel zueinander, getrennt durch bis zu 6 000 Meter hohe Bergketten. Nur der Yangzi stößt in Shigu an eine Berggranitwand und dreht in Richtung chinesisches Kernland nach Osten ab.

„Aussichtspunkt", kündigt rechter Hand ein großes Schild an, und prompt hält Wanda am Straßenrand, der Beifahrer füllt in einer improvisierten Raststätte

Wasser nach, die männlichen Passagiere wässern den Straßengraben und die Frauen kaufen ein paar Äpfel, die direkt vor dem Yangzi-Blick von Bauersfrauen unter großen roten Schirmen mit der Aufschrift „Coca Cola" angeboten werden. „Das ist die erste Biegung des Yangzi", gibt Liu den Fremdenführer, „ohne diese Schleife des Flusses gäbe es China wahrscheinlich nicht!" Tatsächlich würde der Yangzi ohne diese und eine weiter abrupte 180 Grad Kehre im Norden Lijiangs direkt in Richtung Süden fließen und schließlich in den Mekong, was er zu Urzeiten auch tat. Dann säße China heute auf dem Trockenen. Während ich die Aussicht bewundere und meine, Shigu in der Ferne erkennen zu können, zupft ein Naxi-Bauer in blauer Arbeiterkluft und -mütze an meinem Ärmel und hält mir einen Korb Steinpilze unter die Nase. Die Pilze duften herrlich, und für einen Augenblick bin ich versucht, zuzugreifen und für den Abend ein Restaurant zu suchen, das sie mir zubereitet. Da augenblicklich aber Pilzsaison ist und jedes Restaurant eine Auswahl von mindestens drei frischen Pilzsorten im Angebot hat, nehme ich von der Idee wieder Abstand. Schließlich greift der Fahrer zu. „Bringe ich meiner Frau mit", sagt er, „die bereitet die Pilze wunderbar mit Knoblauch und grüner Paprika zu." Mir läuft bei dem Gedanken das Wasser im Mund zusammen, ich beruhige mich mit einem Apfel und der Hoffnung auf eine baldige Mittagspause. Die folgt nach einer weiteren halsbrecherischen Abfahrt ins Yangzi-Tal in Qiaotou. Qiaotou liegt am westlichen Ende der Tigersprungschlucht, die sich im Norden Yunnans zwischen den Jadedrachenschneeberg und den Habaschneeberg in den Granit gefressen hat. Hier heißt der Yangzi noch Jinshajiang, *Goldsandfluss*, und zwängt sich auf knappen

30 Kilometer durch eine 3 900 Meter tiefe Schlucht, die an ihrer engsten Stelle am Talboden gerade einmal 20 Meter breit ist.

„Banana Pancake!" schreit es von einer der Cafétafeln. Unser Bus biegt jedoch in einen schmuddeligen Innenhof gegenüber, reiht sich in einem geschickten Manöver neben zwei weiteren Wandas, anscheinend die Lieblingsmarke der Yunnaner Busunternehmen, ein und spuckt uns mit einem Seufzer in eine Schlammpfütze. „30 Minuten Pause! Geht auf die Toilette und esst was!", schreit Liu uns hinterher. Die Toilette ist ein offenes Loch, das direkt in den kleinen Zhongdian-Fluss abfällt. Das Restaurant ein Loch in einer Badezimmerfliesen gekachelten Wand, das einen starken Öl- und Knoblauchgeruch verströmt. Die lokale Yakfleisch-Nudelsuppe schmeckt allerdings erstaunlich gut und ist so reichhaltig, dass ich die Stäbchen schon nach der halben Schüssel zur Seite lege. Derweil schlürfen meine Mitreisenden Nudelsuppen mit Heißhunger und laben sich an allerlei Kurzgebratenem. Nach fünf Minuten ist das Yakfett in meiner Suppenschüssel geronnen und sieht weniger appetitlich aus, eher wie etwas, das ich mir für lange Radetappen prophylaktisch auf das Hinterteil schmieren könnte. Yakfett soll ja gesund für die Haut sein. Bevor das Yakfett Wurfqualitäten bekommt, hupt der Busfahrer zum Aufbruch, 45 Passagiere drängen sich durch die enge Tür, wir rangieren eine gute Viertelstunde aus dem Innenhof heraus und nehmen dann, nun wieder stramm bergauf, langsam aber stetig Fahrt auf.

„Hier gibt es auch eine neue Straße", raunt mir Liu mit einem Grinsen zu. „… aber ich wüsste ja!" 20 Yuan Maut für zwei Stunden Fahrtzeitersparnis lohnt eben nicht. Diesmal bin ich über die Wahl der alten Straße aber nicht unglücklich. Während die neue Straße (*Highway* steht an der Abzweigung) größtenteils durch einen langen Tunnel führt, schlängelt sich die alte, etwas verfallene Straße über mehr als 50 Serpentinen fast 2 000 Meter in die Höhe. Wir folgen dem kleinen Zhongdian-Fluss, der als reißender Bergbach in mehreren Wasserfällen und vielen Wildwasserpassagen durch eine dicht bewaldete Schlucht in Richtung Yangzi stürzt. Rhododendron blüht an den Hängen inmitten von dichtem Mischwald, dessen Baumstämme an der Nordseite von Flechten bedeckt sind. Die Baumgrenze liegt in Nordyunnan bei knapp 4 000 Metern Höhe, selbst in höheren Lagen trotzen noch einige knochige Nadelhölzer den Elementen. Bauern transportieren tief gebeugt Brennholz auf dem Rücken, notdürftig mit einfachen Stricken auf wackelige Gestelle geschnallt. Die engen Serpentinen nötigen selbst unserem Busfahrer Respekt ab, unvergleichbar vorsichtig geht er die Kurven an, schleicht den Pass hoch und gibt nur dann unnachgiebig Gas, wenn er für eine besonders steile Rampe Schwung braucht. Ein letztes Stöhnen der Federung, ein Rumsen durch ein Schlagloch und schon ist nach fast drei Stunden die Passhöhe erreicht. Die Tibeter auf der Rückbank stimmen ein Lied an. Auf der rechten Seite begrüßt uns eine weiße, mit Gebetsfahnen behängte Stupa im tibetischen Kulturraum. Von der Passhöhe führt eine breit ausgebaute Straße durch weites Grasland direkt nach Zhongdian. Nach insgesamt 250 Kilometern und acht Stunden Fahrtzeit empfängt uns eine dreisprachig chinesisch, tibetisch und englisch gehaltene große Tafel, die fröhlich tanzende Tibeter in Lokaltracht vor Schneebergen zeigt, in Shangri-La, wie Zhongdian neuerdings heißt, das „Land, in dem die Sonne und der Mond das Herz berühren."

2. Shangri-La: Wo die Sonne und der Mond das Herz berühren.

„Sie haben die Stadt tibetisiert!", sagt Uttara, die Sales Managerin des Gyalthang Zang Hotels mit einem ironischen Lächeln. „Chinesische Häuser mit tibetischer Fassade!" Also quasi Lei-Fengsche-Dörfer. Lei Feng, das war der chinesische Mustersoldat, der in den 1960er Jahren jedem Untertanen im Reich der Mitte als Vorbild gepriesen wurde. Xiang Lei Fang xuexi!, *von Lei Feng lernen*, meinte wörtlich, den Kameraden die Socken zu stopfen, die Schriften Mao Zedongs in- und auswendig zu können und seinen Sold der Garnison zu spenden. In der Propaganda stand Lei Feng für die gelebte sozialistische Idee, Altruismus und war – zumindest in den Köpfen der leitenden Kader – integrierendes Element der chinesischen Gesellschaft. Eine fabrizierte Gestalt, wie viele heute vermuten.
Zhongdian ist nun eine Musterstadt, Shangri-La eine Musterregion und dient den chinesischen Behörden als Utopia, als Beweis, wie das Zusammenleben zwischen Tibetern und Chinesen funktionieren kann. Oder besser gesagt, das Zusammenleben von Tibetern, Chinesen und Touristen im Sinne des guten Profites. Nun heißt Zhongdian also Shangri-La, nach dem mythischen Paradies einer tibetischen Sage, die der amerikanische Autor James Hilton in den 1930er Jahren als Vorlage nahm, um in seinem Roman „Lost Horizon" eine christlich-buddhistische Utopie im Himalaya zu kreieren: Ein unzugängliches Bergtal im Schatten eines Eisriesen, in dem westliche und östlich Ideen unter der Ägide eines katholischen Abtes eine gewinnbringende Synthese eingegangen sind. Auf der Flucht vor einem Aufstand in Nordindien

besteigt der amtsmüde britische Diplomat Convey
ein Flugzeug, das ihn und seine drei Mitreisenden
in Sicherheit bringen soll. Stattdessen entführt der
Pilot die Maschine und steuert sie über die Bergriesen des Himalajas in ein abgeschiedenes Hochtal, in
dem ein einsames Kloster liegt: Besagtes „Shangri-
La". Im Anflug seines Helden auf das gelobte Land
beschreibt Hilton einen großen Strom, der, und da
sind sich die Exegeten einig, als der Mekong gedeu-
tet werden kann.

Xuan Ke, Zeremonienmeister und gnadenloser
Selbstdarsteller des berühmten Naxi-Orchesters in
Lijiang, einer alten Karawanenstadt etwa 150 Kilometer von Zhongdian entfernt, war angeblich der
erste, der das mythische Shangri-La in Zusammen-
hang mit der Region gebracht hat. Wahrscheinlich
dachte er dabei eher an seine Heimatstadt Lijiang,
die mit dem Jadedrachenschneeberg einen schneebedeckten Bergriesen vor den Stadttoren hat und so
der Beschreibung in James Hiltons „Lost Horizon"
entspricht. „Zu weit weg vom Mekong!", schrieen
die Möchtegern-Shangri-Laer von Sichuan bis Tibet
und brachten die eigenen Städte und Regionen ins
Gespräch. Nun hat eben Deqin den Zuschlag bekommen; und das liegt im Verwaltungsbezirk Diqing,
dessen Kreisstadt Zhongdian ist. Heutzutage heißt
alles Shangri-La, das macht es zumindest für den
Sprachunkundigen einfacher. Wer möchte sich schon
den Unterschied zwischen Diqing und Deqin merken oder gar aussprechen.

Seit Ende der 1990er Jahre leitet Uttara das Gyalthang
Zang Hotel. Die Idee war eine große: Eine nachhaltig
geführte Herberge, die die tibetische Kultur fördert;

ausgerichtet auf eher zahlungskräftigeres Klientel.
Die Realität sah anders aus: Aus Geldmangel wurde vor allem an den Sanitäranlagen gespart. 50 US-
Dollar für kaltes Wasser auf knapp über 3 200 Metern Höhe bei gut 100 Frosttagen im Jahr, das bekam
selbst den wohlwollensten Gästen auf Dauer nicht.
Und der rußende, kohlebefeuerte Heizungsofen in
der Waschküche des Hotels sah beim besten Willen
nicht umweltfreundlich aus. Nach Komplettsanie-
rung 2003 hielten dann mit einer großzügigen Investition der singapurer Banyan-Tree-Gruppe endlich
neben stilvollem Ambiente auch funktionierende
Nasszellen den Einzug in das Hotel, das sich nun zu
einem der interessantesten Boutiquehotels des Ortes gemausert hat. Und lokale Vorbildfunktion hat.
Ehemaligen chinesische Standardbettenburgen wurden tibetische Fassaden verpasst, Familien öffneten
ihre Häuser für Individualtouristen und vom Dalai-
Lama-Breakfast über tibetischen Buttertee bis hin zu
tibetischem Feuertopf haben nun auch die Gerichte
in den Garküchen und Restaurants ein vorher kaum
gesehenes Lokalkolorit. Fehlt nur noch ein Drink mit
dem Namen „Lost Horizon"! Ein Yak-Steak „Shangri-La" gibt es bereits.
Die Umbenennung von Zhongdian in Shangri-La hat
dem Ort also zumindest wirtschaftlich nicht gescha-
det. Relativ pragmatisch sieht Uttara daher auch den
ganzen Rummel um die Verortung des vermeintli-
chen Paradieses. „Immerhin, den Bürgermeister von
Zhongdian haben wir so schon überzeugen können,
dass der alte tibetische Teil der Stadt bewahrt wird",
erzählt sie bei einem Glas tibetischen Rotwein mit
Hirse, der so schmeckt, als hätte man einen Tetrapack
Rotweinfusel mit billigem Korn vermischt. Auf dem
Etikett steht „Tibetan Dry Wine" und „Shangri-La".

Uttara, Inderin mit kosmopoliten Wurzeln, trinkt Schwarztee mit Milch und Zucker.

In Zhongdian habe ich mich mit Andreas, meinem Bandkollegen aus Berlin, getroffen, der mich die nächsten zwei Wochen auf dem Rad begleiten wird. Die große Höhe und ein Rest-Jet-Lag machen uns beiden zu schaffen. Trotzdem schwingen wir uns am nächsten Tag auf unsere Fahrräder und nehmen Kurs auf das Songzanlin-Kloster, das etwa fünf Kilometer nördlich der Stadt gut sichtbar auf einem Berghang thront. Auf dem Weg dorthin fahren wir die Hauptstraße des Ortes entlang.

Zhongdian hat tatsächlich etwas von einer Westernstadtkulisse. Nicht nur, dass uns mehrmals eine Gruppe Tibeter in Tracht auf Pferden entgegenkommt; die Häuser sehen zudem aus, als beständen sie nur aus Fassaden. Vorne tibetische Ziselierungen, dahinter chinesische Einheitsbauweise: Windschiefer Beton, die Zwischenräume mit verputzten Ziegeln ausgefüllt. Ein Hauch Disney wehte durch die Stadt, wären da nicht immer die Einbrüche der manifesten Realität in das Shangri-La-Image. Verrostete Minibusse rasen laut hupend auf schwarze Abgasschwaden knatternd in die Luft schleudernde Traktoren zu. Dazwischen kämpfen Fußgänger, mobile Marktstände und Kühe um ein Stück Straße. Orange uniformierte Straßenkehrerinnen versuchen, mit riesigen Reisigbesen den immer wieder aufgewirbelten Staubwolken Herr zu werden und verteilen den Dreck damit von einer Straßenseite auf die andere.

Der Markt, etwas versteckt in einer riesigen offenen Wellblechhalle am nördlichen Ende der Hauptstraße, sieht aus, als wäre Tourismus ein fernes Echo aus einer andern Welt. Nur die kleinen, unaufgeräumten, selbstgezimmerten Stände mit Tibetnippes verraten etwas von einer bescheidenen Ausrichtung auf finanzkräftige Langnasen, die ihren imaginären Teil von Tibet mit nach Hause nehmen wollen. Ansonsten regiert hier der Alltag: Allerlei Haushaltsgegenstände, Tonnen von Gemüse, lokales und mit viel Aufwand aus Sichuan und den wärmeren Teilen Yunnans hierher transportiertes. Eine Art Baumarkt mit simplen Holz- und Plastikmöbeln, ein Wahrsager, ein Zahnarzt, der die gezogenen Zähne seiner Klienten als Zeichen seiner Arztkunst auf einem Batiktuch ausbreitet und ein gutes Dutzend von Garküchen, die mit verführerischem Duft zum Verweilen einladen.

Wir setzen uns an einem der Garstände auf gerade einmal 10 Zentimeter hohe hölzerne Stümmelbänke und probieren uns mit wachsender Begeisterung durch das Marktangebot. In Kombination mit den 30 Zentimeter hohen Tischen geht das erstaunlich gut. Der erste Gang besteht aus Maultauschen mit Yak-Gemüse-Füllung, die direkt vor unseren Augen frisch hergestellt werden. Dann schlürfen wir eine Nudelsuppe mit Yakfleisch, die gar nicht erst die Chance hat, zu gerinnen, so schnell ist sie im Magen verschwunden. Und als Krönung gibt es Zhongdian – nein nicht Yak, sondern – Ente. Das schmackhafte Federvieh wird in großen als Backofen umfunktionierten Ölfässern goldbraun gebacken. Alle paar Minuten holt die Köchin die noch vollständigen Enten mit einem großen Eisenhaken am Hals an die Luft und prüft den Backfortschritt. Wenn die Ente gar ist, kommt sie auf ein großes Holzbrett und wird mit dem Hackebeilchen kurz und klein geschlagen. Das hinterlässt Knochensplitter in fast jedem Happen, die das Essen ein wenig mühsam machen, der saftig-knusprige Geschmack wiegt das aber bei Weitem auf. Nach der ersten Ente schauen uns Andreas und ich kurz an, lachen, und bestellen dann unisono eine zweite. Bergluft macht hungrig!

Und schwere Beine. Oder ist es der volle Magen? Schon der leichte Anstieg zum Songzanlin-Kloster hat uns mächtig ins Keuchen gebracht. Nun stehen wir vor einer steilen, etwa einhundert Meter langen Treppe, die zu den Hauptgebäuden des Songzanlin-Klosters führt. Das historisch an der Grenze des Einflussbereiches des Panchen und des Dalai Lamas gelegene, im 17. Jahrhundert gebaute Kloster ist eines der bedeutendsten lamaistischen Klöster außerhalb des tibetischen Kerngebietes. Die dem Potala in Lhasa nachempfundene Anlage beherbergte zu Hochzeiten mehr als 3000 Mönche. 1980, kurz nach Ende der Kulturrevolution, waren es gerade mal 30 Robenträger.

Namkha, ein tibetischer Reiseleiter aus Zhongdian, nimmt uns unter seine Fittiche und erzählt ein wenig über Geschichte und Aufbau des Klosters. „Auf dem 500 Mu[1] großen Areal sind neben den Hauptgebäuden auch die Gesandtschaften der einzelnen Kreise Shangri-Las untergebracht. Diese befinden sich in den kleinen Flachbauten, die sich beiderseits der zentralen Treppe den Klosterhang hinauf befinden." Wir nehmen seine Erklärung zum Anlass, eine kurze Pause einzulegen, nach Luft zu ringen und die Aussicht zu bewundern. „An der Spitze der Treppe steht linkerhand das erst im Jahre 2004 wiederhergestellte Gebäude des Zhaji Tempels. In seinem Inneren blickt eine etwa 20 Meter hohe Figur des Gründers

---

1   etwa 3,3 Hektar

der Gelbkappensekte, Tsongkapa, wohlwollend auf die Gläubigen herab", setzt Namkha seine Ausführungen fort. Sie klingen ein wenig auswendig gelernt. Ehrfürchtig betreten wir die linke Halle und blicken in die Augen einer riesigen, zur Hälfte vergoldeten Figur. Überall in der Halle wird gehobelt, gehämmert und gesägt. „Die Tsongkapa-Figur bauen sie jetzt schon zum zweiten Mal!", flüstert Namkha uns ins Ohr. „Das erste Mal haben die Handwerker gepfuscht und die Figur ist nach einigen Tagen umgestürzt!" Er fixiert uns kurz. „Kein gutes Omen!", sagt er mit ernstem Gesicht. Tatsächlich wird das weder den Chinesen noch den Tibetern gefallen haben, die sich bei allen Differenzen untereinander auf jeden Fall eines teilen: den Aberglauben. Eine eingestürzte religiöse Figur, ein kollabierendes Tempelgebäude oder eine große Naturkatastrophe, das sind so ziemlich die deutlichsten aller Zeichen, dass etwas im Diesseits nicht stimmt und das Jenseits darüber gar nicht erfreut ist. Als Ende des 19. Jahrhunderts in Peking die *Halle des Ernteopfers* abbrannte, wusste jeder im Lande, dass der Zusammenbruch der Qing-Dynastie nahe ist. Das Ende der Ära Mao Zedongs wurde so 1976 auch durch ein verheerendes Erdbeben eingeläutet.

„Vielleicht gefiel Tsongkapa die Umbenennung Zhongdians in Shangri-La nicht?!", versuche ich die Stimmung ein wenig aufzulockern. „Das echte Shangri-La kann nur im Herzen gefunden werden", sagt Namkha wie aus der Pistole geschossen. Kein auswendig gelernter Satz. Andererseits sei der durch die Umbenennung in Shangri-La bedingte Anstieg im Tourismus auch gut für ihn als Reiseleiter, gibt er nach einer kurzen Kunstpause ohne Umschweife zu.

„Vor allem die Amerikaner kommen nun in Scharen und das ist gut für das Trinkgeld!"

Wir machen eine Runde durch das Kloster, erfahren, dass etwa 80 Prozent des Klosteretats für Yakbutter verwendet wird, die in Kerzenform die niedrigen Gebetshallen mit einem warmen Licht ausleuchtet. Und den so charakteristischen tibetischen Klostergeruch verströmt, den wir in den nächsten Tagen nicht mehr aus unserer Kleidung und Nase bekommen sollten. In schmackhafter Form begegnet uns die Yakmilch in der Klosterküche. Über einer kleinen Feuerstelle wird auf einem kleinen Metallnetz Yakkäse geräuchert. Der Küchendienst habende Novize bedeutet uns einzutreten und bietet uns jeweils ein kleines Stück zum Probieren an. Schmeckt wie... Nein schmeckt wie gar nichts, das ich kenne. Aber rauchig, bröselig, gut! Am Eingang der vom Rauch komplett geschwärzten Küche steht auf Englisch „No ladies please!" Wie auch in manchen christlichen Glaubensströmen gelten Frauen im Buddhismus als potentiell unrein und der Zutritt zu gewissen Gebäuden ist ihnen deshalb verwehrt.

„Im Kloster gibt es auch einen lebenden Buddha!", Namkhas Stimme schwingt ins Klandestin-Religiöse. „Ist das ein Geheimnis?", frage ich ihn betont naiv. „Nein, eine große Ehre!", insistiert Namkha. Ein lebender Buddha, das ist ein Mensch, der erleuchtet ist und nach seinem Tod ins Nirwana eingehen wird. Damit ist er ein Vorbild für alle gläubigen Buddhisten, begehrter Ratgeber und der Stolz eines jeden Klosters, in dem er sich aufhält. Ein wesentlicher Teil der Erleuchtung beinhaltet die Erkenntnis, dass alles Irdische nur Schall und Rauch und das Festhalten an irdischen Gütern und Errungenschaften ein Irrweg ist, der die Sinne verblendet. Der in diesem Kloster ansässige Buddha scheint seine eigene Einstellung zu dieser Erkenntnis zu haben. Er sitzt gut gepolstert in dem einzigen heizbaren Raum des Klosters, während die vor allem tibetischen Pilger auf allen Vieren auf ihn zurobben. An der Wand hinter ihm kann ich in einem Schrank einen Fernseher, eine Stereoanlage und ein Mobiltelefon erkennen. Neben dem Buddha steht ein ernst dreinblickender junger Mann, den ich von der Kleidung und Gestik her irgendwo zwischen Manager und Leibwächter einordnen würde. Etwas gelangweilt erteilt der Buddha jedem Gläubigen seinen Segen. Dieser verweilt kurz vor ihm, steht dann vorsichtig auf, bedacht, seinen Rücken auf keinen Fall dem Buddha zuzuwenden und hinterlässt dann einen Obolus zwischen zehn und 100 Yuan, also zwischen einem und zehn Euro, was für einen lokalen Bauern oder Arbeiter bei einem Durchschnittseinkommen von unter 100 Euro eine beträchtliche Summe ist, in den Händen des jungen Mannes. Der Leibwächter/Manager bedeutet auch uns, niederzuknien. Ein kurzer Blick, dann legt uns der Buddha ein rotes Glücksband um das linke Handgelenk. Auch wir entrichten unsere Spende und dann ist die Audienz vorbei. Hinter uns wartet noch ein Dutzend Pilger auf eine kurze Begegnung mit dem heiligen Mönch. Sowohl Andreas als auch mich hat die Begegnung mit dem lebenden Buddha eher abgestoßen als beseelt. Namkha, der den heiligen Mann die ganze Zeit mit glänzenden Augen angeschaut hat, wollen wir das aber nicht so deutlich zeigen, geschweige denn sagen, und so schweigen wir alle auf dem Weg die steilen Treppen hinunter zum Klostertor. Namkha in Hingabe, wir in leichter Irritierung.

Auf dem Parkplatz, wo gerade ein großer klimatisierter Reisebus eine Gruppe deutscher Touristen ausspuckt, verabschieden wir uns von Namkha, und genießen dann die kurze Abfahrt zurück in die Stadt. Zum Abendessen hatte er uns ein tibetisches Feuertopf-Restaurant empfohlen, das, wie er nach kurzer Nachfrage zugab, einem seiner Freunde gehört. Wir sitzen in einer kleinen Öffnung in einer Mauer, drei mal drei Meter groß, grelles Neonlicht, weiße ölverschmierte Kacheln an der Wand. Vor uns ein niedriger Resopaltisch mit einem kreisrunden Loch in der Mitte, in dem ein Topf mit dampfender Brühe befestigt ist, der von unten befeuert wird. Die Bedienung bringt kleine Plastikbehälter mit Netzboden, randvoll gefüllt mit zu kochenden Zutaten: Allerlei Gemüse, Huhn, Schwein, Rind, leider kein Yak. Nachdem wir ein wenig zögern, schmeißt sie den Inhalt der Körbe ohne viel Federlesen in den brodelnden Suppentopf und wünscht uns einen guten Appetit.

Auf der einen Seite des Restaurants spielen Chinesen eines ihrer überbordenden Trinkspiele. Zwei sich abwechselnde Spieler schmeißen sich gleichzeitig und in rascher Abfolge verbal Zahlen an den Kopf und zeigen die geschätzte Summe der beiden Genannten individuellen Zahlen mit den Händen an. Wer die Summe vorhersieht, gewinnt, der andere muss ein Glas Schnaps auf Ex trinken. Mit zunehmend angetrunkenem Zustand wird das nicht unbedingt exakter, aber um so lauter. Am Nebentisch singen sichtlich angetrunkene Tibeter Lieder, die so gar nicht nach Liebesschwüren klingen. Auch wir löschen die in Verbindung mit den gereichten Chilidips durchaus gaumenstrapazierenden kulinarischen Freuden mit dem ein oder anderen Dali-Bier und stellen wieder einmal, wie so oft am heutigen Tag, fest, dass der geringe Sauerstoff in der Luft dem mitteleuropäischen Körper so manchen Streich spielt. Nach je zwei Bier sind wir schon reichlich angezählt, kurz bevor uns die tibetische Gesellschaft zu einem Hirseschnaps einlädt. Die Chinesen wollen sich dann natürlich nicht lumpen lassen und so pendeln wir toxikologisch zwischen chinesischer und tibetischer Lebervernichtungsdestillerie. „Wir müssen morgen noch Radfahren!", werfe ich in die Runde, und wie durch ein Wunder rettet uns das vor weiteren Alkohol-Prost-Ex-Attacken.

Nachts wache ich ein paar Mal auf und schnappe nach Luft. Andreas geht es genauso. „Ganz normal auf der Höhe!", beruhigt uns Uttara am nächsten Morgen bei Yakkäse, Buttertee und Baguette. „Ihr legt euch auf die Seite, das Körpergewicht drückt auf die Lunge – und die Lunge bekommt nicht mehr genug Luft!" Einige hundert Kilometer Radfahren auf dieser Höhe fühlen sich nun gar nicht mehr so gut an. Trotzdem – nach dem Frühstück satteln wir unsere Fahrräder, Uttara behängt uns mit je einem tibetischen Freundschaftsschal, eine kurze Fahrt durch die Stadt, ein kleiner Anstieg, und schon haben wir das Zhongdiantal verlassen. Ein letzter Blick zurück: Yakherden grasen auf weiten Weiden, ein paar kleine Teiche, alles wie in Pastell gemalt, und am Horizont gibt uns das Songzanlin-Kloster seinen Segen.

Ein kurzer Pass noch, dann haben wir den Scheitelpunkt der Straße erreicht. Nun erwartet uns eine 40 Kilometer lange Abfahrt nach Benzilan, das rund 2 000 Meter tiefer am Yangzi liegt. „Sieht aus wie im Engadin!", ruft Andreas mir zu, als er in rasanter Fahrt an mir vorbeirauscht. Tatsächlich – wir rasen durch ein malerisches Tal, die Häuser könnten in den Alpen stehen, Steine beschweren die Dachziegel, in den Vorgärten blühen Bougainvilleen und diverse Obstbäume. Nach knapp einer Stunde sind wir im Tal angekommen und fahren über eine unscheinbare Betonbrücke über einen rauschenden Bergbach. Laut Landkarte ist das der Yangzi. Wir halten kurz inne, zollen dem immerhin drittlängsten Fluss der Erde mit einer Flasche Mineralwasser Tribut und radeln dann gemächlich an dessen Ufer entlang.

In einem der kleinen Straßendörfer überholt uns ein Tibeter auf seinem Motorrad und hält dann kurz vor uns mit quietschenden Reifen an. „Wo wollt ihr denn hin?", fragt er. Keine Höflichkeitsfloskel, sondern eine direkte Frage. „Dequin!", antworten wir unisono. „Nicht nach Tibet?!", fragt er. „Nein!", beteuern wir, wohl wissend, dass die Strecke für Individualreisende nicht geöffnet ist. Offiziell aus Sicherheitsgründen, inoffiziell hat die chinesische Regierung Tibetbesucher lieber in einer kontrollierbaren Reisegruppe. „Dann mache ich ein Foto von euch!", sagt der Motorradfahrer und wartet noch nicht einmal die Antwort ab und schießt mit seiner kleinen Digitalkamera ein paar Bilder von uns. So sind wir also doch noch in den Archiven der PSB, der chinesischen Sicherheitspolizei gelandet! Immerhin – als Gegenleistung lässt auch unser tibetischer Spion in chinesischen Diensten sich von uns fotografieren. Er wünscht uns eine gute Fahrt, rät uns noch einmal eindringlich davon ab, nach Tibet zu radeln, und fährt dann mit seinem Motorrad in Gegenrichtung davon.

Wir stärken uns noch einmal mit ein paar Erdnüssen, die ein kleiner „Tante-Wang-Laden" im Angebot hat und radeln dann gemütlich am Ufer des Yangzi entlang nach Benzilan. Dieses entpuppt sich als Straßendorf mit einem guten Dutzend Hotels, Gästehäusern und Restaurants. Wir quartieren uns für 40 Yuan pro Person in einem der am wenigsten heruntergewirtschafteten Häuser ein und fallen nach einer kurzen Abendmahlzeit im Hotelrestaurant direkt ins Bett. Noch einmal eine Nacht am Yangzi, dann geht es aber endgültig zum Mekong! Dazwischen liegen nur noch 3 000 Höhenmeter und eine über 5 000 Meter hohe Bergkette.

3. In luftigen Höhen

Es regnet. Nein, es schüttet. Rhythmisch pladdert der
Regen auf das Wellblechdach der Frühstücksklitsche.
Es ist 6 Uhr früh, wir sind die einzigen Gäste und
schlürfen unsere dicken Nudelsuppen mehr als Koh-
lehydratreservoir denn aus Appetit. Von der ansonsten menschenleeren Straße fällt ein paar Mal das
Fernlicht eines mit unverminderter Geschwindigkeit
durch den Ort brausenden Fernlasters in unsere Garküche. Zwischen 22 und 6 Uhr ist die Passstraße für
den Schwerlastverkehr gesperrt. Zu groß ist die Gefahr, dass ein LKW während der Nacht auf den unbe-
leuchteten Haarnadelkurven in den Abgrund stürzt.
Die meisten der Truckfahrer wollen heute noch über
die Provinzgrenze nach Tibet und nutzen die ersten Minuten der Straßenöffnung, um die immerhin
knapp 3 000 Höhenmeter bis zum Passgipfel zurück-
zulegen. In ihren Windschutzscheiben hängen große
buddhistische Glückssymbole, kleine Glöckchen,
Buddhabildchen. Chinesische Truckfahrer haben zudem Mao-Zedong-Bilder über der Armatur hängen.
Seit ein Kantoner Taxifahrer in den 1980er Jahren seine wundersame Unverletztheit nach einem schweren
Unfall auf ein Mao-Zedong-Medaillon am Armatu-
renbrett zurückführte, hat es das Konterfei des groß-
en Vorsitzenden in den Pantheon der Schutzheiligen
der Landstraße geschafft.

Die Wirtin schaut uns misstrauisch an. „Ihr wollt
nach Deqin?", fragt sie. „Mit den Rädern?!" Ohne unsere Antwort abzuwarten geht sie in die Küche – das
heißt in den kleinen rußverschmierten Verschlag neben dem Gastraum – und kommt mit einem großen

Nachschlag Nudeln für jeden zurück. „Werdet ihr brauchen!", sagt sie mit ernstem Gesicht. Ein Grinsen wäre mir lieber gewesen. Kurz überlegen wir, uns den Berg zu sparen und einen der Trucks anzuhalten, da hört der Regen auf, noch tröpfelt es ein wenig auf das Blechdach, dann bricht die Morgensonne durch die Wolken und uns fällt keine Ausrede mehr ein. Einen knappen Kilometer steigt die Straße schüchtern am Ufer des Yangzi entlang, dann folgt eine scharfe Kurve, und der Anstieg beginnt. Serpentine nach links: Gegenwind und die Sonne von hinten. Serpentine nach rechts: Rückenwind und die aufgehende Sonne brennt uns gleißend ins Gesicht. Die ersten knapp 500 Höhenmeter fahren wir durch terrassierte Maisfelder. Ab ungefähr 2 300 Metern Höhe säumen winzig Gemüsebeete die Hänge. Dann hört die kultivierte Bepflanzung ganz auf. Durch den vom Tal in der Morgensonne aufsteigenden Nebel blicken wir auf den Yangzi, der sich in einer ausgedehnten S-Kurve durch das Tal schlängelt. Am Gegenhang sehen wir schwere Baumaschinen, die entlang des Flusses eine neue Straße in die Provinz Sichuan in den Fels schlagen. Das Gebiet zwischen Nord-Yunnan und Süd-Sichuan gilt als eine der ärmsten Regionen des Landes. Durch die Verbesserung der Infrastruktur hofft die chinesische Regierung, den wirtschaftlichen Aufschwung auch in diese Landstriche zu bringen. Auch die Straße, auf der wir uns mit lautem Keuchen den Berg hinauf quälen, war vor wenigen Jahren nur eine mit groben Steinen befestigte Naturstraße. Mit der Asphaltierung dieser wichtigen Verbindung nach Tibet hinterließen die Bautrupps auch das eine oder andere Monumentalgebäude im Staatsauftrag. Nach knapp 15 Kilometern und 1 000 Höhenmetern flacht die Steigung etwas ab und die Straße führt durch eine Art Hochtal. Zur Begrüßung spannt sich ein knallbunt bemaltes, pseudo-tibetisches Ehrentor über die Straße. *Willkommen im Naturschutzgebiet Baimashan*, steht in großen roten Schriftzeichen darauf. Auf dem Tor sitzt ein naturalistisch gestalteter überlebensgroßer Betonaffe, beidseitig eingerahmt von je fünf Betontannen. Kurz dahinter mahnt eine große Tafel die Reisenden, die Umwelt zu schützen und die Natur zu achten. Während chinesische Naturschutzgebiete inzwischen durchaus den Namen verdienen und, gerade was Artenschutz angeht, ein großer Fortschritt im Vergleich zu früheren sozialistischen Zeiten sind, als Natur bestenfalls mit Unterentwicklung gleichgesetzt wurde, bleibt immer noch das Problem des Umweltbewusstseins des chinesischen Durchschnittsbürgers. Mehr als einmal an diesem Tag werden wir Zeuge, wie Abfälle während der Fahrt aus meist nagelneuen SUVs, *Sport Utility Vehicles*, durch das Fenster auf die Straße geschmissen werden. Rast- und Aussichtsplätze, von einer wohlmeinenden Straßenmeisterei alle paar Kilometer eingerichtet, sehen so auch eher wie Müllkippen aus. „Suzhi tai di!", *es fehlt an Bildung*, hören wir auch aus dem Mund eines der zwei chinesischen Studenten, die uns, als wir Pause an einem kleinen Parkplatz machen, auf dem Rad entgegenkommen. *Suzhi tai di* ist der Standardspruch für allerlei gesellschaftliche Unzulänglichkeiten im Reich der Mitte. Tenor: Wir könnten es, es hat uns bloß noch keiner beigebracht. Meistens hat es auch eine gewisse abschätzige Note: Ich kann es, aber dieses Landei, das mein Landsmann ist, ist zu primitiv. „In punkto Umwelt können wir noch viel von euch Deutschen lernen", sagt Cat, wie sich der ältere der beiden nennt. Wir verkneifen uns die Bemerkung, dass auch in Deutschland nicht alles so rosig aussieht, was den Umweltschutz angeht. Auf Deutschland lassen die meisten Chinesen nichts kommen. Allein die drei großen „Bs" Beethoven, BMW und Beckenbauer tragen da viel zur positiven Identifikation bei. Von Marx und Matthäus ganz zu schweigen. Also nicken wir einverständlich. „In Tibet haben wir auch viel Mist gebaut", fährt Cat fort, „jetzt haben wir aber aus den Fehlern der Vergangenheit gelernt und versuchen, die Natur zu schützen!" Darüber lässt sich sicherlich streiten, selten aber mit Chinesen oder Tibetern. Egal wie aufgeschlossen diese bei anderen Themen sind, in Punkto Besetzung versus Befreiung Tibets stehen sich die beiden Seiten meist unversöhnlich gegenüber. Dennoch: Namkha, unser Führer in Zhongdian, hatte uns durchaus von gewissen Segnungen der chinesischen Präsenz erzählt, fand die wirtschaftliche Entwicklung und die damit verbundenen Chancen – er bereitete sich gerade für ein Tourismusstudium in Kunming, der Provinzhauptstadt vor – sehr positiv und freut sich, dass er als ältester Sohn der Familie nicht als Mönch auf Lebenszeit ins Kloster musste. Nach tibetischer Tradition wäre das seine Rolle gewesen.

Und unsere zwei Radfahrer sehen auch nicht alles durch die rosa-chinesische Brille. „Wie seid ihr denn geradelt?", fragt Andreas den jüngeren der Studenten, der gerne Stone gerufen werden möchte. Cat und Stone sind zu Beginn der Semesterferien von Peking mit der Eisenbahn nach Xining gefahren und dann von dort in Richtung Lhasa geradelt. Am Everest-Basecamp haben sie umgedreht und sind nun in Richtung Kunming unterwegs, dem Endpunkt ihrer Tour. Tibet einmal selbst kennen zu lernen war der

größte Wunsch der beiden Studenten. „Wir wollten
der staatlichen Propaganda nicht alles glauben!", sagt
Stone. „Auf CNN und in der BBC klingt das auch ein
wenig wie Propaganda", ergänzt Cat. „Also wollten wir uns ein eigenes Bild machen!" Das Fahrrad
schien dafür das beste Fortbewegungsmittel. „Und
wir wollten beweisen, dass wir das körperlich durch-
stehen! Übernachtet haben wir im Zelt und in den
Straßenmeistereien." Ich schaue zweifelnd auf ihre
Ausrüstung. Räder aus chinesischer Produktion für
den hiesigen Markt, Billigschaltung, Billigbremsen.
Viel Plastik, Neonfarben, jedenfalls, als die Räder
noch neu waren. Statt Gepäcktaschen haben die beiden große geflochtene Bambuskörbe an einem selbst
zusammengeflickten Eisengestell befestigt. Eine lose
aufgelegte Plastikplane dient als Regenschutz. Cat
bemerkt meinen Blick. „Die Räder haben wir Second
Hand in Peking gekauft. 600 Yuan das Stück!", bemerkt er stolz. Umgerechnet also 60 Euro. „Radt-
aschen gab's kostenlos dazu, die haben aber nichts
getaugt und da haben wir irgendwo in der Provinz
Qinghai diese Körbe gekauft." „Wie ist denn die Strecke ab hier?", will Andreas wissen. „50 Kilometer
nur bergab", sagt Stone. „Bergab?!", fragen Andreas
und ich unisono. „Na ja, für euch bergauf!", grinst er.
Wir machen noch ein Erinnerungsfoto. Dann rollen
die beiden gemächlich Richtung Tal und wir kämpfen uns weiter den Berg hoch.

Zwischen mit Wildblumen bedeckten Weiden wird
nun entlang der Straße auch wieder Mais angebaut. Die Architektur ist eindeutig tibetisch. Wieder sehr südschweizerisch also, nur dass die Yaks
nicht so recht ins Bild passen, die immer mal wieder am Wegesrand grasen. Die Straße ist in einem

ausgezeichneten Zustand, zumindest bis zum Dongzhulin-Kloster, das etwas unterhalb der Straße am Hang hängt. Ursprünglich Mitte des 17. Jahrhundert etwa zehn Kilometer entfernt auf einem unzugänglichen Felsvorsprung errichtet, wurde das Kloster in der Kulturrevolution vollständig zerstört und erst Mitte der 1980er Jahre an der heutigen Stelle wieder aufgebaut. Heute leben wieder 300 tibetische Mönche in dem Kloster und auch hier wird, ähnlich wie in Zhongdian, versucht, die Anlage für den Tourismus zu erschließen. Dementsprechend groß sind die Hinweistafeln, die tanzende Tibeter vor einer überdimensionalen Zeichnung des Klosters abbilden. Der neu gebaute Parkplatz bietet genügend Platz für ein gutes Dutzend Touristenbusse. Augenblicklich ist er jedoch leer. Wie es scheint, wurde für den großdimensionierten Parkplatz der ganze zugeteilte Asphalt verbraucht; kurz hinter dem Kloster verwandelt sich die Straße in einen holprigen Feldweg mit Schlaglöchern von mehr als einem Meter Durchmesser.

Nach einer Stunde Schlaglochhüpfen erreichen wir reichlich genervt die Ortschaft Shusong. Die Steigung hat nun gute zehn Prozent erreicht und zieht sich so auch in einer einzigen Rampe durch das Dorf. Gleich hinter dem Ortseingang liegt ein Motel mit Restaurant. Dahinter glänzt ein blaues Hinweisschild in der Sonne. „Baima-Xueshan-Pass 57 km" steht da. Wir hatten mit maximal 35 Kilometern verbliebener Steigung gerechnet. „Erst einmal Pause!", rufe ich Andreas zu, der bereits abgestiegen ist und nickt. Nach fünf Minuten steht je eine dampfende Nudelsuppe und kalter Schwarztee vor uns. Am Nebentisch spielen zwei Männer das uns nun schon bekannte Trinkspiel. *Fünf! Drei!* Die Finger zeigen vier und sieben an. Keiner hat gewonnen. *Vier! Vier!* Beide zeigen mit den Fingern die Acht. Unentschieden. *Fünf! Vier!* Einer der Männer zeigt die Acht, der andere die Neun. Letzterer hat also gewonnen und der Verlierer muss einen Schnaps trinken. Seine Faust fliegt mit einem lauten Rumsen auf den Tisch, die andere Hand greift nach dem Schnapsglas und leert es auf Ex. Das gesamte Prozedere dauerte vielleicht zehn Sekunden, dann fangen die beiden Männer wieder von vorne an. *Vier! Eins!...*

Nach ein paar weiteren Spielrunden steht der größere der Männer auf und geht auf uns zu. Er trägt eine ausgeblichene New-York-Yankees-Baseball-Kappe, unter die er sich seine langen Haare gestopft hat. Er lacht uns an und entblößt eine Reihe schiefer kariöser Zähne, zwischen denen gewaltige Lücken klaffen. „Oje, jetzt müssen wir wieder trinken!", raunt Andreas mir zu. „Kommt, steigt auf!", ruft er uns zu und zeigt auf einen der großen Trucks, die vor dem Restaurant stehen. „Ich fahre euch bis zur Passhöhe! Mit den Rädern schafft ihr das heute sowieso nicht mehr!" Wir protestieren der Form halber, sind aber dennoch froh über das Angebot. Unsere Räder verstauen wir auf der Ladefläche zwischen Bergen von Baumaterialien und nehmen dann zu zweit auf dem schmalen Beifahrersitz Platz. Es riecht nach ranziger Yakbutter und kaltem Zigarettenrauch. Der Fahrer legt den ersten Gang ein und gibt Gas. Der LKW ruckt ein paar Mal, dann rumpeln wir die Dorfstraße hinauf. Der erste Gang hat es dem Fahrer angetan, er jagt die Drehzahlen immer höher und höher und macht keinerlei Anstalten zu schalten. Das Fahrerhäuschen vibriert und scheppert und ich bilde mir ein, es rieche verbrannt. Die Öllampe leuchtet schon seit Abfahrt und die Tachonadel pendelt bei gleich bleibender Geschwindigkeit zwischen 10 und 80 Stundenkilometer. „Die Strecke fahre ich mindestens einmal im Monat. Von Lijiang nach Lhasa! Das sind 1 800 Kilometer, die reiße ich in sechs Tagen runter", erzählt der Fahrer. „Das bringt mehr Geld als kurze lokale Fahrten und mehr Spaß macht es auch!" 300 Kilometer am Tag bei einem halben Dutzend 4 000er-Pässen, dass ist nicht schlecht. „Bucuo, *nicht schlecht!*", bestätige ich ihm. „Niubi!", erwidert er. *Kuhmöse* also, das chinesische Äquivalent zum deutschen *Geil*. „Zhen niubi!", antworte ich ihm, *Echt geil!* Mit „Tai niubi le!", *Superaffentittengeil* schließt er den Reigen folgerichtig ab. Wir lachen und freuen uns, dass wir uns bei einem typisch chinesischen verbalen Schlagabtausch getroffen haben. Zur Feier des Tages schaltet er sogar in den zweiten Gang, als die Strecke für kurze Zeit ein wenig flacher wird. Auf 3 500 Metern Höhe ist die Straße nur noch eine notdürftig befestigte, schlammig in die Grasnabe eingekerbte Fahrspur. Es hat leicht zu nieseln begonnen und unser LKW pflügt nun wie ein Panzer den Berg hinauf. Schneller als mit dem Fahrrad sind wir so auch nicht mehr. Beim Anblick der Straßenverhältnisse sind wir aber froh über unsere Entscheidung. Nach drei Stunden Fahrt erreichen wir die 4 000-Meter-Grenze. Immer noch geht es bergauf, bis sich mit einer Gruppe Gebetsfahnen auf knapp 4 300 Metern die Passhöhe ankündigt. Wir halten vor einer kleinen weißen Stupa an, die Bremsen des LKW seufzen, als ob sie keine Luft bekämen. Unser Fahrer macht sich am Handschuhfach zu schaffen. Heraus kramt er eine Flasche hochprozentigen Schnaps auf Hirsebasis, nimmt einen kräftigen Schluck und hält sie mir dann vor die

Nase. „Ganbei, *Prost!*", sage ich und trinke einen An-
standsschluck. Ich reiche die Flasche weiter zu Andreas, der mich anschaut, als hätte ich etwas Unsitt-
liches getan. Auch er nippt nur und gibt die Flasche
dann wieder dem Fahrer zurück. Der nimmt noch
einen kräftigen Schluck. Dann steigen wir aus und
nehmen unsere Räder vom Laster.

„Geht nur noch bergab!", proklamiert der Fahrer,
kuppelt aus und lacht. Heute will er es noch bis nach
Mangkang schaffen, das sind etwa 250 Kilometer in
Richtung Norden, kurz hinter der tibetischen Grenze.
Jetzt bleibt der Motor auf der Abfahrt erst einmal aus,
um Sprit zu sparen. Beim Aussteigen hatte es sich an-
gefühlt, als ob wir gegen eine Mauer laufen würden.
„Nur noch bergab!" wiederholen wir beschwörend
und rollen los. Nach gut fünf Kilometern ist die Straße wieder asphaltiert, es hört zu regnen auf und wir
genießen die zunehmend dicker und wärmer wer-
dende Luft. „Nur noch bergab!", hatte der Lastwa-
genfahrer gesagt. Und ein paar giftige Gegenanstiege
vergessen. Als wir nur noch zehn Kilometer von Deqin entfernt sind und einen besonders hartnäckigen
Anstieg laut fluchend hinaufkeuchen, reißt die Wolkendecke auf und vor uns erhebt sich das Massiv des
Karwa Karpo, fast 7 000 Meter hohe schneebedeckte
Bergriesen, die den Horizont auf gesamter Breite aus-
füllen. Die Abendsonne wirft ein rot-oranges Licht
auf die Gipfel. Nur die Spitze des Kagebo, der höchsten Erhebung, ist noch von einigen Wolken bedeckt.
Aber morgen ist ja auch noch ein Tag! Im Abendlicht
sieht Deqin wie eine Miniversion von Zhongdian aus.
Ein paar staubige Straßen, ein Rest von traditioneller
Bebauung, ein paar Märkte, Restaurants und Hotels,
einige mit angedeutet tibetischer Fassade.

Nach dem Einchecken in einem der Lei-Fengschen-Hotels in Shangri-La-Tradition drehen wir noch eine Runde entlang der Hauptstraße. Eine Gruppe tibetischer Mönche kommt uns händchenhaltend entgegen. Ein Großvater führt seinen Enkel an einer 10-Meter-Leine mit automatischer Rückholung aus. Beim Abendessen fallen uns schon die Augen zu. Nachts klingelt ein paar Mal das Telefon. Keiner von uns macht sich die Mühe, dran zu gehen.

Um fünf Uhr früh schrecke ich hoch. Atemnot! Ich muss an Uttara denken, die uns beruhigt hatte, dass dieses Phänomen in dieser Höhenlage ganz normal ist: Deqin liegt auf knapp 3 500 Metern. Andreas geht es nicht viel anders. Trotzdem schwingen wir uns nach dem Frühstück auf die Räder und fahren in Richtung Mekongtal. Der Fluss hat hier eine fast 5 000 Meter tiefe Schlucht in das Gestein gegraben. Über dem Tal thront das Kawa-Karpo-Massiv, dessen höchster Gipfel, der Kagebo, 6 740 Meter hoch ist. Direkt gegenüber, auf der diesseitigen Seite des Mekongs markieren eine Gruppe von acht Stupas und eine Ansammlung von Teehäusern einen luftigen Aussichtspunkt, der einen unverstellten Blick auf den Kawa Karpo verspricht. Auf dem Weg dorthin passieren wir den Feilai Si, *den Tempel, der aus der Ferne angeflogen kam.* Er sieht aus, als hätte er dabei eine Bruchlandung gemacht. Das hat sich wohl auch die Tourismusbehörde der Stadt gedacht und so lehnen ein paar windschiefe Gerüste einsam an der Tempelwand. Das Tempelinnere sieht so aus, als hätte jeder Gläubige eine Buddhafigur mitgebracht und sie hier abgestellt. Aus der Buddhaversammlung ragt in der Mitte eine Figur des historischen Buddhas Sakyamuni, die der Legende nach den weiten Weg aus Indien bis zu dieser Stelle geflogen kam und so dem Tempel seinen Namen gab.

Auf dem kleinen Vorplatz schälen ein paar ältere Frauen Knoblauch. Auf der rechten Seite ein ein Meter hoher Berg ungeschälter, linker Hand ein halber Meter geschälter Knoblauch. „Ihr kommt zu früh!", ruft uns eine der Knoblauch-Damen zu. „In einem Jahr wird der Tempel vollständig renoviert sein. Dann strahlt er wieder im alten Glanz!" Ich frage die Frau, was denn renoviert würde. „Na erst wird der existierende Tempel abgerissen und dann an gleicher Stelle neu aufgebaut", erwidert sie mit absoluter Selbstverständlichkeit in der Stimme. „Mit den alten Materialien wieder aufgebaut?", fragt Andreas nach. „Nein, wo denkt ihr hin", mischt sich eine zweite Dame ein und schmeißt eine Handvoll geschälter Knoblauchzehen auf den dafür vorgesehenen Haufen. „Der Tempel wird komplett neu aufgebaut, ist doch viel schöner." Wir steigen über den Knoblauchhaufen und machen eine Runde um den Tempel. Historische Wandmalereien mit buddhistischen Motiven schmücken die Außenmauern. Auch diese werden wohl neu gemalt werden. Für Chinesen zählt bei der Renovierung weniger die alte Bausubstanz als vielmehr die Tatsache, dass ein Tempel weiterhin an der gleichen Stelle steht. Da kann ein Tempel abbrennen und vollständig mit neuen Materialien wieder aufgebaut werden – in den Annalen steht dann trotzdem, dass er 1 200 Jahre alt ist. Mit der neugewonnenen Wertschätzung des kulturellen Erbes ist wohl ähnlich viel historische Bausubstanz verloren gegangen wie während der Kulturrevolution, als marodierende Rote Garden brandschatzend durch das Land zogen. Nur wirklich berühmte Sehenswürdigkeiten

wie die Buddhahöhlen in Dunhuang entlang der Seidenstraße im Nordwesten des Landes werden aus
westlicher Sicht sachgerecht restauriert. Doch selbst
bei der vorolympischen Renovierung der Verbote-
nen Stadt wurde wohl so mancher Balken gegen einen Betonpfeiler ausgetauscht.

Zum Abschied stecken uns die Frauen jeweils eine
Handvoll frisch geschälter Knoblauchzehen zu. Ich
mache den Fehler, gleich herzhaft eine halbe Zehe
abzubeißen und muss feststellen, dass frischer chinesischer Knoblauch ein wenig stärker ist als getrockneter deutscher. Mit revoltierendem Magen
und brennendem Mund quäle ich mich die zwei Kilometer bis zum Aussichtspunkt 1 500 Meter oberhalb des Mekongs. Eine dichte Wolkendecke verhüllt
das Kawa-Karpo-Massiv, auch der Mekong ist zwar
als entferntes Rauschen zu hören, aber leider nicht
zu sehen. Das scheint wohl öfter der Fall zu sein, da
entlang der Straße ein gutes Dutzend hölzerner Teestuben mit Aussichtsterrasse für auf klares Wetter
wartende Reisende einfache Speisen und heißen Tee
anbieten. Wir machen es uns am Fenster einer der
Teestuben gemütlich und bestellen eine Kanne halb-
fermentierten Oulong-Tee und ein paar Snacks. Alle
paar Minuten beugt sich einer von uns aus dem Fenster und späht nach einem Wolkenloch. In der Zwi-
schenzeit füllt die Bedienung immer wieder unsere
Teekanne. Der zweite Aufguss – dichte Wolkendecke.
Der dritte – aus einer Wolkenlücke lugt eine Berg-
spitze hervor. Der vierte – die Sonne bricht durch
die Wolkenwand und der Mingyong-Gletscher ist in
gleißendes Licht getaucht. Das schneebedeckte Kawa-Karpo-Massiv ist nun gut sichtbar. Nur vor dem
Kagebo hängt noch eine Wolkenwand. Der fünfte

Aufguss. Ein kleines Wölkchen noch! Zieht das nicht gerade nach oben? Wir starren gebannt aus dem Fenster. Der Tee drückt auf die Blase. Nicht jetzt! Ein kleiner Windstoß noch! Nach weiteren fünf Minuten Warten entspannen wir uns wieder, bestellen nun jeder ein Bier, eine Portion frittierten Yakschinken und ein paar Erdnüsse und geben auf. Tatsächlich ziehen weitere Wolken vor den Kagebo, und dann kündigt sich die einbrechende Dämmerung an. Wir zahlen, wuchten unsere Knoblauch-Teewasser-Yakschinken-Bierbäuche auf die Fahrräder und werfen auf der Rückfahrt noch einmal einen Blick ins Mekong-Tal. Nebel! Oder Wolken? Der Fluss muss jedenfalls noch bis morgen warten!

4. Zu Gast bei Lehrer Liu

„Sauwetter!", schimpfe ich, als ich keuchend die Aus-
sichtstelle erreiche. Das Mekongtal begrüßt uns mit
einem Wolkenbruch und gerade einmal 5 Grad Cel-
sius, immerhin plus. Etwa 1 500 Höhenmeter unter
uns liegt der Mekong, eine braune Brühe, durch den
Regenschleier kaum zu erkennen. Auch auf dieser
Strecke haben die chinesischen Straßenbauer ihre
Liebe zu Aussichtspunkten ausgelebt. Das heißt
konkret: Eine Straße nie direkt ins Tal bauen, sondern immer mit Gegensteigungen. Also 200 Höhenmeter bergab und dann wieder 100 Höhenmeter nach oben. Muss die generelle Veranlagung der
Chinesen für Epik sein. Schon Chinas alte Dichter
wanderten durchs Land, kletterten auf Berge und
fuhren durch Schluchten, um dann in kunstvoll kal-
ligrafierten Gedichten Zeugnis von der Schönheit
der Natur abzulegen. Heute zieren diese Gedichte
oft Felswände und Gedenktafeln, die bevorzugt an
Aussichtsstellen stehen und auf fotobegeisterte chinesische Ausflügler wie ein Magnet wirken. Als wir
endlich den Scheitelpunkt der Straße erreichen, steht
da nur ein Warnschild: Vorsicht Steinschlag! Und einige Meter weiter: Unfallschwerpunkt. Dann noch
ein sehr schöner Hinweis: Achtung, zwölf Kilometer ununterbrochene Abfahrt! Umso näher wir dem
Mekong kommen, desto besser wird das Wetter. Anscheinend hängt der Regen an den Berghängen fest.
In rasanter Fahrt geht es über schier endlose Serpentinen ins Tal. Wir sausen durch kleine Straßendörfer und blicken in erstaunte Gesichter. Der Kleidung
nach sind die Bewohner Angehörige der Naxi-Mi-
norität, deren Siedlungsgebiet vor allem die Ge-

gend um Lijiang ist. Ursprünglich lebten die Naxi als Nomaden auf dem tibetischen Hochplateau und wurden erst im neunten Jahrhundert im heutigen Yunnan sesshaft. Lange Zeit dienten sie als Puffer zwischen China und Tibet und wurden in wechselnden Allianzen in die Scharmützel zwischen den beiden Nachbarn einbezogen. Während andere Minoritäten die Truppen Mao Zedongs, die während des Langen Marsches durch diesen Teil Yunnans kamen, mit Misstrauen beäugten und teilweise offen bekämpften, schlossen sich viele Naxis den kommunistischen Truppen an und unterstützten die kommunistische Bewegung. Noch heute sieht man die blaue Kappe der Langen-Marsch-Armee bei vielen älteren Naxis als Kopfbedeckung. Auch wenn das Gerücht sich hartnäckig hält, leben die Naxi weder heute im Matriarchat, noch haben sie das jemals getan. Vielfach ist jedoch die Rollenverteilung zwischen Mann und Frau vertauscht. Während die Frauen traditionell für die Geschäfte und das Einkommen zuständig sind, widmen sich die Männer den schönen Künsten. Paul Goullart, ein russischstämmiger Reiseschriftsteller, der in den 1930er Jahren in Lijiang lebte, beschreibt in seinem Buch „Forgotten Kingdom" nicht ohne Spott die absolute Hilflosigkeit der Naxi-Männer in Geschäftsdingen. Die Beziehungen zwischen Mann und Frau waren in dem traditionellen „Freundschafts" (Azhu)-System geregelt. Wechselnde Partnerschaften waren eher Norm als Ausnahme. Der jeweilige Auserwählte verbrachte, solang er und seine Geliebte dies wünschten, die Zeit im Haus der Frau, ansonsten lebte er bei seiner Mutter. Eventuelle Kinder aus dieser Zeit musste der Mann unterstützen, solange er in der Gunst der Frau stand, mit deren Wahl eines neuen Partners erloschen auch seine Pflichten und Rechte. Während Besitz auf der weiblichen Linie vererbt wurde, waren der patrilinear organisierte Mu-Clan Gebieter des politischen und die sogenannten Dongba-Schamanen Herren über das spirituelle Leben der Gesellschaft. Der Begriff *Dongba* bezeichnet sowohl die Schamanen als auch die auf Hieroglyphen basierende religiöse Schrift. Die Kenntnisse der Schriftbeherrschung und -deutung wurden in männlicher Linie von Vater zu Sohn weitergegeben. Über die Jahrhunderte hatte kein Außenstehender Zugang zu dem geheimen Wissen. Heute, während die wahren, durch die Verfolgung während der Kulturrevolution ohnehin dezimierten Dongba in direkter Abstammung langsam aussterben, da viele junge Naxi kein Interesse mehr an der als Aberglauben verschrienen Tradition haben, tauchen an allen Ecken und Enden falsche Schamanen auf, die sich ein paar der durchaus dekorativen Piktogramme der Dongba-Schrift angeeignet haben und diese nun für gutes Geld an Touristen verkaufen.

Von Tourismus ist in den Dörfern des Mekongtals jedoch gar nichts zu spüren. Die Ortsdurchfahrten gleichen einem einzigen Basar. Gemüse und Obst türmen sich auf hölzernen Verkaufsständen. Maultiere tragen Feuerholz und Kiefernzweige aus den Wäldern in die Hütten. „Das Obst kommt aus dem Mekongtal!" erzählt uns ein Bauer stolz. „Äpfel, Birnen und Trauben, alles aus der Gegend und garantiert ungespritzt!" Ob das der Wahrheit entspricht oder nur ein zusätzliches Verkaufsargument ist, wagen wir nicht zu beurteilen. Vor allem die Birnen sind auf jeden Fall wunderbar saftig und gleichzeitig durstlöschend. „Ihr wollt nach Cizhong, oder?"

fragt uns der Bauer, als wir das gekaufte Obst auf die Räder laden. Woher er das wüsste, fragen wir. „Die katholische Kirche dort ist die einzige Tourismusattraktion des Tales, wohin solltet ihr denn sonst fahren!" Dieser Logik ist nichts hinzuzufügen und wir verabschieden uns. Tatsächlich ist die Kirche unser heutiges Ziel.

Etwa 200 Höhenmeter oberhalb des Mekongs bricht die Sonne durch die Wolkendecke. Der Fluss, eben noch ein gelb-schmutziger Bergbach, glänzt nun golden in der Sonne und gleicht in diesem Farbenspiel schon eher unserer Vorstellung von Asiens sechstlängstem Strom. Wir halten für einen Moment inne, erweisen dem Fluss die Ehre und rasen ihm dann entgegen. Die nächsten 30 Kilometer führt die Straße beständig am Mekong entlang. Zuweilen fehlt ein Stück Straße, dort wo ein Erdrutsch sie begraben hat oder der Fluss kurzzeitig über die Ufer getreten ist und eine dicke Schlammschicht auf der Straßenoberfläche hinterlassen hat. Alle paar Kilometer, meist in der Nähe von Dörfern, sind zerbrechlich wirkende hölzerne Hängebrücken über den Mekong gespannt. An dem der Straße zugewandten Brückenkopf befindet sich dann meist ein kleiner *Tante-Wang-Laden*, der die Versorgung der Dorfbewohner mit Dingen des täglichen Bedarfs gewährleistet: Mehl, Salz, Eier, Geschmacksverstärker, Bier, Zigaretten. An einem dieser Läden hängt ein verwittertes Hinweisschild aus Holz. „Cizhong Church" steht darauf. Wir wackeln uns über die Hängebrücke und folgen einem überwachsenen Feldweg, bis wir ein kleines Dorf zwischen Weinbergen erreichen. Ehe wir nach einer Unterkunft fragen können, verweist uns eine Bäuerin auf das Haus von Lehrer Liu. „Da könnt

ihr schlafen", sagt sie. „Andere Unterkünfte gibt es
nicht." Tatsächlich hängt da ein handgeschriebenes
Pappschild mit der englischen Aufschrift „Rooms"
an einer windschiefen Hoftür. Wir haben die Fahrräder noch nicht einmal abgestellt, da öffnet sich schon
die Tür und ein etwa 70-jähriger Mann mit übergroß-
en Brillengläsern begrüßt uns mit einem englischen
„Welcome to my home!" Er zeigt uns das Haus. Den
Hof, in dem wir unsere Räder abstellen können, die
Wohnküche und die Gasträume. Wir beziehen unser Quartier unter dem Dach. Durch einen Spalt in
der hölzernen Außenwand dringt ein staubiger Son-
nenstrahl. Im Zwielicht können wir vier Holzbetten
ohne Matratze erkennen. Darauf sind schwere Wolldecken auf traditionelle Art zusammengerollt. Es
müffelt. Ich reiße das einzige, winzigkleine Fenster
auf und blicke direkt auf den Kirchturm. Immerhin,
die Aussicht ist gut. Wir richten uns häuslich ein und
begutachten die Betten. Die Wolldecken riechen, als
hätte ein Yak darin onaniert. „Das ist alles sehr hy-
gienisch", betont Lehrer Liu, der plötzlich mit einer
Thermosflasche abgekochtem Wasser im Türrahmen steht. „Das Zimmer mache ich einmal im Monat sauber, die Decken werden alle drei Monate gewechselt. Macht mal lieber das Fenster wieder zu,
sonst kommen Insekten rein!" Dann lehnt er sich
aus dem Fenster und zieht die Läden zu. „Um sieben gibt es Abendessen, schaut euch vorher noch die
Kirche an!" weist er uns in das weitere Tagespro-
gramm ein. Als er gegangen ist, reiße ich sofort das
Fenster wieder auf und dann bereiten wir uns auf
den Kirchgang vor.

Die Kirche wurde Ende des 19. Jahrhunderts gebaut und 2003 restauriert. Bereits Mitte des 19.

Jahrhunderts hatte Papst Gregor XVI. die Tibet-Mission auf den Weg gebracht und in den nächsten Jahrzehnten 44 Missionare auf ein im Wortsinne religiöses Himmelsfahrtskommando geschickt. Weniger als die Hälfte der Missionare überlebten, fielen unbekannten Krankheiten, Banditen und lokalen Intrigen zum Opfer. Der tibetischen Theokratie waren die Eindringlinge ein Dorn im Auge, vor allem, als diese anfingen, Land aufzukaufen und an leibeigene Bauern zu verschenken. Mit dem Bau der Schmalspureisenbahn Haiphong-Kunming und der damit verbundenen Ausweitung des französischen Einflusses auf Yunnan pilgerten Anfang des 20. Jahrhunderts weitere Missionare in den Südwesten Chinas. Vor allem im Mekongtal konnten sich einige der Priester eine Basis schaffen und erlangten durch ihr soziales Engagement den Respekt vor allem der einfachen Leute. Neben der Kirche in Cizhong entstanden entlang des Mekongs in dieser Gegend 13 weitere Gotteshäuser. Nur wenige sind heute noch erhalten, jedoch eilt keiner der anderen Kirchen ein vergleichbarer Ruf voraus. Oft sind es einfache Backsteinhäuser ohne nennenswerte Dekoration.

An der Kirchenpforte empfängt uns Hausmeister Liu. Die Lius nehmen langsam überhand. Das liegt aber auch an den Naxis. Das Schriftzeichen des Familiennamens Liu, das übersetzt *Weide* bedeutet, enthält den Bestandteil Holz, *Mu* auf Chinesisch. Das wiederum war der Familienname des Herrscherclans in Lijiang und so war die eindeutige Verbindung und Zuordnung von Herrscher und Untertanen der Naxis festgelegt. Neben den Lius, die man meist in der Diaspora findet, gibt es noch die Yangs, also Familie *Pappel*, die vor allem in den Marktflecken wohnt und die Lins, die, wie es der Name schon

sagt, in bewaldeten Gebieten zuhause sind. *Lin* bedeutet Wald und besteht als Zeichen aus zwei Bäumen. So einfach kann Chinesisch sein! Hausmeister
Liu ist ein herzlicher, aber äußerst kurzsichtiger Zeit-
genosse. Das mag an seinem hohen Alter liegen. 85
Jahre alt ist er, zumindest sei dies die Schätzung, sagt
er. So genau habe es damals keiner genommen, zwischen Revolution und Bürgerkrieg. Er schließt uns
die schwere Pforte auf und setzt sich dann auf einen
Stuhl am Eingang. „Schaut euch nur um, ich warte
hier auf euch", fordert er uns auf.
Auf dem Boden des grauen, auch von innen unver-
putzten Backsteinbaus wölbt sich roter Teppich über
einem unebenen Steinmosaikboden. Die Rundbögen,
die das Mittelschiff von den beiden Seitenschiffen
trennen, sind mit stilisierten blauen Blumen- und
Rankenmotiven verziert. Über dem schlichten Altar
im Sanktum schwebt eine eher unscheinbare, etwas
zu klein geratene Jesusfigur. Als Ausgleich prunkt
im rechten Seitenflügel eine bunte Ikone der Mutter
Maria, gleich einer Figur aus dem Atelier des amerikanischen Künstlers Jeff Koons. Also üppig, kitschig
und oberhalb der Gürtellinie explizit sexualisiert. Die
hölzerne Kastendecke schmücken erdig bunte, aus
dem Buddhismus entliehene Symbole. Sitzbänke gibt
es nicht, stattdessen sind abgewetzte Bretter auf Knö-
chelhöhe zwischen ein einfaches Holzgestell genagelt.
Eine steile Wendeltreppe führt auf den Kirchturm.
Von dessen Spitze blicken wir auf terrassierte Wein-
berge, die sich bis fast an das Ufer des Mekongs ziehen. Dazwischen Reisfelder und einige Obstbäume.
Wir machen ein Abschiedsfoto mit dem Hausmeister und stolpern dann zu unserer Herberge zurück.
Es ist stockdunkel, der Boden ist vom Regen aufge-
weicht und uneben. Kein einziges Licht ist zu sehen.

Als wir das Haus von Lehrer Liu betreten, hat dieser schon gekocht. Tomaten mit Ei, Bambus mit Schweinefleisch, Tofusuppe mit Mangold. Sieht lecker aus. Ganz im Gegensatz zu dem Tisch, auf dem er die Speisen drapiert hat. Dessen Oberfläche ist rußigschwarz und mit kleinen Kratern übersät, die eingeätzt erscheinen. In den Kratern sammeln sich die Essensrückstände aller Besucher des letzten Jahres. „Na, wie hat euch die Kirche gefallen?!", fragt er und wartet erst gar nicht unsere Antwort ab. „Wegen unseres Ortes wurde die Region Shangri-La genannt!", strahlt er uns an. So etwas Ähnliches haben wir doch schon einmal an anderer Stelle gehört. Diesen Gedanken scheint auch unser Gesichtsausdruck auszudrücken und Liu läuft nun zur Hochform auf. „In *Lost Horizon* beschreibt der Autor eine Gesellschaft, die Buddhismus und Christentum verbindet. Wo habt ihr das sonst? Nur in Cizhong! Shangri-La kann nur hier bei uns sein!" Er macht eine kurze Pause, in der er vor sich hinstarrt, als suche er Erinnerungen. „Ich war Messdiener", sagt er dann. „Die Patres haben viel Gutes hier in Cizhong getan, haben den Bauern Land gegeben und Schulen errichtet. Das hat mir als Junge sehr imponiert. Also bin ich nach der Schule in die Kirche gegangen und habe mir alles zeigen lassen. Wie man ministriert, ein wenig Französisch, ein paar Brocken Englisch. Nur Latein, das haben die Patres vergeblich versucht, uns Kindern beizubringen." Er lässt seine Worte ein wenig wirken und fährt dann fort. An seiner Rhetorik und seinem Hang zur Theatralik merkt man, dass er des Öfteren Ausländer als Zuhörer hat. „1951 mussten dann die letzten Missionare Cizhong verlassen. Die kommunistische Regierung hat zwei Jahre nach der Gründung der Volksrepublik China alle westlichen Priester des Landes verwiesen." Wieder eine kleine Pause. „Was ich von den Patres gelernt habe, konnte ich dann als Lehrer gut anwenden. Nur während der Kulturrevolution hat man mir meine westliche Erziehung vorgeworfen und ich musste mehr als zehn Jahre als Bauer arbeiten." Wieder macht er eine lange Pause und schaut uns beim Essen zu. „Von den Missionaren habe ich auch das Weinkeltern gelernt!" Er steht auf, nimmt eine große Plastikflasche aus dem Küchenschrank und schaut uns fragend an. Aus seinen Augen spricht eine Mischung aus Stolz und Schalk. In der Plastikflasche schwimmt eine große schwarze Fliege. Jetzt schwimmt sie nicht mehr, sondern treibt in meinem Glas. Derweil schenkt sich Lehrer Liu einen Schnaps ein. „Ich mag keinen Wein, der ist nur für die Touristen", erklärt er und trinkt sein Glas auf Ex. Wir nippen vorsichtig am Wein. Schmeckt … gar nicht so ekelhaft! Mit Ausnahme der Fliege, die ich vorsichtig mit einem Ess-Stäbchen aus der blassroten Flüssigkeit befreie. „Nicht schlecht!", bedeutet Andreas unserem Gastgeber. „Na, mir schmeckt er nicht", antwortet der. „Aber es ist Tradition, das ist wichtig! Meinem Sohn habe ich das Keltern auch schon beigebracht. Leider kann er es nicht so gut wie ich." Noch einmal versichern wir ihm, dass uns der Wein schmeckt und nehmen gleich noch eine Flasche als Wegzehrung für die nächsten Tage mit, der Liter umgerechnet zu sechs Euro. Das freut Lehrer Liu verständlicherweise sehr. „Meinen Wein nehmen wir weiterhin für das Abendmahl. Von den knapp 2 000 Einwohnern Cizhongs sind gut 80 Prozent Katholiken. Leider haben wir hier keinen Priester und müssen uns mit Laiengottesdiensten begnügen. Nur an manchen hohen Feiertagen wie Weihnachten oder Ostern kommt ein Priester aus Kunming oder Dali hierher." Ob sich die Jugend noch für den christlichen Glauben interessiere, frage ich ihn. „Na ja, der Katholizismus ist westlich, das reizt schon! Er ist aber auch unsere Tradition und wir versuchen, sie unseren Kindern weiterzugeben", antwortet er und blickt mir lange in die Augen.

Das Essen war ausgezeichnet und wir haben die Teller bis auf eine Dreckkruste leergegessen. Auch in der Weinflasche schwimmt nur noch ein kleiner Rest, fliegenlos. Lehrer Liu nimmt sich eine Teetasse, gießt sich den Restwein ein und stößt mit uns an. „Santé!", ruft er. „Soviel Französisch habe ich behalten!"

5. Karaoke für Fortgeschrittene

Der nächste Tag beginnt mit einem Knall. Wörtlich.
Bei Andreas reißt der hintere Radmantel und der
Schlauch ist nur noch eine Gummiruine.

So richtig gut waren wir ohnehin nicht in den Tag
gekommen. Lehrer Liu gehört zu den Frühaufste-
hern und ist der Meinung, seine Gäste sollten es ihm
gleich tun. So mussten Andreas und ich uns schon
gegen 6:30 Uhr aus den müffelnden Decken schälen, als unser Gastgeber mit viel Getöse das Ende der
Nacht verkündete. „Ihr wollt doch heute noch nach
Weixi! Dann müsst ihr langsam los", rief er vom Hof
in unser Dachgemach und ließ nicht locker, bis er
uns eine Viertelstunde später zur Nudelsuppe in der
Wohnküche begrüßen konnte. Im Gegensatz zum
Vortag hielt sich das kulinarische Erlebnis in Grenzen. Liu hatte einfach zwei Schachteln Instantnudeln
aufgemacht und mit heißem Wasser aufgegossen.
Na ja, eher mit lauwarmem Wasser. Mit knurrendem
Magen waren wir wieder über die Hängebrücke ge-
schwankt und ein paar Kilometer am Mekongufer
entlang geradelt. Dann riss der Mantel. Dankens-
werterweise mitten in einem kleinen Straßendorf.

Dort bringen wir nun willkommene Abwechslung in
den Dorfalltag. Erst kommen ein paar Kinder schüchtern, aber neugierig, aus den Häusern gelaufen –
dann unterbricht eine Gruppe alter Männer ihr Majiang-Spiel, jene Mischung aus Rommé und Domino,
die weltweit 1,8 Milliarden Chinesen und ein paar
Tausend Langnasen im Bann hält – und bestaunt
den seltenen Besuch. Nach ein paar Minuten stehen

rund 200 Menschen um uns herum. Das Dorf hat seine heutige Attraktion gefunden. Es wird gefachsimpelt. „Der Mantel ist kaputt!", stellt der eine fachmännisch fest. „Schlechte Qualität!", sagt ein anderer. „Kann man nichts machen!", ein dritter. Ich erinnere mich an meinen Großvater, der immer erzählte, dass er Fahrradmäntel früher genäht hätte. Also hole ich mein Nähzeug und fange an, den Faden durch den Mantel zu ziehen. Ein hagerer alter Mann in dem in dieser Gegend noch gern getragenen Maoanzug verschwindet für einen Moment in seinem Haus und bringt uns dann ein Stück Gummi zum Gegenlegen. Nach einem guten Dutzend Stichen und einer halben Stunde sieht der Mantel einigermaßen stabil aus und wird gleich von mehreren Dorfbewohnern auf die Nähqualität geprüft. Jedes Mal geht der Daumen nach oben. Kann also nicht mehr viel passieren!

„Peng!" Ein Haufen aufgescheuchte Hühner rennt in Panik über die Straße. Wir schaffen es bis ins nächste Dorf, dann gibt auch mein Mantel nach und wir haben ein Déjà-vu. Erst kommen die Kinder, dann die Alten und dann das ganze Dorf. Wieder flicken und nähen wir, wieder bekommen wir eine Menge gute Ratschläge, von denen der beste lautet: „Kauft euch neue Mäntel!" Die gibt es aber frühestens in Weixi, einer Kreisstadt geschätzte 80 Kilometer flussabwärts, und so radeln wir vorsichtig weiter den Mekong entlang, die Blicke mehr auf unsere Hinterreifen als auf den Fluss gerichtet. Dabei gäbe es durchaus etwas zu bestaunen. Auf beiden Seiten des Mekongs sind nun Reisterrassen angelegt, die fast schon unnatürlich grün in der Sonne schimmern. Dazwischen immer wieder traditionelle Häuser, Obstgärten und, wie schon am Vortag, immer wieder wackelige Hängebrücken über den Fluss. Etwa 20 Kilometer vor Weixi zweigt die Hauptstraße in ein Seitental ab. Nicht selten liegen die Städte dieser Region in den Nebentälern. Der Mekong ist wohl einer der wenigen bedeutenden Flüsse, an dem es so gut wie keine Uferstraßen gibt. Gerade einmal gute 200 Kilometer in China, einige wenige Kilometer in Laos, Kambodscha und in Vietnam. Zu gewaltig waren die Fluten am Oberlauf, zu eng meist die Täler, als dass sich größere Städte am Mekong angesiedelt hätten. In Laos ragt meist dichter Urwald bis ans Flussufer. Ohnehin waren hier die Flüsse die eigentlichen Verkehrsadern, Straßen also nicht von Nöten. Selbst im Unterlauf hielt man einen großen Sicherheitsabstand zum Mekong, der hier gerne einmal mehrere Kilometer über die Ufer tritt.

Auch die Straße, der wir seit Deqin gefolgt sind, ist kurz hinter der Abzweigung nach Weixi nur noch ein unbefestigter Feldweg, der zudem nach einigen Kilometern weggeschwemmt ist. So hat man uns jedenfalls erzählt. Unsere Karte zeigt eine sich verlierende Strecke am Flussufer, die von einer Provinzstraße erst zu einer Ortstraße, dann zu einer Nebenstraße mutiert. Auch ohne kaputte Mäntel ist Weixi und das Nebental daher eine natürliche Streckenwahl. Gleich nach unserer Ankunft suchen wir nach einem Fahrradladen. Wir haben die Hauptstraße schon zweimal vergeblich in jeder Richtung abgesucht, als ein Kind mit einem nigelnagelneuen Rad an uns vorbei fährt. „Hinterher", rufe ich und Andreas und ich treten in die Pedale. „Hey!", rufe ich dem Kind zu, als wir es eingeholt haben. „Wo hast du das Fahrrad gekauft?" Der Kleine deutet kurz über seine Schulter auf ein kleines Werkzeuggeschäft. Der Inhaber führt uns in ein Hinterzimmer und uns gehen die Augen auf. Da stehen einige äußerst schicke Fahrräder und vor allem hängen da Fahrradmäntel in allen Größen. In großen Städten sind solche exklusiven Fahrradläden inzwischen gang und gäbe, in einem kleinen Nest wie Weixi hätten wir das aber nicht erwartet. Schnell werden wir fündig und verarzten unsere arg gebeutelten Hinterräder. Gleich in der Nachbarschaft finden wir ein Hotel, das erstaunlich komfortabel ist. Wohl für Geschäftleute gebaut, wobei uns nicht ganz klar ist, welche Geschäfte in Weixi vor allem betrieben werden.

Wir sind in Feierlaune und entdecken in unserem Hotel eine Karaokebar. „Chinesen brauchen keine Psychoanalyse, sie haben Karaoke", brachte es ein chinesischer Freund mal auf den Punkt. Das Playback-Singen mit Freunden ist des Chinesen liebster Zeitvertreib, Selbstdarstellung und -reinigung gleichermaßen. Erfunden hat das Ganze ein Japaner, aber erst die Chinesen haben das Karaoke zum Kult ausgebaut. Zugegebenermaßen hat es auch uns dieser Kult angetan. Zuweilen sieht man Andreas und mich dann auch im „Cheers", Berlins berühmtester Karaokebar. Was es in Berlin aber definitiv nicht gibt, in China aber zur Grundausstattung einer jeden Karaokebar gehört, sind die Karaoke-Mädels. Die Damen erfüllen die klassische Rolle der Animierdame und kosten je nach Trinkfestigkeit und Vorliebe. Der Vorliebe der Damen wohlgemerkt, die sich immer auf teure Getränke kapriziert. Hiermit kann durchaus auch ein lokales Bier gemeint sein, das gemeinhin so wässerig schmeckt wie der Preis gesalzen ist. In unserer Hotelbar ist das Getränk der Wahl trockener Yunnan-Wein, die Flasche für 90 Yuan. Also bestellen wir je eine Pulle mit dem künstlerisch gestalteten Etikett und lassen diese großzügig kreisen. Dafür sitzt uns nun beiden eine Schönheit auf dem Knie und eine andere schmiegt sich an unsere Schultern. Wir singen „Yongxin Liangku", das *Bittere Herz*, im Duett, eine herzzerreißende Geschichte von einem Mann, der das Leben damit verschwendet, die falsche Frau anzubeten. Ein typisch chinesischer Song, schmalzig, weichgespült, und dennoch seltsam ansteckend. Der Text verströmt, wie so oft bei chinesischen Liedern, eine ansteckende Melancholie. Mit glücklichen Liebesgeschichten verkauft man in China keine Platten. Im Refrain singen die Damen mit, die sich als Xiao Wang, Xiao Zhai, Xiao Shu und Xiao Shi vorgestellt haben. Wobei Xiao „klein" heißt, vor dem Namen aber eher eine Koseform bedeutet. Wer nennt eine Dame, die einem auf dem Knie sitzt, schon gerne „Frau Wang". „...wo yi bei jiu cuofang wo de shou – ich habe mein ganzes Leben meine Hand an die falsche Stelle gelegt", singen wir und bestellen die nächste Runde.

Dann öffnet sich die große Schwingtür der Bar und eine Gruppe chinesischer Geschäftsmänner in schlecht sitzenden Anzügen betritt das Etablissement. Xiao Wang, Xiao Zhai, Xiao Shu und Xiao Shi werfen sich kurz ein paar Blicke zu und schauen uns dann entschuldigend an. „Da gibt es mehr zu verdienen! Ihr seid ja keine richtigen Kunden!", zwinkert mir Xiao Zhai zu. Nicht dass wir noch auf weitere Dienstleistungen zurückgekommen wären, zumal die Karaoke-Damen außer Singen, zum Trinken animieren und zuweilen die Hand aufs Knie legen alle weiterführenden Avancen sowieso ablehnen würden. Sollten die Gelüste eines Kunden in die Horizontale abdriften, übernimmt gemeinhin die weniger prinzipientreue Nachtschicht. Die sitzt augenblicklich an der Bar, zieht gelangweilt an ihren Zigaretten und trinkt grünen Tee.

Trotzdem: Was heißt hier „keine richtigen Kunden"! Das sage ich dann auch mit einem ironischen Unterton unseren Damen, die nun ihre Haare zurechtrücken und den Lippenstift nachziehen. Xiao Shu grinst Andreas an und sagt: „Ihr seid *Pengyou*, Freunde!" Nun ist man in China leicht ein Pengyou: Wenn man jemandem einen Gefallen tun soll, wenn man als Langnase gerade das Doppelte des einheimischen Preises für Bananen gezahlt hat, wenn es gilt, eine schwierige Situation zu entschärfen. „Pengyou!", schallt es einem dann entgegen und heißt so viel wie: „Danke recht herzlich", „Naiver Ausländer" oder „Reg dich nicht auf!". Ernsthafte Freundschaft beginnt frühestens bei *Lao Pengyou*, dem alten Freund, was der Chinabesucher vor allem dann hört, wenn er lange nicht mehr im Land war und dann unverhofft im Reich der Mitte auftaucht. Die Steigerung ist dann *Xiongdi*, Bruder, oder, in der weiblichen Form, *Jiemei*. Das raunen sich meist die wackeren Schwertkämpfer in chinesischen Kung-Fu-Filmen zu, kurz bevor sie in eine aussichtslose Schlacht reiten. Oder zwielichtige Gestalten, die sich in chinesischen Gangsterfilmen ihrer Verbundenheit versichern wollen.

Ganz ohne ironischen Unterton kommen aber all diese Freundschaftsbezeichnungen im modernen China nicht aus. Man weiß im Reich der Mitte immer um die gesellschaftliche Nützlichkeit auch freundschaftlicher Beziehungen und gibt sich erst gar keine große

Mühe, die Funktionalität dieser zu negieren.

Nun sind Andreas und ich also *Pengyou* von vier Karaoke-Damen und fragen uns, welche Bedeutung oder Nutzen damit verbunden ist. Der Wein schmeckt jedenfalls jetzt, nachdem unsere Begleiterinnen zu den chinesischen *Dakuan*, den *Geldsäcken*, gegangen sind, nur noch halb so gut und auch das Singen wird nach einer Weile langweilig. Dakuan, so werden die chinesischen Sugardaddys im Volksmund genannt. Aus einem der Séparées dröhnt derweil donnerndes Lachen und ein Grölen, das entfernt an einen mongolischen Folksong erinnert. Alle paar Minuten geht die Tür auf und ein Schwall von abgestandener Luft und lauter Musik füllt den Saal. Eine der Karaoke-Damen bringt dann eine Batterie chinesischen Schnaps in das mit rotem Plüsch ausgekleidete Zimmer, dann schließt sich die Tür wieder und das Lachen und Gegröle beginnt von vorne. Als sich einer der Männer nach einer Pinkelpause Schnapsflaschen schwenkend vor uns aufbaut und sichtbar überlegt, ob er uns mit Hirsedestillat abfüllen soll, beschließen wir, dass es Zeit ist, ins Bett zu gehen. Leider liegen unsere Zimmer genau über der Bar. Dumpf klingende chinesische Schlager dringen durch die dünnen Mauern und wiegen uns in einen unruhigen Schlaf.

Ein lautes Poltern auf dem Gang weckt mich auf. Ich sitze schon aufrecht im Bett, als etwas Schweres gegen meine Tür plumpst. Dann hämmert jemand mit den Fäusten an die selbige. „XIAO WAAAAAANG! XIAO WAAAANNNNG!" schreit dieser Jemand und fällt, als ich die Tür öffne, taumelnd in meine Arme. „Du bist nicht Xiao Wang!", stellt er scharfsinnig fest. Schaut mir aber zur Sicherheit noch einmal tief in die Augen. „Nein, du bist sicher nicht

Xiao Wang!" sagt er und torkelt auf den Gang zurück. Kaum liege ich wieder auf meinem Bett, trom-
melt es wieder an die Tür. „NI TAMADE ZHEIGE
SHABI!!!", schreie ich und reiße mit einen Ruck die
Tür auf. Meine Ausdrucksweise ist mir sofort peinlich, ebenso die Tatsache, dass ich außer einer Unterhose und einem T-Shirt nichts abhabe. Vor meinem
Zimmer stehen Xiao Zhai, Xiao Shu, Xiao Shi und
noch fünf weitere Karaoke-Mädels und fragen, ob sie
hereinkommen könnten. Eine *verdammte Dumpfmöse*
hätte ich keine gerne nennen wollen, das galt dem
betrunkenen Chinesen und ist unter Männern gar
kein so übles Schimpfwort. Einer chinesischen Frau
sagt man so was aber besser nicht. Anscheinend hat
mich aber keine der Damen verstanden und so sitzen sie nun eine neben der anderen auf meinem Bett,
ich mittendrin, in einem löchrigen Schlaf-T-Shirt und
einer immerhin lochfreien Unterhose. „Wo ist denn
Andreas?", fragt mich Xiao Shi und klimpert mit den
Augenlidern. „Der schläft wahrscheinlich!" antworte
ich und wünschte, er wäre da. In Weixi hatten wir
uns jeder ein Einzelzimmer gegönnt. Ich bin mit der
Situation sichtlich überfordert und außerdem tod-
müde. „Erzähl noch mal, wo ihr herkommt!", fragt
Xiao Zhai. „Wie alt bist du, bist du verheiratet, hast
du Kinder?", legt Xiao Shi nach. Xiao Shu stellt mir
derweil ein Rätsel: „Die Ausländer haben einen langen, die Chinesen einen kurzen, die Mönche haben
einen, aber dürfen ihn nicht benutzen. Was ist das?"
Ehe ich noch nach einer nicht offensichtlichen Antwort suche, prustet sie schon heraus: „Der Familienname!" Für einen Augenblick überlege ich, ob ich Andreas aufwecken soll, dann entscheide ich mich für
ein höfliches „Bitte entschuldigt, ich bin eigentlich
sehr müde, können wir die Konservation am mor-

gigen Tag fortsetzen?" „Aber klar!", ruft Xiao Zhai,
dann springen alle acht Damen gleichzeitig von meiner Bettkante und innerhalb einer Minute ist der
Spuk vorbei.

Als ich meine nächtlichen Erlebnisse am nächsten
Morgen Andreas bei pappigen Schmalzstangen und
einer Schüssel warmer Sojamilch, dem chinesischen
Standardfrühstück, erzähle, schimpft er mich. „Hät-
test du mich doch aufgeweckt! Acht Frauen sind doch
viel zu viel für dich!" Wir beschließen, am Abend
wieder in die Karaokebar zu gehen.

Am frühen Nachmittag sitzen wir in einem kleinen Restaurant im Grünen, das wir etwas außerhalb
von Weixi an einem kleinen Fluss gefunden haben.
Große Panoramascheiben eröffnen den Blick über
schillernde Reisfelder auf die Stadt. Die Küche ist
auf lokale Köstlichkeiten spezialisiert, die kunstvoll
drapiert auf dem mit blau-weißen Batikdecken ge-
schmückten Tisch serviert werden. Die Kellnerinnen
tragen die Tracht der Bai, eine Minderheit, die vor
allem in Dali zu finden ist und einst fast ganz Yunnan beherrschte.

„Meine Nationalität ist Yi", sagt der Chef, der sich
mit einer Tasse Instantkaffee zu uns setzt. „Die An-
gestellten sind Bai, das passt! Früher sind wir von
unseren Festungen in den Bergen in die Täler ge-
ritten und haben uns unter den Bai, Naxi und Han-
Chinesen Sklaven geraubt. Heute geht das einfacher.
Du musst nur ein Restaurant aufmachen!" Sein Lachen lässt keine Zweifel, dass er das nicht ernst
meint. Selbstironie ist normalerweise aber nicht eben
eine chinesische Stärke, deshalb zögere ich mit dem

Lachen. Aber der Mann ist ja auch ein Yi und wer weiß, was die für einen Sinn für Humor haben. „Wir Yi lassen uns nicht viel sagen", fährt er fort. „Jetzt will die Regierung am Oberlauf des Yangzi zehn Staustufen bauen. Sogar die berühmte Tigersprungschlucht wollen sie fluten!" Er nippt an seinem Nescafé. „Wir haben eine Bürgerinitiative gegründet und sind mit Gleichgesinnten in anderen Regionen im Kontakt. Vielleicht können wir die Zerstörung unserer Natur noch verhindern. Die Regierung hört ja neuerdings auf Proteste der Bürger." Was nur bedingt richtig ist, aber ab und zu sickert eine glaubwürdige Nachricht aus dem Reich der Mitte in den Westen, dass ein Bauer eine Schnellstraße gestoppt oder ein Städter sein historisches Gebäude vor dem Abriss bewahrt hat. Die Chinesen entdecken ihre bürgerlichen Freiheiten. Unser Gastgeber engagiert sich nun also gegen das Staudammprojekt am oberen Yangzi. Ein paar Jahre später sollte die chinesische Regierung tatsächlich verkünden, dass zumindest das Staudammprojekt in der Tigersprungschlucht auf Eis gelegt ist. Inzwischen liegt das Augenmerk auf der Erschließung des Mekongs. Da schaut im Westen noch keiner so genau hin.

Zurück im Hotel, gönnen Andreas und ich uns ein opulentes Abendessen in einer kleinen Klitsche gleich gegenüber dem Hotel, wo eine Bai-Frau Erstaunliches aus dem Wok zaubert und der Ehemann einen toxikologisch interessanten Kräuterschnaps ansetzt. Dann schmeißen wir uns in Schale und betreten die Karaokebar. Gähnende Leere. Die Nutten sitzen weiterhin gelangweilt am Tresen, als hätten sie sich seit gestern nicht bewegt. Ansonsten ist die Bar leer. Keiner singt, keiner trinkt und keiner grölt. Die Chefin, eine leicht verlebt aussehende Frau

72

in den frühen Fünfzigern, kommt mit einer Flasche Yunnan Rotwein an unseren Tisch und schenkt uns randvoll in die Gläser. „Geschlossene Gesellschaft!", erklärt sie. „Duibuqi, *Entschuldigung*, der Wein geht aufs Haus." Tatsächlich klingt gedämpfte Musik aus einem der Séparées. „Eine Wasserbaudelegation aus Peking. Fast 50 Männer!" Einen Moment schweigt sie. „Die haben nun mal ihre Bedürfnisse." Wir stoßen mit der Chefin auf das gute Geschäft und den spendierten Wein an, singen lustlos das Lied vom *Bitteren Herz* und beschließen dann, uns in unsere Zimmer zurückzuziehen.

Gegen Mitternacht verstummt die Musik. Etwa 15 Minuten danach klopft es an meiner Tür. Nach den Erfahrungen von gestern halte ich meine Zunge im Zaum. Vor meiner Tür steht ein Betriebsausflug, alle Damen der Bar, mit Ausnahme der Nutten, die Hände voll mit allerhand Alkoholika. Aus dem Nebenzimmer klingt derweil ein rhythmisches Stöhnen. Die Nachtschicht arbeitet also. Ich zähle 18 Damen, die es sich auf meinen beiden Betten gemütlich machen. Auf dem Nachttisch türmt sich recht schnell eine Batterie von Weinflaschen. „Prost", sagt Xiao Shu und gießt in meinen Zahnputzbecher ein. Unter der dick aufgetragenen Schminke zeichnet sich schwach eine lange Narbe über die gesamte linke Wange ab. Ich leere das Glas auf Ex und bitte um einen Augenblick Geduld. Ziehe mir eine Hose an, renne über den Flur und klopfe an Andreas Tür. Der macht nach einer Minute Sturmklopfen die Tür auf und schaut mich schläfrig an. „18 Karaoke-Damen!" raune ich ihm zu und das weckt ihn auf. Ein paar Minuten später sitzen wir in meinem Zimmer und lassen die Weinflaschen kreisen. „Wir sind Jingpo", erzählt uns Xiao

Zhai zwischen zwei Schlücken. „Unsere Heimat ist an der burmesischen Grenze!" Die Jingpo sind eine der Minderheiten, deren traditionelles Siedlungsgebiet sich sowohl in China als auch in Birma befindet, und die ungeachtet der politischen Situation nie viel mit Staatsgrenzen anfangen konnten. Eine der Haupteinnahmequellen ist bis heute der Opiumanbau, zumindest dort, wo weder die chinesische Regierung noch die Uno versuchen, den Drogenhandel zu unterbinden. Vor Kurzem haben die Wa, die sich mit den Jingpo das Territorium teilen, verkündet, kein Opium mehr anzubauen. Die Uno reagierte in Panik und forderte eine Übergangszeit, in der kontrolliert Opium angebaut wird, um die wirtschaftliche Grundlage der Region zu erhalten. Wie auch immer, die Region gehört zu den ärmsten Asiens und wer kann, flüchtet in reichere Gegenden. Und sei es in eine Karaokebar. In ganz China wird man keine Karaoke-Dame und keine Prostituierte finden, die aus der Stadt kommt, in der sie arbeitet. Gerade in Yunnan finden sich vor allem Angehörige der Minderheiten im horizontalen Gewerbe wieder.

Eine weitere Flasche Yunnan Red kreist. „Ganbei", sagt Xiao Zhai, und lehnt sich über mich, um mit Andreas anzustoßen. „Lass uns ein Trinkspiel spielen!" ruft sie und fällt mir um den Hals. Wir werden in das uns schon bekannte Trinkspiel eingewiesen. „Also du sagst eine Zahl, ich die andere, und dann zeigen wir mit den Fingern die Summe! Wer richtig zeigt, hat gewonnen." Drei Runden spielt Xiao Zhai mit mir, dann sind Andreas und Xiao Shi an der Reihe. Dann wechseln sich die Mädels ab. Abgesehen davon, dass wir meist verlieren, teilt sich der Alkohol bei den Damen durch 18, bei uns durch zwei. So

geht das im Minutentakt, wir erfahren, dass der Ho-
telmanager ein *Huai Dan*, also ein fauliges Ei ist, der
die Mädels nur abzockt und ihnen an die Wäsche
will, die Managerin der Karaokebar aber eine gute
Seele. Für jeden spendierten Drink bekommt die jeweilige Karaoke-Dame 20 Prozent Kommission, für
jeden gesungenen Song fünf Yuan, also die Hälfe
der Gebühr. Unterkunft im Wohnheim und Verpfle-
gung aus der Hotelküche wird gestellt, dazu bekommen die Neuankömmlinge 200 Yuan Grundgehalt
im Monat, ab sechs Monaten gibt es dann 100 Yuan
mehr. Nach einem Jahr gehen die meisten zurück in
ihr Heimatdorf, und haben sich rund 10 000 Yuan
gespart. Wenn mehrere Kinder einen ähnlichen Be-
trag nach Hause bringen, reicht das im Dorf für ein
neues Haus.

Gegen 2 Uhr nachts ist dann der Alkoholvorrat vernichtet. Xiao Wang verspricht, in der Karaokebar nach
Nachschub zu suchen und verabschiedet sich für ein
paar Minuten. Eine der Nutten lugt kurz zur Zim-
mertür herein, schüttelt den Kopf und verschwindet
dann wieder.

„Die Bar hat schon zu!" ruft Xiao Wang, als sie zu-
rückkommt und schaut ratlos. Das nehmen die Damen als Anlass, sich zu verabschieden. Zurück bleiben Xiao Shi und Xiao Zhai. „Habt ihr nicht noch was
zu trinken?", fragt Xiao Shi. „Lehrer Liu!", ruft Andreas und ich krame die mitgenommene Plastikflasche Abendmahlfusel hervor. „1!" ruft Andreas. „2!",
schreie ich. –„3" zeigt Xiao Shi mit der Hand, und
schon trinken wir das erste Glas auf Ex. Nach zehn
Minuten geht auch unser Wein zur Neige. „Dann
trinken wir einfach mit *Kaishui* weiter!", postuliert

Xiao Zhai. Nimmt sich die Thermosflasche mit abgekochtem Wasser, eben jenem Kaishui, das in jedem
chinesischen Hotelzimmer zur Grundausstattung
gehört, und gießt uns randvoll ein. Nach einer halben Stunde haben wir auch die Zweiliterkanne geleert und hängen nun mit Wasserbäuchen über die
Bettkante. Die Erotik, so sie denn je da war, ist nun
definitiv dahin. Das scheint unserem Besuch ähnlich zu gehen und so verabschieden sie sich gegen 5
Uhr früh. „Ihr Ausländer wisst wirklich zu feiern!",
strahlt mich Xiao Zhai an und gibt mir einen Kuss
auf die Wange.

Gegen Mittag des nächsten Tages klopft Andreas
an meine Tür. Er sieht aus wie ich mich fühle: Zer-
knautscht, verkatert, aufgequollen. Unsere gestrige
Wasserkur liegt uns schwer im Magen. Am späten
Nachmittag beschließen wir, unsere Räder auf den
Überlandbus nach Dali zu laden und uns noch ein
paar geruhsame Tage zu gönnen, bevor Andreas wieder nach Deutschland zurück muss. Als wir
das Hotel verlassen, winken uns etwa 20 Karaoke-
Mädels fröhlich von den Balkonen des Angestellten-
wohnheimes nach.

6. Hao Jiu!

Zurück in Dali! Asha, die Sales Managerin des Mekong Center of Art, kurz MCA, bringt mein „Dalai
Lama Breakfast": „Tibetan Flower"-Flocken, Yakbutter-Tee und einen „Tibetan Toast", der sich als Voll-
korn-Baguette entpuppt. Aus den Lautsprechern
klingt dezent Miles Davis' Trompete aus *Bitches Brew*.
Die Sonne spiegelt sich auf den weißen Kacheln des
leeren Swimming Pools, in dem eine kleine Armee
von mit Schrubbern bewaffneten Hotelangestellten
schrubbt und zupft, um ihn von Flecken und Flechten
zu befreien. Über den traditionell geschwungenen
Dächern thronen die schroffen, immerhin 4 200 Meter hohen, leicht mit Schnee bezuckerten Bergriesen
des Cang-Gebirges.
Von alters her war Dali, heute eine 20 000 Einwoh-
nerstadt mit gut erhaltener Stadtmauer, Kreuzungs-
punkt wichtiger Handelsstraßen. Hier trafen die
Burma- und die Teestraße auf die südliche Seidenstraße. In der früheren Hauptstadt des Nanzhao-Reiches, einer heute fast vergessenen Hochkultur, die
im ersten Jahrtausend unserer Zeitrechnung neben
Südwestchina auch Teile des heutigen Laos, Burma
und Nordthailand beherrschte, reorganisierten sich
die Karawanen von Tibet kommend, ehe sie weiter
nach Südostasien aufbrachen. Auch heute noch ist
die Stadt am Erhai (Ohrensee) wichtiges regionales
Zentrum und die Straßen von Kunming, der Provinzhauptstadt, nach Burma sowie von Tibet nach
Laos kreuzen sich gut 15 Kilometer südlich von Dali
in der Verwaltungsmetropole Xiaguan. Dali ist nicht
nur das Hauptsiedlungsgebiet der Bai-Minorität, es
ist auch Teil des Backpacker-Circuits, und so geben

sich hier Rucksacktouristen und in zunehmendem Maße auch Pauschaltouristen bei Pizza und Banana-Pancake die Café-Klinke in die Hand.

Das MCA-Guesthouse liegt etwas außerhalb des südlichen Stadttores. *Mekong Center of Art*. Ein großer Name, der die Grundidee des Besitzers, Neeman Duojie, widerspiegelt. 1995 wurde die in lokalem Baustil gestaltete Anlage mit viel Pomp, einem Spezialitätenbuffet und einem guten Dutzend Ehrengästen aus Politik und Kultur eröffnet. Gedacht war es als eine Mischung von Galerie und Guesthouse, gewidmet den Kulturen des Mekongs, der gut 100 Kilometer südlich von Dali verläuft.

Die Putzkolonne hat den Swimmingpool blitzblank gewienert und wirft nun drei dünne Wasserschläuche ins Becken, um es mit Wasser zu füllen. Der Sohn des Hauses, der vierjährige Ailun, wartet ab, bis der letzte Schrubber verstaut und das Wasser bis zur Hälfte eingelassen ist, stellt sich dann an den Beckenrand, knöpft seine Hose auf und pinkelt in den Pool. „Macht er immer", bemerkt Neeman lakonisch, der sich mit einem Glas Wein zu mir an den Pool setzt. „Du trinkst doch einen mit, oder?" fragt er. Yakbutter-Tee und Rotwein sind, vor allem vor dem Mittagsläuten, keine gute Idee, aber mir bleibt gar keine andere Wahl. Einen freundschaftlichen Drink lehnt man in China nur mit ganz besonderen Gründen ab.

Befreundet sind Neeman und ich schon seit Studienzeiten. Er betrieb Anfang der 1990er das Tibetan Café in der sogenannten Yangrenjie, der *Ausländerstraße* in der Stadtmitte, mit der Dalis Ruf als Fluchtort für chinamüde Backpacker und Auslandsstudenten begründet wurde und war etwas erstaunt, jemanden in seinem Café zu finden, der am frühen Nachmittag bei einem Glas Wein in der Sonne sitzt und „Das Kapital" von Karl Marx auf Chinesisch liest. Tatsächlich hatte ich nur kurz einen Blick in das Buch geworfen und mir nicht mehr als ein paar Sätze zu Gemüte geführt. Und den Wein trank ich aus Freude, endlich dem kalten Pekinger Winter entflohen zu sein. Als Anknüpfpunkt einer innigen Freundschaft reichte das aber allemal. Neeman ist Tibeter und kultiviert die entsprechende Aura. Mit dem Dalai Lama hat er jedoch nicht viel am Hut – sein Vater, inzwischen knapp neunzigjährig, ein Original, das zuweilen mit einer Tasse Tee in der Hand über den Hotelhof schlürft, war kommunistischer Kader und arbeitete als Polizist. Der Sohn trat in seine Fußstapfen, empfand den Polizeidienst aber schon bald als langweilig. Als Dali Mitte der 1980er vom Lonely Planet „entdeckt" wurde und die ersten Backpacker aus den verrosteten Überlandbussen in das damals arg verschlafene Städtchen einfielen, führte er kurzzeitig die einzige Kneipe am Platze, das legendäre Yunnan-Café, und machte sich dann mit dem Tibetan Café selbstständig. Zwischen Late-Night-Partys, Dali-Beer und Banana-Pancake entdeckte er die Malerei für sich, lernte die Malerin Xiao Ming, seine jetzige Frau, kennen und reiste zusammen mit ihr nach Paris, wo Xiao Ming eine Solo-Ausstellung hatte. Ihre auf traditionellen Motiven basierende naive Malerei traf in den frühen 1990er den Geschmack der europäischen Kunstszene, einige Bilder wurden verkauft und so entstand die Neeman Gallery gleich neben dem Tibetan Café. Das MCA war da nur die logische Fortführung der beiden Pole in Neemans Leben: Kunst und Gastronomie. Von der Galerie ist abgesehen von einigen Bildern der „Yunnan School of Art" genannten lokalen, an Ethno-Jugendstil erinnernden Kunstrichtung, die die Wände der Schlafsäle schmücken, nicht viel übrig geblieben. Nur zuweilen, wenn die chinesischen Avantgarde-Künstler, mit denen Neeman seit mehr als zehn Jahren in regem Austausch ist, auf einen Sprung in Dali vorbei schauen, kehrt ein Hauch künstlerische Exzentrik ins MCA ein. Xiao Ming malt nach der Geburt des gemeinsamen Sohnes nur noch sporadisch. Feng Lijun, durch die seine Bilder dominierenden grotesken Kahlköpfe bekannter Maler aus Peking, hat sich inzwischen ein Häuschen in Dali geleistet und schaut dann auch bei Neeman vorbei; Ye Yongqing, einer der Väter der chinesischen Avantgarde nach der Kulturrevolution (1966-1976) nutzt die Galerie zuweilen als Workshop.

„Die Mekong-Kultur ist etwas ganz Besonderes!", sagt Neeman. „So viele verschieden Kulturen: Tibet, China, Laos, Kambodscha, Vietnam! Nicht so wie der Yangzi oder der Gelbe Fluss, die nur durch China führen. Das ist der einzige große Strom, der es aus China herausschafft! Jedenfalls abgesehen vom Salween, aber wer kennt den schon im Westen!"

„Prost auf den Mekong!", sage ich, auch weil ich seine Theorien nicht zum ersten Mal höre. Wir stoßen an und nippen an den Gläsern.

„Alle Menschen haben die gleichen Bedürfnisse", fährt Neeman fort. „Essen, Trinken, Schlafen und dann auch Sex." „Und die Kultur", gebe ich das Stichwort. „Genau, die Kultur! In China gibt es ja zwei Ausdrücke für Kultur, wenming und wenhua, wobei wenming die geronnene wenhua ist!" Also Zivilisation als geronnene Kultur, wenn ich das richtig übersetze.

„Prost auf die Kultur!", rufen wir.

„Und trotz aller Verschiedenheit zieht sich der Mekong doch wie ein roter Faden durch unser Leben. Er verbindet Kulturen, von Tibet bis Vietnam. Selbst der Westen ist vom Mekong fasziniert. Also verbindet dieser Fluss alle Menschen, Ost und West!"
„Prost auf die Freundschaft der Völker der Welt", ziehe ich ihn auf. „Prost!", lacht Neeman, und gießt nach.

So geht das noch eine Weile weiter, die Flasche leert sich mit jeder neuen Idee. Gerade als Neeman Asha um Nachschub bittet, schaut Jim im MCA vorbei, dessen Peace Café eine weitere Institution in Dali ist. Er ist Halb-Tibeter, spricht ausgezeichnetes Englisch und kann sich wie Neeman rühmen, ein Mann der ersten Stunde in Dali gewesen zu sein. Wenn das Tibetan Café am Abend zusperrte, ging man in der Regel noch zu Jim, zog einen Joint durch oder nippte an seinem legendären Jim No.1, ein Schnaps nach Geheimrezept, der entgegen anderer Vermutungen und vor allem entgegen der deutlich gespürten halluzinogenen Wirkung garantiert drogenfrei ist. Bei meinem ersten Besuch in Jims Café hatte er mir den Cocktail anempfohlen. „Aber nicht mehr als drei Gläser!" warnte er. „Sonst können seltsame Sachen mit dir passieren!" Ich nahm einen kräftigen Schluck. Ließ den fast schon zähflüssigen Schnaps langsam die Kehle hinunterlaufen. Atmete ein. Und hustete mir den Geschmack von abgestandenem Ginseng aus der Luftröhre.
„Wei le chicki-chicki hen hao!", grinste Jim mich an. Gut für *Na-du-weißt-schon-was*. Flüssig-Viagra also. Viagra heißt auf Chinesisch übrigens „Weiger", der *starke Bruder*. „Warum denn nur drei Gläser?" fragte ich Jim ungläubig. „Nach drei Gläsern kommst du nicht mehr über den Berg", witzelte er und erzählte die Geschichte aus dem beliebten historischen Ro-

man „Die Räuber vom Liangshan-Moor", die von
Wu Song handelt, dem furchtlosen Kämpfer, den
der Kneipenwirt warnt, nach drei Gläsern Schnaps
käme ein Reisender nicht mehr über den nächsten
Berg. Da lauerte ein Tiger und würde sich mit Vorliebe auf betrunkene Wanderer stürzen. Wu Song
ignoriert die Warnung, schüttet ein ganzes Fass des
Hausschnapses den Schlund hinunter und besiegt
dann gerade aufgrund der alkoholinduzierten Un-
berechenbarkeit den gefürchteten Tiger.
Also was soll's! Ich ließ mir ein viertes Glas geben
und bezahlte dann mit der surrealsten Nacht meines
Lebens: Ein ständiges Pendeln zwischen Wach- und
Schlafzustand, mit luziden Träumen und Halluzina-
tionen. Also doch Drogen, dachte ich mir und bat Jim
um das Rezept. Der ausgefallenste Inhaltstoff des
potenten Drinks ist allerdings schlicht und einfach
nur Yakpenis.

Jim und Neeman beschließen, Angeln zu gehen und
laden mich ein. Xiao Ming kommt mit zwei prall ge-
füllten Picknickkörben die Treppe von ihrer Woh-
nung herunter, Neeman holt eine Lage Dali-Beer aus
dem Kühlschrank und so marschieren wir in Richtung Straße. Dort warten bereits zwei Eselskarren auf
uns, die in Wahrheit eigentlich Maultierkarren sind,
hölzerne Kutschen mit einem davor gespannten Ein-
hufer. Maultierkarren klingt nur ein wenig seltsam,
in jeder Sprache. Eselskarren waren noch bis Mitte
der 1990er das Hauptverkehrsmittel in und um Dali
und mussten dann zunehmend der wachsenden Mo-
torisierung weichen. Heute sind sie bestenfalls ein
Gefährt für Touristen oder Nostalgiker. Oder für einen leicht angesäuselten Angelausflug.
Auf dem Weg zum See gabeln wir noch Wang Hui
auf, die früher einmal Neemans Gallery geleitet hat

und nun zusammen mit ihrem Lebensgefährten einen Buchladen in Dalis Altstadt führt. Wir rumpeln dann über unregelmäßiges Kopfsteinpflaster Richtung Ohrensee. Fischen am Erhai, das klingt gut, und ich freue mich auf ein kleines Fischerboot, sehe lange Angelruten vor meinem geistigen Auge, gespannte Ruhe und großes Hallo bei jedem Fang. Dann sehe ich das Ufer, meine unser Boot ausmachen zu können. In diesem Augenblick zieht der Kutscher an den Zügeln, das Maultier wiehert kurz auf und lenkt dann nach links, durch ein hölzernes Tor. Vor uns liegt eine riesige Restaurantanlage mit Fischteichen. „Im See fängst du nur schwer was", erklärt Neeman, zahlt 300 Yuan Angelgebühr und heißt uns abzusteigen. Für umgerechnet 30 Euro können wir nun so viele Fische aus den Teichen angeln, wie unser Angelgeschick hergibt. Sollte uns das Glück verlassen oder Langeweile aufkommen, fischt zur Not auch der Besitzer und bereitet den Fisch dann im Ofen zu.

Nach zwei Stunden Angel-in-das-Wasser-halten und einer mageren Ausbeute von drei winzigen, schon beim Fangen wenig lebendig aussehenden Fischen, kommen wir auf dieses Angebot zurück. Der Wirt geht zu einem großen Käfig im Wasser und zieht ein Prachtexemplar heraus. „Die großen Fische hat er immer separat!", bemerkt Wang Hui. „Wenn du 200 Yuan extra zahlst, schmeißt er ein paar davon auch ins große Becken!"

Der Fisch wird im Holzofen gegrillt, schmeckt ausgezeichnet, hat eine leicht gesalzene Kruste und butterweiches Fleisch, das sich ohne großen Aufwand von den Gräten lösen lässt. Dem Fisch folgt ein zweiter, dann ein dritter. Schließlich bekommen wir noch Süßwasserschnecken in Chili und Knoblauch serviert, frittierte Süßwassershrimps und den wunderbaren Dali-Käse, eine Art in Öl ausgebackener Emmentaler, der wahlweise süß mit Zucker oder salzig genossen wird. Eine Runde vom Wirt selbst angesetzter Quittenlikör rundet das Festmahl ab. Jim hat seinen No. 1 mitgebracht, ich nippe vorsichtig, Jim enthält sich und Neeman bestellt lieber einen lokalen Wein. Der macht dann mit guten Wünschen und Trinksprüchen die Runde. Xiao Ming besorgt uns ein Majiang-Spiel und wir beginnen Mäuerchen zu bauen. Das heißt, Spielsteine im Carré auf dem Tisch aufzutürmen. Majiang ist eine Art Rommee mit Dominosteinen, das so viele unterschiedliche Spielweisen hat wie bei uns Canasta. Das Grundprinzip ist aber recht einfach: Vier Spieler versuchen, Straßen oder mehrere gleiche Steine zu sammeln. Es gibt Steine mit Zahlen und Steine mit Symbolen. Wie beim Kartenspiel wird jeweils ein Stein aus der Mitte aufgenommen und ein anderer abgelegt. Wird ein Stein ausgespielt, den ein anderer Spieler gebrauchen kann, kann dieser ihn aufnehmen. Fertige Serien werden vor den Spielern abgelegt, wer als erster keine Steine mehr hat, hat gewonnen. Soweit, so gut. Es sei denn, man stößt auf eine lokale Unterart des Majiang, die dann wieder ganz anders funktioniert.

Xiao Ming und Wang Hui gewinnen fast jedes Spiel, was einerseits daran liegt, dass sie kaum Alkohol getrunken haben, andererseits aber auch an ihrer Spielweise: Häufig benötigte Steine verschwinden nach jedem Spiel heimlich unter dem Tisch und werden bei Bedarf wieder ins Spiel gebracht. Das merkt zwar jeder, aber wir spielen nicht um Geld, also stört es keinen.
Über uns spannt sich eine Leuchtkuppel aus Sternen. Dali liegt auf fast 2 000 Metern Höhe, und die Lichtverschmutzung ist eher gering, so dass man kaum

die schwarzen Flecken zwischen den Sternen sieht.

Auf dem Heimweg stimmt Neeman das Trinklied aus „Das rote Kornfeld" von Zhang Yimou an, jenem Film, der 1988 auf der Berlinale mit dem Goldenen Bären ausgezeichnet wurde und in China vor allem bei Intellektuellen als einer der ersten unkonventionellen Filme nach der Kulturrevolution Kult ist. „Hao Jiu, hao jiu, hao jiu!", stimmt Neeman an und stampft dabei so laut mit den Schuhen auf den Kutschboden, dass das Maultier für einen Augenblick aus dem Tritt kommt. „Hao Jiu, hao jiu, hao jiu!", stimmen auch die anderen mit ein. *Guter Schnaps, guter Schnaps, guter Schnaps!* Jim versucht sich im Stile eines traditionellen Volkssängers an den Strophen, dann stampfen und grölen wir wieder den Refrain. „Hao jiu, hao jiu, hao jiu!" „Am 09.09. setzen wir unseren Schnaps an. Guter Schnaps kommt aus unseren guten Händen! Trink unseren Wein! 1-4-7-3-6-9-9-9!" Die Neun spricht sich wie der Alkohol, *Jiu*, und so kommt die Zahl auch immer wieder im Text vor, der lautmalerisch mit Variationen dieser Silbe spielt. „Hao jiu, hao jiu, hao jiu!", übertönt unser Gesang das Klappern der Hufe.

„Haojiu!" singt Neeman, stampft ein letztes Mal auf und fügt nach einer kurzen Pause ein gelalltes, aber deutlich anders betontes „Haojiu ... bujian!" hinzu. *Lange nicht ... gesehen! Jiu* im vierten statt im dritten Ton, und schon wird aus dem alkoholischen Getränk die Ewigkeit. Dann blicken wir schweigsam auf den Sternenhimmel. Das Maultier zieht nun den Wagen deutlich ruhiger in Richtung Altstadt, froh, dass niemand mehr mit den Schuhen auf die Holzplanken stampft. Am Südtor versuchen ein paar Grillstände ihre Restfleischspieße an späte Nachtschwärmer zu bringen. Im Tal schimmert der Erhai im Mondlicht.

7. Von Daoisten und Kulturrevolutionären

Neeman insistiert, ein Abschiedsfoto mit mir zu machen. „Man weiß ja nie", zwinkert er mir zu und ich werde das Gefühl nicht los, dass er es doch ein wenig ernst meint. Ein Blick auf die normale Straßenkarte ließ die 1.300 Kilometer lange Strecke leicht erscheinen, zumal Dali, der Ausgangspunkt, auf 2 000 Metern, und Luang Prabang, mein Ziel, auf rund 200 Metern über dem Meer liegt. Also in der Tendenz bergab! Auf der topografischen Karte sieht das allerdings anders aus. Zwischen Dali und der laotischen Königsstadt liegen nicht nur kaum erschlossene Täler und autonome Gebiete der Bai, Dai, Yi und Hui – Minoritäten, sondern auch ein gutes Dutzend Bergpässe.

Während Dali mehr als 100 000 Besucher im Jahr sieht, beginnt einige Kilometer südlich der Stadt touristisches Niemandsland. Xiaguan, die Verwaltungsmetropole am Südende des Ohrensees, ist für fast zwei Wochen die letzte in den gängigen Reiseführern verzeichnete Stadt auf meiner Tour. Die Stadt trägt den offiziellen Titel „Windstadt", der bereits historisch überliefert ist. Die Bewohner ertragen die an mehr als 300 Tagen im Jahr wehende steife Brise aus Südost mit Gelassenheit und nehmen sie ebenso naturgegeben hin wie das monumental hässliche, surreal anmutende Segelschiff am Ortsausgang, wohl als Ausdruck dieses fragwürdigen Ehrentitels von einer übereifrigen Stadtverwaltung in Auftrag gegeben. An der zentralen Kreuzung verkündet ein großes Schild „Welcome to the Windy City!" Daneben liegen die Trümmer eines abgerissenen Hauses. Oder war es doch der Wind?

Auch beim Anstieg zur ersten Passhöhe erweist sich die alte Radfahrerweisheit wieder einmal als zutreffend: Beim Radfahren hat man immer Gegenwind. 500 Höhenmeter weiter entschädigt mich jedoch der Blick zurück auf den Erhai für den zweistündigen Kampf gegen den Orkan. Leuchtend blau glitzert der See in der Mittagssonne, am Horizont kann ich den fast 6 000 Meter hohen, gut 200 Kilometer Luftlinie entfernten Jadedrachenschneeberg erkennen. Und die folgende, 15 Kilometer lange, steile Abfahrt in das Nebental war den schweißtreibenden Aufstieg allemal Wert.

Im Tal herrscht dann Rushhour: ein nicht abreißender Strom von Eselskarren, vollbesetzt mit Bauern und Marktfrauen der Umgebung, die von einem der vielen lokalen Märkte zurückkommen. Eine moslemische Bäckerei am Straßenrand lockt mit frisch gebackenen Plätzchen. Gegenüber warnt eine verblassende Schrift: „Wer Drogen nimmt, schadet sich selbst – wer Drogen verkauft, schadet der Gesellschaft!" Yunnan ist mit seiner Lage an der Grenze zu Laos und Birma auch Teil der Hauptdrogenrouten in Asien. Von den Opiumanbaugebieten entlang der birmanisch-chinesischen Grenze werden die Drogen über Dali und Kunming in den chinesischen Osten gebracht, und von dort weiter in Richtung Japan und die USA. Vor allem in Yunnan blieb einiges an Opium und Heroin entlang der Route hängen. Anfang der 1990er Jahre gab es rund um den Erhai kaum eine Familie, die nicht einen Drogensüchtigen in ihrer Mitte hatte. Staatliche, meist recht harsche Entzugsprogramme zusammen mit einer breit ange-

legten Anti-Drogen-Kampagne, halfen, die Situation
zu stabilisieren. Ein gesellschaftliches Problem blieb
der Drogenkonsum dennoch, vor allem, da die HIV-
Infektionsrate unter den Drogenabhängigen äußerst
hoch war. Die in Yunnan weit verbreitete Prostitution tat ein Übriges. Um die Jahrtausendwende drohte
die Situation vollständig außer Kontrolle zu geraten
und zwang die Offiziellen in Yunnan zu einer dra-
matischen Umkehr in ihrer AIDS-Politik. War AIDS
bis dato in der chinesischen Wahrnehmung nur ein
Problem des Westens, gab die Provinzregierung
Yunnans Mitte 2004 erstmals zu, ein gravierendes
Problem zu haben und begann mit einer im Reich
der Mitte beispiellosen Offenheit, über die Krankheit
und ihre Gefahren zu informieren. Seitdem liegen in
jedem Hotel und in den meisten Massagesalons In-
formationsbroschüren und Kondome. Die HIV-In-
fektionsraten sind rückläufig.

Auf der Landstraße nach Weishan geht nun gar nichts
mehr. Drei Fuhrwerke stehen quer zur Fahrbahn, die
Maultiere laben sich an einem großen Haufen Heu,
der fast die gesamte Fahrbahnbreite einnimmt. Ich
nutze die Zeit, mich ein wenig umzusehen. An den
Berghängen im Osten erheben sich neben Minaretts
auch imposante buddhistische Tempel, Überbleibsel
aus den Zeiten, als Weishan noch die nächste Kara-
wanenetappe südlich von Dali war und die Yi-Mi-
norität hier ihre Hauptstadt hatte. Schon seit dem 13.
Jahrhundert siedeln neben den Yi und den Bai auch
die Hui, Chinesen muslimischen Glaubens, in der Gegend und haben sich entlang Chinas Handelsstraßen
als clevere Händler und gewiefte Handwerker einen
Namen gemacht. Sie sind Nachfahren der arabischen
Händler, die sich entlang der Seidenstraße niederlie-
ßen und in chinesische Familien einheirateten.

Das verhältnismäßig gut zugängliche Tal war in der Geschichte immer wieder Einfallschneise marodierender Horden. Ganz zu schweigen von allerlei kriegerischen Bergvölkern, die die schwer beladenenen Karawanen auf dem Weg von Lhasa nach Südostasien als leichte Beute sahen. Richtig sicher wurde Yunnan erst in den späten 1950er Jahren, als auch die kriegerischen Yi die Waffen streckten, eine Volksgruppe, um die sich viele Mythen ranken und von der manche Ethnologen vermuten, ihre Vorfahren kämen aus dem Kaukasus. Tatsächlich grüßt mich zuweilen ein blauäugiger Bauer mit für chinesische Verhältnisse riesengroßer Nase. Die Nachbarn der Yi zitterten vor deren Raubzügen, die vor allem die Akquirierung von Sklaven zum Ziel hatten. Auch die Truppen Mao Zedongs hatten auf dem langen Marsch das eine oder andere Scharmützel mit den Yi, eine Feindschaft, die auch noch Jahre nach der Gründung der Volksrepublik China anhielt. Sklavenhaltung und Sozialismus, das passt einfach nicht gut zueinander.

Bis heute warnen mich ansonsten recht aufgeklärte chinesische Freunde in Peking und Shanghai vor der Provinz Yunnan. „Die Gegend ist nicht sicher", raunen sie mir dann ins Ohr und raten mir zur Vorsicht. Grund zur Sorge gibt das heutige Yunnan aber sicher nicht mehr. Dennoch – die Legende vom wilden chinesischen Südwesten lebt in den Erzählungen und in der Phantasie der Chinesen fort.

Ich zwänge mich mit meinem Rad vorsichtig zwischen Heuhaufen und Eselskarren durch, und lasse laut zeternde LKW-Fahrer hinter mir zurück, die über die Landeier und Dorfdeppen fluchen. Fast wie in meiner bayrischen Heimat!

Weishan, mein Etappenziel, ungeachtet seiner glorreichen Vergangenheit als Karawanenstützpunkt heute eine verschlafene Kleinstadt, begrüßt mich mit einem offiziellen Festakt. Der gilt zwar nicht mir, sondern der Einweihung der Fußgängerzone, aber auch diese Festivität nehme ich gerne mit. Eine kleine Kapelle mit Kniegeige, Schalmei und Gong legt sich mächtig ins Zeug, um gegen die Kakophonie von Böllern und Jubelgeschrei zu bestehen. Rote Spruchbänder hängen zwischen frisch renovierten Häuserzeilen einer erstaunlich gut erhaltenen Altstadt. Der Architekturstil erinnert an Dali, nur dass in Weishan wohl deutlich weniger Geld verbaut wurde. Der Authentizität des Ortes hat es gut getan. Wo in Dali schon mal ein altes Gebäude einer pseudo-historischen Disneylandattrappe weichen musste, haben die Stadtsanierer in Weishan mit dem gearbeitet, was alte Bausubstanz sowie lokale Materialien und Bautechniken hergaben. Herausgekommen ist eine authentische historische chinesische Stadt, die sich deutlich von den Einheitsfassadendörfern des chinesischen Ostens abhebt. Eher Tübingen als Rothenburg also, nur gänzlich ohne Touristen.

Unweit der Stadt erhebt sich der Weibaoshan, nach lokaler Zählung einer von 13 heiligen daoistischen Bergen. Offiziell gibt es derer nur fünf, aber was dem einen billig, ist den anderen nun mal heilig und wer würde schon gerne die Wichtigkeit des heimischen, mit Tempeln und Klöstern bedeckten Berges als zweitrangig einstufen. Anders als am Taishan im Osten Chinas, den jährlich mehr als eine Million in- und ausländische Touristen besuchen, verirren sich kaum Pilger und noch weniger Touristen zu den Tempeln, die den Aufstieg säumen.

Der Daoismus hat seine Ursprünge in der Philosophie und geht auf Laozi zurück, die historisch nicht verbürgte, gleichwohl aber schillerndste Figur der chinesischen Geistesgeschichte. Als Greis sei er geboren, dann immer jünger geworden und habe im Herbst seines Lebens auf dem Rücken eines Ochsen China in Richtung Westen verlassen. Sein Vermächtnis, das „Buch vom Weg und der Tugend (Daodejing)", schrieb er auf Bitten des Grenzpostens als Wegzoll, um das Reich der Mitte verlassen zu dürfen. „Der Weg, den man benennen kann, ist nicht der wahre Weg", beginnt das in unzählige Sprachen und in Hunderte sich stark voneinander unterscheidende Versionen übersetzte Werk und ist wohl eines der am meisten diskutierten Bücher der Weltliteratur. Seit seiner Niederschrift sind mehr als 2 000 Jahre vergangen, und der Daoismus hat sich von einer Philosophie zur Volksreligion gewandelt, die sich großzügig in der Mythologie und im Wunderglauben der chinesischen Kultur bediente. Daoistische Mönche suchen heute wie damals neben allerlei alchemistischen Geheimnissen vor allem Weltabkehr und Abgeschiedenheit.

Auf halben Weg zum Gipfel treffe ich einen alten Chinesen in Mönchstracht, der in einem der Tempel Heilkräuter zum Trocknen auslegt. Als er mich sieht, rennt er leicht gebückt in die Tempelküche, kommt mit einem niedrigen Holzschemel und einer Tasse Kräutertee zurück und bittet mich, mich zu setzen. „Ich lebe hier schon seit über zwanzig Jahren", sagt er, und streicht sich den langen grauen Fusselbart. „In den späten sechziger Jahren war ich schon einmal hier", fährt er fort und wartet ab, ob ich die erwähnte Zeit richtig einordnen kann. Ich nicke. 1966 begann die Kulturrevolution und tausende von Jugendlichen lehnten sich, ermuntert durch Mao Zedong, gegen Althergebrachtes und die

Autoritäten auf. Lehrer wurden an den Pranger gestellt und verprügelt, Schulen besetzt und Hierar-
chien auf den Kopf gestellt. Einzig und allein Mao
Zedong schien unangreifbar.

Ausgestattet mit freier Fahrt in der chinesischen Eisenbahn, zogen die Roten Garden durch das Land
und zerstörten Tempel, Residenzen und Kunst-
werke. Auch in Yunnan fegten die Jugendlichen das
„Alte mit eisernen Besen hinweg", wie eine der Paro-
len der Zeit hieß.

„Wir haben damals viele Fehler gemacht. Wir waren jung, Mao Zedong über jede Kritik erhaben", sagt
mein Gesprächspartner mit den nach daoistischem
Brauch zum Dutt nach oben gesteckten langen grau-
en Haaren. „Ich habe in Hefei in der Provinz Anhui
studiert. Dann fuhr meine Gruppe der Roten Garden
nach Yunnan. Es war eine unglaubliche Euphorie, wir
dachten, nun machen wir auch Revolution, so wie unsere Eltern, so wie Mao Zedong, Zhou Enlai und Zhu
De." Er kramt eine Schachtel „Berg der roten Pagode"
aus der grauen Jacke mit den traditionellen Schnür-
knöpfen, nimmt zwei Zigaretten heraus und bietet sie
mir an. Als ich ablehne, steckt er sich die eine hinters
Ohr und zündet sich die andere an. „Wir kannten die
Revolutionsfilme seit unserer Kindheit. Das war so
schön heroisch! Wir haben die Filme schon als Kinder nachgespielt, nun konnten wir das Spiel in Realität umsetzen! Jedenfalls dachten wir das." Er macht
eine längere Pause, zieht ausgiebig an seiner Zigarette und schaut mich dann lange an.
„Im Mai 1967 kamen wir in Weishan an. Ich weiß das
noch genau, jemand erzählte uns vom Weibaoshan,
dass es hier Tempel gibt, daoistische und buddhi-

stische. Wir sind dann gleich los, haben uns bei den Bauern mit Proviant eingedeckt und haben in den ersten zwei Tempeln alles kurz und klein geschlagen. Dann wurde es uns langweilig, die Tempel waren in keinem guten Zustand, heruntergekommen. Das schien uns kein lohnenswertes Ziel mehr zu sein." Wieder nimmt er einen tiefen Zug aus seiner Zigarette, dann steht er auf und widmet sich erneut seinen Kräutern.

Schon 1967 stritten die verschiedenen Faktionen der Roten Garden um die richtige Linie. Es kam zu blutigen Kämpfen, China stand am Rande eines Bürgerkrieges. Das gesellschaftliche Chaos drohte Ende 1968 auch die Position Mao Zedongs zu gefährden.

Mein Gastgeber fegt bereits getrocknete Kräuter auf einen Haufen. Er lehnt den Besen an eine Holzsäule und setzt sich wieder zu mir. „Später bin ich dann als „Gebildeter Jugendlicher", so nannte man uns ehemalige Rote Garden, wieder nach Yunnan gefahren, diesmal als Arbeiter auf einer der neu angelegten Kaffeeplantagen in Xishuangbanna." Bis weit in die 1960er Jahre wurde im äußersten Südwesten des Landes noch Opium angebaut. Mit Hilfe der aufs Land verschickten Roten Garden begann man Ende des Jahrzehnts, die Opiumfelder zu zerstören und den Bauern Kaffee als Ersatzpflanze schmackhaft zu machen.

Er fegt schweigend die restlichen Kräuter zusammen. Für einen Moment scheint er mich vergessen zu haben. Dann schaut er noch einmal auf. „Ich habe meinen Frieden gefunden!", sagt er und geht in den Tempel. „Trink Deinen Tee in Ruhe aus, ich habe

noch zu tun", verabschiedet er mich. Der Tee schmeckt bitter. „Im Bitteren liegt das Süße" lautet einer der
Sprüche der verlorenen Generation der ehemaligen
Roten Garden, die auf dem Land mehr von den Ent-
behrungen der Arbeiter und Bauern mitbekamen,
als ihnen lieb war. Die meisten von ihnen sitzen
heute in den Schaltstellen von Regierung und Wirtschaft. Mein Daoist hat sich in die Abgeschiedenheit
des Tempels zurückgezogen, den er einst mit zerstört
hat.

Ein Traktorfahrer nimmt mich mit zurück nach Weishan. Die starke Abendsonne taucht die Altstadt in
ein gleißendes Licht. In der Nähe des Nordtores finde ich nach langem Suchen endlich eine Garküche,
die aber außer Nudelsuppen und Maultaschen keine weiteren Gerichte im Angebot hat. Die kräftige
Hammelfleischnudelsuppe ist genau das, was ich
nach einem Wandertag gut gebrauchen kann! Gegen
22 Uhr kommt die Müllabfuhr, das ist eine Prozession von Eselskarren, ein Zeichen für alle Bewohner
Weishans, ins Bett zu gehen. Eine Viertelstunde später sind die Straßen ausgestorben und kein Laut ist
mehr zu hören. Da auch der Strom abgestellt wird,
bleibt mir auch nichts anderes übrig, als ins kalte
Bett zu kriechen. Der Sinn von elektrischen Heizde-
cken unter dem Laken bei regelmäßiger nächtlicher
Stromsperre will mir nicht so richtig einleuchten.

„Im Dorf gab es ein Mädchen, die Zöpfe fest und
lang", weckt mich ein alter Popsong aus den 1990er
Jahren am nächsten Morgen auf. „Xiao Feng", die
Geschichte des Intellektuellen, der während der
Kulturrevolution aufs Land geschickt wird und sich
in ein Bauernmädchen verliebt, das ihm hilft, die

Herausforderungen des Landlebens zu meistern. Auf dem Gang singt eine Frauenstimme den Refrain mit: „Xiexie ni, gei wo de ai! *Danke für Deine Liebe!*" Dann klopft es an meiner Tür und ehe ich reagieren kann, stehen schon fünf Zimmermädchen neben meinem Bett und beginnen nach kurzer Verwunderung das Zimmer sauber zu machen. „Du fährst doch heute ab, oder?", herrscht mich eine Dame Mitte Fünfzig an, nachdem ich darauf hingewiesen habe, dass ich mich doch gerne erst einmal anziehen wolle. Weitere Diskussion ausgeschlossen, ich schäle mich aus dem Bett, was die Dame mit einem „Ausländer sind behaart wie Affen" kommentiert und verschwinde im Bad. Das wird gerade gewischt, das junge Zimmermädchen ist allerdings etwas umgänglicher und lässt zumindest meine tägliche Morgentoilette zu. Ohne mir dabei über die Schulter oder auf andere Körperteile zu schauen.

Zurück im Zimmer sehe ich, dass die Matrone mein Gepäck bereits auf den Gang gestellt hat. Das eigentlich kostenlose Frühstück im Hotel lasse ich daraufhin sausen und gönne mir lieber ein paar mit Staudensellerie und Schweinehack gefüllte Maultaschen an einem der Marktstände in der Fußgängerzone. Dann sitze ich wieder auf dem Fahrrad, die Morgensonne im Rücken.

Die Straße ist neu geteert, es geht entlang des Weishan-Flusses in einem immer enger werdenden Tal leicht bergab. Nanjian, die nächste Kreisstadt, erreiche ich am frühen Nachmittag.

8. Vom Pferd zur Ziege

„Huanying Guanlin!" Zwei uniformierte Mädels öff-
nen mir die gläserne Eingangstür des kleinen Hotels
in Nanjian mit einem freundlichen *Herzlich Willkommen*. „Huanying Guanlin!" schreit mir auch die junge Rezeptionsdame in lokaler Tracht ins Gesicht und
weist mich noch vor dem Einchecken auf die Attraktionen der Region hin. Sie gibt sich sichtlich Mühe,
den Tourismus in der Region zu fördern. Mehr als
einen Stein, der wie ein Drache aussieht und eine
Schlucht, die gerade neu erschlossen wird, über die
sie aber auch nicht mehr weiß, kann auch sie nicht
aus ihrem bestickten Brokathut zaubern. „Der Tourismus ist noch jung hier. Komm in zwei Jahren noch
einmal vorbei, dann haben wir sicherlich ein paar
zusätzliche Attraktionen geschaffen." gibt sie mir
als Rat. Tatsächlich schicken sich in China viele Städte an, in Ermangelung tatsächlicher Sehenswürdigkeiten diese nonchalant auf dem Reißbrett zu planen
und die entsprechende Historie gleich mitzuliefern.
Denn wer weiß in Peking, Shanghai oder gar im Ausland schon, dass der mehr als 1 000 Jahre alte buddhistische Tempel, dem schon Kaiser Qianlong seine Aufwartung gemacht und dabei eine Kalligraphie
auf einem Marmorstein hinterlassen hat, ein Produkt
einer durchzechten Nacht der lokalen für den Tourismus zuständigen Kader ist. Tourismus bedeutet
wirtschaftlichen Aufschwung, und den können die
weniger bekannten Orte in Chinas Diaspora allemal
gebrauchen.
Einer der Tipps der Rezeptionsdame erweist sich allerdings als verlässlich: das Restaurant. Es scheint
wirklich gut zu sein, jedenfalls entschließt sich Xiao

Hu, die Rezeptionsdame, mir beim Abendessen Gesellschaft zu leisten. Bei Schweinefleisch mit Senfgemüse und einem lokalen Pilzgericht erzählt sie mir, dass vor einem halben Jahr schon einmal Ausländer hier gewesen seien. „Holländer", sagt sie. Vielleicht auch Australier. „Ihr seht für mich alle gleich aus!", gibt sie offen zu. Xiao Hu hat die Oberschule in Xiaguan mit Abitur abgeschlossen und dann leider die Aufnahmeprüfung zum Studium in Kunming nicht geschafft. Tatsächlich gelingt es in China nur zehn Prozent der Oberschulabgänger eines jeden Jahrganges einen der begehrten Studienplätze zu ergattern. „Ich wollte Tourismus und Englisch studieren!", erzählt sie. „So habe ich nach der verpatzten Prüfung eben hier im Hotel angefangen. Auch nicht schlecht!"

Ein Motorradfahrer kommt mit hoher Geschwindigkeit in Schlangenlinien durch parkende Autos vor das Restaurant gefahren und genießt sichtlich die Aufmerksamkeit aller Umstehenden. Eines der vor dem Restaurant spielenden Kinder wirft einen Böller direkt unter das Motorrad. Die eben noch um Coolness bemühten Jugendlichen springen in Panik vom Rad und untersuchen den Auspuff. „Fehlzündung!", sagt der eine. Die umstehenden Chinesen lachen. Die Coolness ist dahin.

Xiao Hu lacht mit und hält sich dabei die Hand vor den Mund. Traditionell schickt es sich für eine junge Dame nicht, Zähne zu zeigen. „Was in aller Welt machst du hier?", fragt sie mich. Ich erzähle von der Idee, den Mekong entlang zu fahren, von China nach Kambodscha. „Kambodscha…", wiederholt sie leise. „Liegt das in Europa?" Tatsächlich lassen Geografiekenntnisse in China in der Regel zu wünschen übrig. Wie sollte es auch anders sein. Zumindest auf dem Land wird in der Schule selten mehr als China gelehrt und weiter als nach Kunming, der Provinzhauptstadt, ist Xiao Wang nicht gekommen.

Gegen neun Uhr abends wird der Verkehr vor dem Restaurant lebhafter. Ein Überlandbus nach dem anderen hält vor dem Restaurant und spuckt seine Gäste aus. „Geht hier ins Restaurant, da gibt es das beste Essen! Billig und gut!" rufen die Bushostessen den Fahrgästen zu. „Dafür bekommen sie und die Busfahrer ein kostenloses Essen und je 20 Yuan!", raunt mir der Wirt zu. Tatsächlich wird es nun eng im Gastraum, ich nehme mir ein gut temperiertes Bier mit und beschließe, heute einmal früh ins Bett zu gehen. Ich verabschiede mich in der Lobby von Xiao Hu, die sich wieder den Brokathut aufsetzt und hinter den Rezeptionstresen stellt.

Am nächsten Morgen steht Xiao Hu immer noch am Tresen, den Brokathut akkurat auf dem Kopf, als hätte ihre Schicht gerade erst angefangen. „Gut geschlafen?" frage ich und sie deutet statt einer Antwort auf den kleinen Verschlag neben der Rezeption, der von einem zerbrechlich aussehenden Bett fast vollständig ausgefüllt wird. „Manman zou! *Fahr langsam!*", ruft Xiao Hu mir zum Abschied zu. „Na ja, schnell kannst du mit dem Rad ja sowieso nicht fahren!"
Die Fernstraße Richtung Süden führt wieder nur durch ein Nebental des Mekongs. Dieser fließt jenseits einer Mittelgebirgskette durch ein enges Tal, das keinen Platz für Straßen lässt. Obwohl in Nanjian die alte Karawanenstraße und die aktuelle Fernverbindung zusammentreffen, hält sich der Verkehr in Grenzen. Selten braust ein Lastwagen der Marke „Ostwind" an mir vorbei die Serpentinen hinauf.

Erstaunlicherweise sind aber viele Chinesen zu Fuß und mit dem Fahrrad unterwegs. Das chinesische Neujahrsfest ist gerade noch einen Tag entfernt und die meisten Chinesen befinden sich auf dem Weg nach Hause. Der traditionelle Jahreswechsel ist den Chinesen ähnlich heilig wie uns das Weihnachtsfest. Nach dem traditionellen Mondkalender fällt das wichtigste Familienfest im chinesischen Kulturkreis in die Zeit von Mitte Januar bis Mitte Februar. Familienangehörige kommen aus dem ganzen Land und teils auch aus Übersee in ihr Heimatdorf, man rollt zusammen Teig aus und knetet Maultaschen, fegt das Haus und schmiert der Figur des Küchengottes Honig um den Mund. Und das nicht im übertragenen Sinne! Der hat im neuen Jahr nämlich einen Termin im chinesischen Pantheon, um über die Sünden der Familie im abgelaufenen Jahr zu berichten. Letztendlich ist also auch der Küchengott nur ein bestechlicher Kader der Himmelsregierung.

In den rar gesäten Ortschaften staut sich dann doch noch der Verkehr. Jedes Jahr zum Neujahrsfest treffen zwei unglückliche Umstände zusammen: Das Bedürfnis von mehr als einer Milliarde Chinesen, zurück in die Heimat zu fahren, und die Unlust aller im öffentlichen Nahverkehr Beschäftigten, aller Taxi- und Busfahrer, in der Woche rund um die Feiertage zu arbeiten. Also drängt am Silvesterabend jeder nach Hause, in der Gewissheit, dass dann für eine Woche erst einmal gar nichts geht. Auf den Märkten werden letzte Hamsterkäufe getätigt. Kalligraphen malen an kleinen Pulten Segenssprüche auf Papier, die dann an die Türrahmen geklebt werden.

Immer wieder fahre ich bei nun fast orkanartigem Gegenwind durch kleine Dörfer, und nach jeder

weiteren Biegung ergibt sich ein neuer, atemberau-
bender Ausblick. Im Westen, über dem Mekongtal,
hängt eine schwere Regenwolke, die sich schnell in
meine Richtung bewegt. Aus überfüllten Überlandbussen jubeln mir immer wieder Passagiere zu. In
den Dörfern stehen Kinder Spalier und feuern mich
an. Fast wie bei der Bergankunft in Alpes d'Huez,
schießt mir durch den Kopf. Als mich nach fast 1 000
Höhenmetern der Regen einholt, steige ich ab. Orkan-
artiger Gegenwind und wolkenbruchartige Regen-
fälle sind dann doch zuviel. Den Pass auf fast 2 500
Meter Höhe erreiche ich schiebend, die folgende Abfahrt kann ich im Regen auch nicht so richtig genießen. In der nächsten Ortschaft halte ich deshalb ein
Tuk-Tuk an. Für 300 Renminbi willigt der Fahrer ein,
mich nach Jingdong, mein nächstes Etappenziel, zu
bringen. Unterwegs halten wir noch einmal kurz an,
seine Kinder abzuholen, die noch nie in der Kreisstadt waren und denen er anlässlich des Frühlings-
festes etwas gönnen möchte. „Zwei Kinder?", frage
ich ihn. „Zu welcher Minorität gehörst du denn?"
Nach der chinesischen Ein-Kind-Politik dürfen nur
die 55 anerkannten sogenannten nationalen Minderheiten zwei Kinder haben. Er sei Han-Chinese, sagt
er. „Darfst du dann nicht nur ein Kind haben?", frage
ich ihn. „Ich kenne den lokalen Kader, da lässt sich einiges machen", erwidert er mit verschmitztem Grinsen. Die nächsten 90 Kilometer unterhalten wir uns
über die chinesische Politik, mit der er ganz zufrieden ist. „Schau, ich verdiene als Fahrer nicht schlecht,
wir haben einen kleinen Bauernhof und manchmal
kann ich mir wie heute an der Steuer vorbei etwas
dazuverdienen!" Natürlich sei noch viel im Argen,
aber früher wäre alles noch viel schlimmer gewesen.
Nach wenigen Kilometern kommt die Sonne hinter

den Wolken hervor und die Straße führt fast 80 Kilometer lang beständig bergab. Wenn ich das gewusst hätte! Derweil erfreut sich der Fahrer an der abschüssigen Straße. Die kurzen Strecken, in denen der Asphalt auf der frisch gebauten Straße noch fehlt, überbrückt er im Wortsinne im Flug. „Im Vietnamkrieg habe ich den Nachschubwagen gefahren!", erzählt er mit Stolz in der Brust. „Du weißt schon, 1979, als wir nach Vietnam einmarschiert sind! Da haben wir uns eine ziemlich blutige Nase geholt!" 1979 waren chinesische Truppen beim kleinen sozialistischen Bruder, den sie während des Krieges gegen die USA noch unterstützt hatten, als Strafexpedition für die vietnamesische Einmischung in Kambodscha einmarschiert und wurden in blutigen Grenzscharmützeln aufgerieben. „Ich habe Munition an die Front und dann Verwundete zurückgefahren. Durch kaum vorhandene Wege bin ich durch den Urwald gedüst, seit dem verstehe ich mein Handwerk." Ich schaue mich um und sehe keine Vietnamesen, die uns verfolgen, dafür jedoch zwei lachende Kinder, die sichtlich Spaß an dem Höllenritt haben.

In Jingdong angekommen, bietet man mir im besten (weil einzigen) Hotel der Stadt die Suite an. „Teuer, aber das Geld wert", preist sie die Rezeptionsdame an. Die Suite besteht aus drei Zimmern, einem 20 Quadratmeter großen Bad mit Whirlpool, einer portablen Sauna und drei Fernsehern. 20 Euro pro Nacht ist das sicherlich wert. Dreimal klopft es in der nächsten halben Stunde an meiner Tür. Das Zimmermädchen, das die obligatorische Thermosflasche mit abgekochtem Wasser bringt, die komplette Rezeptionsbesetzung, ein Mann und zwei Frauen, mit einem Obstkorb und einem riesigen

Blumenstrauß, und der Manager, der mir seine Visitenkarte überreicht. Wang Tiegang, steht darauf. Ein wunderbarer Name, der gleich auf sein Geburtsdatum schließen lässt. Tiegang, *Eisen und Stahl*. Sichtlich ein Produkt der Mittfünfziger, als Mao neben sozialistischer Tonnenideologie und industriellem Fortschritt auch Bevölkerungswachstum predigte. Mehr Chinesen bedeuten auch mehr Wachstum, so die simple Schlussfolgerung, die China in der Spätwirkung die heutige Überbevölkerung beschert hat. Als Sohn guter Sozialisten hieß man dann ebenso *Eisen und Stahl*, wie die Kollegen ein Jahrzehnt früher Jianguo (Staatsgründung) und ein Jahrzehnt später, während der Kulturrevolution, Weihong, *die Revolution beschützend* ein Leben lang ihr Alter im Namen spazieren tragen.

Ob ich schon gegessen hätte, fragt Manager Wang. „Nein", antworte ich, und so führt er mich zum besten Restaurant in Jingdong: den Nachtmarkt. Während neben uns Schweinehälften auf LKWs verladen werden, lassen wir uns die lokalen Spezialitäten schmecken: Gegrillte Rindfleischspießchen und Reisnudeln. Seit fast 30 Jahren sei er nun Kader, sagt mein Gastgeber, und jetzt ginge es mit der Region endlich bergauf. Die Straße werde neu gebaut und die geplante Eisenbahnverbindung Dali – Laos sei für dieses Tal trassiert. „Hier ist vieles anders als in Peking!", sagt Wang mit einem leicht geheimnisvollen Ton in der Stimme und legt mir den Arm um die Schulter. Solche Körperlichkeit ist unter Männern in China keine Seltenheit, auch wenn sie normalerweise nur in engen Freundschaften praktiziert wird. Als er anfängt, meine Schulter zu streicheln, schätze ich das als nicht mehr landestypisch ein und drehe mich sanft zur Seite und hebe meinen Arm, um die Rechnung zu bestellen. „Hab ich schon erledigt!", grinst Wang über das ganze Gesicht. Ich protestiere der Etikette entsprechend etwa 30 Sekunden lang und verspreche, die nächste Rechnung zu übernehmen. Hätten wir die Chance auf ein zweites Abendessen miteinander, müsste ich mich daran auch halten. In China zahlt immer nur einer, und auch wenn sich sämtliche Parteien mit gezücktem Portemonnaie lautstark um das Recht schlagen, bezahlen zu dürfen, gewinnt immer nur derjenige, der sowieso mit dem Zahlen dran ist.

„Lass uns ein Foto zusammen machen!", ruft Wang plötzlich. Ich erwarte, dass er nun seinen kleinen Knipser zückt und einen schnellen Schnappschuss macht. „OK!", rufe ich und rücke mich in Position. „Nee, nicht so ein einfaches Foto, besondere Freundschaften brauchen besondere Bilder!", ruft Wang und zieht mich auf die Straße.

Wir laufen durch spärlich beleuchtete menschen- und autoleere neu gebaute vierspurige Straßen, erreichen schließlich wieder das Hotel und biegen dann in eine kleine Seitengasse ein. „Das ganze Gelände gehört zu meiner Firma, von da bis dort", sagt Wang, und beschreibt mit seinen Händen einen weiten Bogen vom Hotel zum Horizont. „Und dahinter ist ein Schlachthof, der gehört auch noch dazu. Da kann man nichts machen!" Während ich noch über den Sinn seiner Aussage nachdenke, stehen wir schon vor einem in Bonbonfarben ausgeschmücktem Fotoatelier, dessen Besitzer einen Hüftschwung wie Bruce Darnell spazieren trägt. „Ich hole mal die Chefin!", flötet er und kommt nach einer Minute mit einer chinesischen Matrone zurück, die mich gleich ohne Gruß von oben nach unten mustert. „Ist das Dein neuer Freund? Schick!", sagt sie mit einer Stimme, die ihrer Körperfülle um nichts nachsteht. Wang grinst verlegen, Bruce wissend. Langsam beginne ich, nach der versteckten Kamera zu suchen. Homosexualität gilt in China zwar seit kurzer Zeit vor dem Gesetz nicht mehr als Krankheit, das heißt, Schwule dürfen zumindest nicht mehr offiziell wegen ihrer Veranlagung ins Gefängnis oder in die Psychiatrie eingewiesen werden, findet aber in der Regel im stillen Kämmerlein oder in angesagten Szenebars in den Großstädten statt. Die offizielle Zurschaustellung in einem Provinzkaff, und dann auch noch durch einen leitenden Kader, ist mehr als außergewöhnlich.

Also nun ein Gruppenfoto mit der lokalen Schwulenszene. Während die Matrone Puder in meinem Gesicht verteilt und mit einem Belichtungsmesser die Ausleuchtung prüft, starrt Wang mir zwischen die Beine. Erst glaube ich an einen Zufall, nach einer Minute werde ich dann doch ein wenig ungehalten. „Alles klar?", frage ich ihn. „Meiyou wenti, antwortet er: *Kein Problem.* Seinen Blick hat er weiterhin direkt auf meinen Schritt gerichtet.
Wir stehen in Position, Wang hat den Arm wieder um mich gelegt, Bruce, der sich aus unerfindlichen Gründen *Diban*, Bodendiele, nennt, kniet vor uns. Einen Rougeangriff der Matrone habe ich entschieden abgelehnt und grinse nun in das Objektiv einer digitalen Nikon, die auch in China mindesten 2 000 Euro kostet. „Qiezi, *Aubergine!"* rufen wir das chinesische Cheese und dann blitzt es dreimal, wir rufen ein lautes Haole, *gut so!* und lösen die Formation auf.
„Eigentlich wollte ich nie heiraten, geschweige denn Kinder haben!" erzählt Wang mir bei einem

Tee in der Hotellobby. „Ist schon OK, meine Frau ist fleißig, und meine Tochter geht aufs Gymnasium. „Nicht schlecht", versuche ich ihn aufzumuntern. „Nicht schlecht?! Verheiraten will ich sie!!" erwidert er. „Hast du Kinder?", fragt er mich. „Nein" „Und wie lange bist du verheiratet?" „Drei Jahre." Er schaut mir diesmal weniger offensichtlich, sondern eher mental zwischen die Beine und überlegt, was bei mir nicht stimmen könnte. In China heiratete man zumindest in seiner Generation Anfang 20 und hatte ein Jahr danach besser ein Kind vorzuweisen, sonst kam das Nachbarschaftskomitee auf eine Beratungs- und Aufklärungsstunde vorbei. „Im Westen seht ihr das ein wenig lockerer, oder?", fragt er mich. Ich kann seine Anspielung nicht deuten. Normalerweise wäre damit gemeint, dass wir im Westen relativ spät Kinder bekommen und uns erst einmal ausprobieren. Bei Wang weiß ich nicht, ob er nicht auch auf ein mögliches Schwulsein bei mir vorfühlt. Etwas peinlich berührt starren wir beide eine Zeitlang vor uns hin.

Gegen 23 Uhr verabschiedet er sich. „Nach Hause, zur Familie", vermute ich. „In die Kneipe, mit Freunden saufen", antwortet er und seufzt: „Die Familie, ach!" Er schüttelt den Kopf und schaut mir traurig hinterher, als ich die Treppe zu meinem Zimmer hinaufgehe. Ich lasse Wasser in den Whirlpool, öffne eine Flasche Yunnan Red und stelle mich auf ein entspannendes Bad ein.

Es klopft. Als ich die Tür öffne, steht der Manager Wang mit einem riesigen Blumenstrauß und strahlenden Augen vor der Tür. „Xihuan ni, *ich mag dich!*", flüstert er schüchtern. Wir setzen uns an den viel zu groß dimensionierten, massivhölzernen Foyertisch, trinken ein Glas Wein zusammen und schweigen.

Ich bewundere seinen Mut und möchte ihm nicht weh tun. Andererseits wäre er selbst mit anderen sexuellen Präferenzen definitiv nicht mein Typ. „Es ist nicht einfach!", seufzt er und trinkt seinen Wein auf Ex. „Ich wünsche dir noch eine gute Reise", sagt er nun sehr firm und steht drahtig auf, als hätten wir gerade über einem Geschäftsabschluss gesessen. „Xin nian kuaile, *ein frohes Neues!*", wünsche ich ihm und bringe ihn zur Tür. Vor dem Hotel verabschieden Feuerwerkskörper das Jahr des Pferdes. Nach chinesischem Brauch regiert die Ziege die kommenden zwölf Monate.

9. 12 000 Reisbezirke und ein Schrebergarten

Die Berg- und Talbahn der Vortage setzt sich fort. In der Tendenz geht es bergab, zwischen den zunehmend südostasiatisch beeinflussten Tälern mit ihren Zuckerrohrplantagen und Reisterrassen liegen jedoch immer wieder bis zu 1500 Meter hohe Pässe.

Irgendwo zwischen Pu'er und Simao muss ich dann meinen Reisepass vorzeigen. Was ich erst für eine Mautstation gehalten habe, ist tatsächlich eine Grenzstation: Zwischen Xishuangbanna und dem Rest Chinas. Einen Stempel bekomme ich nicht, und der Polizist versichert mir auf Nachfrage auch, dass ich weiterhin durch China fahre. Ganz ernst hatte ich die Frage auch nicht gemeint. „Hier wird viel geschmuggelt, vor allem Drogen, da gehen wir lieber auf Nummer sicher", erklärt er. Zudem ist Xishuangbanna, sinngemäß die „12 000 Reisbezirke", eine autonome Region der Dai-Minorität[1] mit weitgehenden Sonderrechten in Verwaltung und Gesetzgebung. Die Dai sind ethnisch eng mit den Thai verwandt, jenseits der Grenze zu Laos heißen sie Thai Lü, in Birma Shan. Sie siedeln seit fast zweitausend Jahren in Yunnan und den angrenzenden Regionen und gehörten während der Zeit des Nanzhao-Reiches zur herrschenden Klasse. Von Yunnan aus marschierten die Dai im 13. Jahrhundert auf der Flucht vor den anrückenden Mongolen in Richtung Süden und fanden im heutigen Thailand eine neue Heimat. Traditionell Bewohner der Flusstäler, verdrängten

---

1 Autonome Regionen gibt es in China auf Provinz-, Regional- und auf Kreisebene. Bekannteste autonome Regionen sind Tibet, Xinjiang und die innere Mongolei.

sie die technisch unterlegenen, ortsansässigen Volksgruppen in die Berge, wo sie bis heute als die sogenannten „Bergvölker" leben, nicht selten in Armut.
Ganz unbekannt sind transnationale Vereinigungs-
bestrebungen der Thaivölker in China, Laos und Birma nicht, so dass deren politische Aktivitäten in den
jeweiligen Ländern aufmerksam beobachtet werden.
In Birma lieferten sich die Shan und die Regierungstruppen über Jahrzehnte blutige Kämpfe, während
die chinesischen Dai es sich unter chinesischer Herrschaft recht komfortabel eingerichtet haben.

Nun bin ich also ordnungsgemäß nach Xishuangbanna eingereist. Vielleicht bilde ich es mir auch ein,
aber Landschaft und Bauweise scheinen nun wirklich etwas von Südostasien zu haben. Ich sehe die
ersten für die Dai so typischen Pfahlbauten, Bana-
nenstauden säumen den Weg, an den Hängen wird
Ananas angebaut. Sobald die Straße durch bewal-
detes Gebiet führt, erstrecken sich auf beiden Seiten
ausgedehnte Kautschukplantagen. Neben Kaffee-
stauden haben die Roten Garden in der Kulturrevolution auch Kautschukbäume zu Tausenden ge-
pflanzt und so aus einer Opium- eine Kaffee- und
Kautschukmonokultur gemacht. Zumindest macht
Kautschuk nicht süchtig und die im Frühjahr rot ge-
färbten Kautschukblätter tauchen die Täler in eine
herbstliche Atmosphäre. Wenigstens in meiner mitteleuropäischen Wahrnehmung.

Bevor ich mit Jinghong, der Hauptstadt der Auto-
nomen Region Xishuangbanna, nach zehn Tagen wieder touristisch erschlossene Gefilde erreiche, muss
ich mich noch einmal über einen letzten Anstieg
quälen. 140 Kilometer über drei Bergketten habe ich

bereits in den Knochen, da kommt mir das Angebot eines im Traktor vorbeifahrenden Bauern ganz recht, mich bis zur Passhöhe mitzunehmen. Beim Verladen des Rades zerbricht allerdings eine halbvolle Flasche chinesischen Weißweins, die ich am Vortag angefangen hatte und dessen Rest ich noch im Außenfach meiner Packtasche transportiere. Der Bauer nimmt die zerbrochene Flasche, betrachtet das Etikett und sagt mit Ehrfurcht in der Stimme: „Und das trinkst du unterwegs auch noch! Respekt!" Ich möchte ihm die Illusion nicht nehmen und erzähle ihm, dass ich Wu Song nacheifere, dem Helden aus dem Volksepos „Die Räuber vom Liangshan Moor", der nach einem durchzechten Abend immer noch den gefürchteten Tiger besiegt hat. Über die Geschichte hatte ich mich ja schon in Dali zusammen mit Jim amüsiert.

Lachend verabschieden wir uns auf der Passhöhe, nun geht es in Schussfahrt ins Mekongtal, das hier ausnahmsweise einmal mehrere Kilometer breit ist. In Jinghong trifft mich der Großstadtverkehr und der Touristenrummel wie ein Schock. Chinesen aus dem ganzen Land nutzen die freie Neujahrswoche, um Urlaub im Süden zu machen. Mallorca auf Chinesisch sozusagen, ohne Ballermann, aber mit unzähligen Karaoke-Bars. „Kala-OK!" schreien so auch Werbeschilder in den subtropischen Himmel. Bis zu 50 Teilnehmer umfassende, sonnenbebrillte chinesische Reisegruppen mit bunten Hüten schlurfen Reiseleitern mit Megaphonen hinterher, prallgefüllte Souvenirtüten in der Hand.

Nach zehn Tagen ohne Ruhetag steht mir der Sinn nach ein wenig Luxus. Die entsprechenden Hotels sind aber entweder mit chinesischen Tourgruppen überfüllt, oder verlangen einen hundertprozentigen Hochsaisonaufschlag. 120 Euro für ein Zimmer mit Schimmel an den Wänden ist mir dann doch zuviel. „Dafür gibt es abends und morgens jeweils zwei Stunden warmes Wasser", hatte die Rezeptionsdame in Dai-Tracht geschwärmt. Das gab mir den Rest. Dann lieber simpel und billig!

Fündig werde ich im „Dai Family Guesthouse", einer Ansammlung von hölzernen Pfahlbauten in einem dunklen Hinterhof. 15 Renminbi, 1,50 Euro, kostet eine Hütte, mit einem wackligen Queen-Size-Bett und nicht viel mehr. Die Toilette ist ebenso wie die einzige Dusche über den Hof zu erreichen. Warmes Wasser gibt es auf Zuruf, der meist aber im Leeren verhallt. Die Besitzerin bewegt sich wie auf Drogen, das heißt gar nicht, und scheint auch so die Abgeschiedenheit ihrer Hütte dem Kundenkontakt vorzuziehen. Dafür sorgt die Architektur für Sozialkontakt. In der Nebenhütte streitet sich ein deutsches Ehepaar aufs Heftigste, während zwei Hütten weiter ein älterer Amerikaner tropische Bäume mit seinem Schnarchen zersägt. Vom Sexualleben des israelischen Pärchens am anderen Ende des Hofes bekomme ich auch mehr mit, als mir lieb ist. Gegen Mitternacht singt ein nicht weiter identifizierter Mitbewohner „I've still got the Blues" auf der Toilette.

Relativ gerädert wache ich am nächsten Morgen auf. Der Morgennebel drückt auf die Stimmung. Als er sich langsam lichtet und die Temperaturen Zweistelligkeit erreichen, beschließe ich, Jinghong den Rücken zu kehren. Über eine imposante Brücke über den Mekong verlasse ich die Stadt. Für einen Moment halte ich inne, als mir klar wird, dass Jinghong zwei

von insgesamt sechs verkehrstauglichen Mekong-
brücken auf immerhin 4 500 Kilometer Flusslänge
sein Eigen nennt. Noch in den frühen Neunzigern
war die alte Mekong-Brücke von Jinghong ein Na-
tionalheiligtum, weil sie die einzige ihrer Art war.
Erst 1994 folgte die Freundschaftsbrücke bei Vientiane und Ende der 1990er bekam Jinghong dann auch
seine zweite Verbindung über den Mekong. Dann
bauten die Japaner die Brücke bei Pakse, das Pendant in Savanakhet wurde 2007 eröffnet und neuerdings steigt sogar Kambodscha in den Brücken-
regen ein. Es steuert zwei imposante Bauwerke zur
Statistik bei.

Ein paar Kilometer den Mekong flussabwärts verlieren sich die Touristenströme wieder. Zu meiner Überraschung geht diese Straße ausnahmsweise einmal
wirklich direkt am Mekong entlang. Obwohl „am
Mekong entlang" ein Euphemismus ist. Chinesische
Straßenbauer lieben Aussichtpunkte; und so geht die
Straße rauf und runter und rauf und … wieder runter. Der Mekong ist hier eine gelb-braune Brühe und
dümpelt eher uninspiriert vor sich hin. Am anderen
Ufer reicht dichter Urwald bis an den Fluss.

In Ganlanba, 30 Kilometer von Jinghong entfernt und
mein heutiges Etappenziel, haben die chinesischen
Behörden in Zusammenarbeit mit dem Dorfkomi-
tee eine Art Museumsdorf eingerichtet. Entlang der
Straße erheben sich zuerst die typisch chinesischen,
dreistöckigen Betonbauten. Dann führt die Straße einen kleinen Berg durch Reisfelder hinab nach Man
Chuman, dem eigentlichen Museumsdorf. An einem
disneyesken Eingangstor im pseudolokalen Stil ent-
richte ich 30 Renminbi Eintritt und folge dann den

Wegweisern zum „Original-Dai-Dorfplatz". Gegenüber des Man-Chuman-Tempels, einem original erhaltenen Bauwerk aus dem 17. Jahrhundert, verkaufen Dai-Frauen in Tracht Bananen, Reisschnaps und
Postkarten. Ich schiebe mein Fahrrad durch die Häuserzeilen und werde plötzlich auf Englisch ange-
sprochen. „Hi, looking for a place to stay?" Erst vermute ich eine anglophile Dai-Frau, blicke dann aber
in blaue Augen und auf blonde Haare. „Hi, I'm Monica!", begrüßt mich die Erscheinung, die sich als
amerikanische Postgraduate-Studentin mit Schwer-
punkt Tourismus in Chinas ländlichen Gebieten vorstellt. Für ihre Doktorarbeit hat sie sich für ein Jahr in
Man Chuman bei einer Dai-Familie einquartiert. Die
ist nun völlig aus dem Häuschen. „Sag dem jungen
Herrn, dass er bei uns übernachten soll!", knufft die
Dame des Hauses Monica verbal in die Seite. „Mach
ich doch gerne", antworte ich direkt und die Dai-Frau
dreht sich sofort ins Haus um und ruft die Familie
zusammen: „Heute übernachtet noch ein Ausländer
bei uns", ruft sie und fängt sofort an, meine Sachen
in das kombinierte Wohn- und Schlafzimmer zu tragen, was mir ein wenig peinlich ist, erstens, weil die
Packtaschen ziemlich dreckig, zweitens, weil sie nicht
gerade leicht sind. Doch ehe ich mich versehe, sitze
ich schon mit Monica und dem gerade greifbaren Teil
der Familie um einen kleinen knöchelhohen Tisch
auf hölzernem Boden, vor mir eine Tasse Tee und allerlei Snacks, von gerösteten Nüssen bis hin zu in Ba-
nanenblättern eingerollten Reisklößchen, die zu meiner Überraschung süß sind.

Kaum sitzen wir und haben die erste Runde Small-
talk („Wo kommst du her, wo willst du hin, bist du
verheiratet; schade, denn Monica ist noch zu haben")

hinter uns, springt meine Gastgeberin auf und rennt die Treppe hinunter. Eine Tourismusdelegation der Jinuo-Minorität hatte an die Tür geklopft, um sich Anregungen für den Umgang mit Touristen zu holen. Man Chuman soll wohl auch in dieser Hinsicht eine Art Modell sein. „Jinuo", ruft sie, „Muss ich sehen, kenne ich noch nicht! Die sollen ja interessante Trachten haben." Mit der Delegation ist die Familie erst einmal beschäftigt, ich höre ein paar Gesprächsfetzen wie „bei uns übernachten sogar die Ausländer!" und frage Monica, was man denn sonst noch so in Man Chuman unternehmen könnte. „Lass uns mit der Fähre über den Mekong fahren, da sind die Dai-Dörfer noch um einiges ursprünglicher", schlägt sie vor. Seit drei Monaten ist sie bereits in Man Chuman, und wird nach anfänglichem Misstrauen nun als Teil der Familie betrachtet.

Die Mekongfähre ist ein klappriges Holzboot, bringt uns aber wohlbehalten an das andere Ufer. Bis zu den niedrigen Hügeln am Horizont erstrecken sich die Reisfelder, alle paar hundert Meter unterbrochen durch eine kleine Ansiedlung. Für chinesische Verhältnisse gänzlich ungewöhnlich sind die Häuser mit sorgsam gepflegten Gärten umgeben und umzäunt. Mauern kennt man ja in China, aber Gartenzäune sind durchaus etwas Ausgefallenes und haben fast schon etwas Deutsches. Das findet auch Monica, immerhin Tochter einer deutschen Mutter. „Kennst du ‚Ritter der Kokosnuss' von Monty Python? Die Szene, mit dem Schrebergarten?" Die Ritter, die immer „Ni" sagen. Und von König Arthur einen Schrebergarten wollen, sofort! „A shrubbery!", rufe ich aus und Monica stimmt ein. „A shrubbery!", wiederholen wir nun in jeder Ansiedlung. Die Dai pflegen ihre Gärten, und machen jedem deutschen oder britischen Vorgarten Konkurrenz. Vielfarbige Bougainvilleen hängen über die Zäune, Papayastauden tragen reife Früchte und eine Blütenpracht zieht sich vom Eingang zum sorgsam gepflegten Pfahlbau. Und das zur Trockenzeit!

Das hätte ich nicht zu laut denken sollen. Erst ziehen schwarze Wolken über dem Mekong auf. Dann fängt es an zu tröpfeln. Nach fünf Minuten stehen wir mitten im Reisfeld in einem tropischen Regenguss. Bis wir uns zu einem halben Dutzend Schweine unter einem der Pfahlbauten gesellen, haben wir den halben Monsun in Kleidern und Knochen hängen. Völlig durchnässt kommen wir bei unserer Dai-Familie an. Die Mutter lässt sofort alles stehen und liegen, setzt einen großen Kessel mit Wasser auf, bringt viele Handtücher und bereitet ein Fußbad vor. Nach einer halben Stunde baumeln unsere Füße in einer streng riechenden Kräutermischung. In unseren Händen dampft heißer Tee.

Am frühen Abend versammeln sich die Männer des Dorfes auf dem zentralen Platz. In der Hand halten sie wohltrainiert und hochgezüchtet aussehende Hähne, es riecht nach Schnaps. Dann wird eine Kampffläche auf den Boden gemalt und die Hähne einer dem anderen gegenüber platziert. Die Besitzer der jeweiligen Kampfhähne feuern die Umstehenden an, Geld auf ihren Favoriten zu setzen. Ist das Bündel Banknoten groß genug, werden die Hähne aufeinander losgelassen. Der Hahn unserer Gastfamilie wird vor den Augen des entsetzten Familienvaters in Grund und Boden gepickt. „Der Lieblingshahn der Familie hat die letzten paar Mal im-

mer verloren", erklärt Monica. „Das hat die Familie
ganz schön viel Geld gekostet. Natürlich wettet der
Familienvater auf seinen Hahn, teilweise bis zu 500
Renminbi pro Kampf, und verspielt so nicht selten
an einem Abend das Monatseinkommen der Familie. Vom Alkohol, um den Spielfrust wegzutrinken,
einmal ganz zu schweigen. Nun wird in der Familie diskutiert, ob man den Hahn schlachten soll. Damit man wenigstens etwas von ihm hat." Ich schaue
mir den arg gerupften und gar nicht glücklich drein-
schauenden Kammträger in seinem Bambuskorb an.
Viel Fleisch ist da auch nicht zu erwarten!

Eigentlich sind Hahnenkämpfe verboten, weniger aus Tierschutzgründen, sondern vielmehr, weil
unzählige Familien dadurch in den Ruin getrieben
wurden. Aber die Hahnenkämpfe sind nun mal Tradition und neben dem Fernseher der einzige Zeitvertreib. Vor der Mattscheibe findet sich dann auch gegen 20 Uhr die ganze Familie ein. „Das ist eine der
typischen chinesischen Soaps", führt mich Monica in
die Handlung ein. „Eine Familiensaga, die in Kunming spielt. Der eine Sohn ist westlich eingestellt
und will in die USA, die Eltern wollen ihn daran hin-
dern und verweisen auf seinen älteren Bruder, der
die traditionellen Werte aufrecht erhält. Derweil verliebt sich die Tochter, das Nesthäkchen, in einen Geschäftsmann aus Shanghai, der in zwielichtige Geschäfte verwickelt ist. Das will ihr Jugendfreund, ein
Philosophiestudent, aber nicht wahrhaben. Soll ich
weitererzählen?" Klingt bekannt, und wurde von jeder chinesischen Fernsehstation so oder so ähnlich
jeweils mindestens zehnmal erzählt. Und Fernseh-
stationen gibt es in China nach jüngsten Statistiken
mehr als 3 000.

Trotzdem zwängen wir uns zusammen mit der sechs-
köpfigen Familie – Vater, Mutter, drei Kinder und die
Großmutter – auf das enge Sofa und glotzen in einen
winzigen Fernseher. Dem Fernsehabend fern zu bleiben wäre schließlich unhöflich. Es wird viel geweint
an diesem Abend in der Fernsehfamilie, wir sehen
das Luxusappartement des Shanghaier Geschäfts-
mannes im schnellen Schnitt hinter dem einfachen,
von der Arbeitseinheit gestellten Appartement der
Familie. Vater und jüngerer Sohn schreien sich mehrmals an, während der ältere Sohn den Kopf schüttelt
und die Mutter in Tränen ausbricht. Nach einer Stunde und acht Werbeunterbrechungen lässt die Tochter
ihren Jugendfreund traurig im Regen stehen, während eine chinesische Schnulze den Abspann vorbereitet. „Auf geht's, ins Bett!", ruft die Mutter, schickt
die Kinder in ihr Zimmer und rollt eine dünne Matratze im Gemeinschaftsraum aus, auf der ich meine Nachtruhe finden soll. Monica leistet mir noch
auf ein Glas Wein Gesellschaft und verschwindet
dann in ihrem vom Rest des Hauses notdürftig abge-
trennten Bretterverschlag, der ihr zumindest die Illusion von Privatsphäre geben soll. Schnarchen darf
in solchen Häusern keiner! Aus dem Nachbarhaus
höre ich das Grunzen der Hausschweine. Dann ist es
fast beängstigend still. Nach wenigen Minuten fallen
mir die Augen zu.

„Kikirikiiiiiiiiiii!!!". Ich öffne verwundert die Augen.
Es ist stockdunkel. „Vielleicht ein schlechter Traum!",
denke ich mir und drehe mich wieder zum Schlafen
um. Dann posaunt es Stereo durch die Bodenbretter
des Pfahlbaus. Hätte das Familienoberhaupt den mü-
den Kämpfer doch schon gestern geschlachtet! Zu
spät! Nun fallen auch die Hähne der Nachbarschaft
in das morgendliche Konzert ein und erzeugen den

Lärm eines startenden Jumbos. Gegen diese Frequenz sind sogar Ohropax nutzlos. Nur wenn ich sie mit den Fingern in die Ohrmuschel presse, ohne den Druck nachzulassen, sinkt der Lärmpegel auf ein erträgliches Maß. Das ist aber auch keine Lösung, und so pelle ich mich aus den Decken, schiebe das Moskitonetz zur Seite und gehe hinaus auf die Terrasse. Am Horizont, da wo der Mekong liegen müsste, kriecht ein oranger Sonnenstreifen heraus. Ein paar Minuten versuche ich, im Morgengrauen den Mekong zu erblicken, dann schlurft der Sohn meiner Gastfamilie schlaftrunken an mir vorbei und ich höre seine Mutter in der Küche hantieren. Zeit für das Frühstück. Es gibt Reisnudelsuppe mit Huhn – leider dem falschen! – großzügig gewürzt mit Chilipulver, Knoblauch und Koriander. Dazu einen leicht rauchig schmeckenden Grüntee.

Zum Abschied hat sich die ganze Familie versammelt, selbst der Vater scheint nüchtern zu sein und drückt mir herzlich die Hand. Monica begleitet mich noch ein Stück auf dem Fahrrad und wäre wohl gerne ein Stück mitgeradelt. „Bring mir das nächste Mal einen Schrebergarten mit!", lacht sie beim Abschied. „Ein Schrebergarten!" rufen wir beide in Monty-Python-Manier. Dann steige ich als Ritter des Drahtesels auf mein Fahrrad, das Schutzblech klappert ein wenig zum Abschied und Monica ruft mir ein „Take care!" hinterher. Bis zur laotischen Grenze sind es noch 150 Kilometer.

10. Große Welt – Ende der Welt

Rund 1 000 Bauarbeiter auf 50 Kilometern, die Sand
von einer Seite der Straße auf die andere schaufeln
und Körbe gefüllt mit kleinen Kieseln oder große
Granitboliden von A nach B tragen. 1 000 Bauarbeiter,
das sind 500 Mal „Hello!", 250 Mal Kichern und mindestens 50 Einladungen zum Essen, Trinken oder einen Plausch. Ein paar Mal bin ich abgestiegen, habe
ein paar Fragen zu Herkunft, Ziel und dem Warum
meiner Reise beantwortet, mindestens ebenso oft erklärt, warum ich Hitler nicht toll finde, keinen Benz
fahre und noch keine Kinder habe. Aber das hatten
wir ja schon. Zu mehr war keine Zeit. Laos ruft, ich
freue mich auf ein anderes Land, andere Gespräche,
anderes Essen. „Laos ist rückständig", war der Tenor
der Bauarbeiter, die meist bis zu den Knöcheln im
Dreck standen und deren ärmliche Hütten auch nicht
gerade Luxus verströmten. Aber in China definiert
man sich nun mal gerne über die Nation, nicht das eigene Schicksal, zumindest wenn letzteres nicht allzu
rosig aussieht. „China mit seiner über 5 000 Jahre langen Geschichte!" ist dann zuweilen auch der stolze
Ausspruch von Menschen, die außer Nationalgefühl
nicht viel zu bieten haben. Dieses wird von der Regierung auch gerne gehegt und gepflegt. Wer stolz
auf sein Land ist, kritisiert eben weniger.

Seit Mengla, meiner letzten Übernachtungsstation,
bin ich fast 50 Kilometer von Schlagloch zu Baugru-
be gehoppelt. Kurz vor Mohan, der Grenzstadt zu
Laos, erstreckt sich dann eine vier Kilometer lange
rote Schlammwüste, wo einst eine Straße war. „Hier
entsteht das große internationale Handelszentrum

an der Autobahn Kunming-Bangkok" steht in Mohan auf einer großen Propagandatafel, die der einzige, dafür aber sehr dick aufgetragene Farbkleckser in einer roten Schlammlandschaft ist. Entlang der Hauptstraße, das ist der Teil des Ortes, an dem der Schlamm planiert ist, nagen sich große Bagger durch Hauswände. Von einem der Gebäude hängt noch ein Schild „Hotel, Zimmer mit Dusche und WC". Soviel zu meinen Übernachtungsoptionen.

Ich stelle mein rotbeschlammtes Fahrrad ab, setze mich in eine simple Garküche, an deren Wänden schon das rote Schriftzeichen „Zhai" den bevorstehenden Abriss ankündigt, und bestelle mir ein Bier. „Qingdao, Dali, Mekong, Singha oder Beer Lao?", fragt die Chefin mich. „Qingdao haben wir in der Light, Superlight und in der klassischen Version, Mekong ist nur die Sorte mit 11 Prozent Stammwürze da, Singha und Lao sind importiert und daher ein wenig teurer!" Konsterniert bestelle ich das Mekong-Bier, das in der stärkeren Version sonst nur schwer erhältlich ist und zu den besten in Yunnan gehört. Chinesen bevorzugen meist eher dünnes Bier, manchmal mit gerade 6 Prozent Stammwürze und weniger als zwei Prozent Alkohol. Macht nicht dick und geht weniger in die Birne, hat mir ein chinesischer Geschäftsmann mal erklärt und mich dann erst auf ein üppiges Essen und dann ein paar hochprozentige Schnäpse eingeladen. „Wie kommt es, dass du so eine große Auswahl hast?", frage ich die Chefin, die sich sofort zu mir an den Tisch setzt. „Eigentlich sind die Lieferungen schon für das Logistikzentrum bestimmt.", antwortet sie. „Das wird aber nicht vor nächstem Jahr fertig sein. Solange nehme ich alle Waren ab, die sich gut verkaufen. Importiertes Bier ist da nicht die schlechteste Wahl, und auch das Qingdao ist eigentlich für den Export nach Thailand!" Ich schaue mich ein wenig in der Auslage um. Da steht zehn Jahre alter französischer Rotwein, auf welchen Wegen auch immer über Laos importiert, vietnamesische Bananenchips, thailändische M-150, eine potente Red-Bull-Variante. Die Chefin selbst kommt aus Sichuan, der Provinz im Norden von Yunnan und hat als Spezialität Sichuan Hotpot, richtig zubereitet ein direkter Angriff auf die Schärfetoleranz eines jeden Uninitiierten, im Angebot. Der lässt sich als Einzelreisender aber nur sehr schlecht genießen, und so wähle ich in Chili, Schnaps und Essig eingelegtes Gemüse als Vorspeise, frittierte Bohnen mit Knoblauch und Hühnergeschnetzeltes mit Fischgeschmack, das weniger nach Flossenträger schmeckt, als vielmehr eine angenehm scharf-saure Note hat. Yuxiang, *mit Fischgeschmack*, gibt es in vielen Ausführungen, als Tofu, Aubergine, Schwein oder Kutteln, und ist die Quintessenz der Küche Sichuans: Frisch, reicher Geschmack, sich ergänzende Gewürzvariationen. Ein perfektes letztes Essen im Reich der Mitte!

Am Nebentisch sitzen einige junge Männer in Uniform und tauchen kleine Gemüse- und Fleischstückchen in einen Fonduetopf mit infernalisch scharf aussehender Brühe. „Guten Morgen" begrüßt mich der Truppführer, zumindest halte ich ihn dafür, da seine Epauletten auf jeder Schulter drei umrandete Sterne schmücken, auf Deutsch. Tageszeitlich nicht ganz korrekt, aber doch ganz gut ausgesprochen. „Habe ich von anderen Deutschen gelernt", erzählt er, als ich sein Deutsch komplimentiere. „Ab und zu kommen hier ja mal welche vorbei." Ich bringe ihm auf Nachfrage noch „Frohes Neues Jahr" bei, ein Ausdruck, an dem er sich sichtlich verschluckt.

„Die Straßen in Laos sind schlecht", warnt er mich. „Noch schlechter als auf den letzten 50 Kilometer?", frage ich ihn unvorsichtiger Weise. Das verletzt sichtlich seinen Nationalstolz. „Wir bauen hier den Highway Kunming-Singapur!" „Gaosugonglu", *Highway*, sagt er mit betontem Stolz. „Dann haben wir einen Hafen für chinesische Güter in Südostasien!" Tatsächlich ist es ein großes Problem für Chinas Exportwirtschaft, dass alle chinesischen Güter, die für den europäischen oder arabischen Markt bestimmt sind, ebenso wie die Öltanker aus den Golfstaaten den weiten Weg durch das südchinesische Meer bis beziehungsweise von Singapur machen müssen. Ein chinesischer Hafen am Indischen Ozean würde dieses Problem lösen. Nicht umsonst versucht die chinesische Führung, ihren Einfluss auf Myanmar (Birma) auszuweiten und baut bereits mit Hochdruck an einer Bahnverbindung von Dali zur birmanischen Grenze. Singapur wäre dazu bei entsprechendem Ausbau der Handelswege von China durch Laos, Thailand und Malaysia eine entsprechende Ergänzung.
Der gute Truppführer der hiesigen Zollstation hat bei der letzten Politschulung also gut aufgepasst. Ob er weiß, dass der Highway spätestens nach einigen Kilometern in Laos in einer zur Regenzeit unpassierbaren Piste endet?

Die Frage verkneife ich mir und frage ihn lieber nach einer möglichen Unterkunft in Mohan. „Du suchst ein Hotel?", fragt mich der Truppführer, und ich erwarte bereits eine Einladung in den Schlafsaal der Zollstation. „Fahr zurück an die zentrale Kreuzung (*zentraler Schlammhaufen* liegt mir auf den Lippen), halte dich dann links und nach 200 Metern bergauf findest du ein ausgezeichnetes Hotel! Es hat gerade erst eröffnet!" Das klingt gut, ich zahle, schwinge mich aufs Rad und stelle gleich darauf fest, wo die Bulldozer nach getaner Arbeit umdrehen: Auf der Hotelzufahrt. Rotgeriffelter getrockneter Dreck führt mich zu einem modernen, vierstöckigen Gebäude, das von außen schon einmal ganz gut aussieht.

„Shanghai Business Hotel" steht über dem Eingang in großen Schriftzeichen. Die Preise an der Rezeption verheißen nichts Gutes. 60 Renminbi kostet das teuerste Zimmer, das klingt verdächtig nach Bruchbude. Die Dame an der Rezeption sieht meinen skeptischen Gesichtsausdruck und ergreift die Initiative: „Weil du es bist und wir noch nicht so viele Gäste haben, kostet es nur 40 Renminbi!" „Mit Bad und WC?", frage ich. „Mit Bad, WC, Balkon und Klimaanlage!" erwidert sie. Das überzeugt mich, vor allem, weil es ja sowieso keine Alternative gäbe. In ihrer Zimmerbeschreibung hat die Rezeptionsdame den dunkelbraunen Holzfußboden, das King-Size-Bett und die Spitzengardienen an den Fenstern vergessen. Ich lasse mich nach einer ausgiebigen Dusche zufrieden auf das riesige Bett fallen. Vor dem Fenster zwitschern bunte Vögel. Die Sonne geht in einem grellroten Feuerball über den Wipfeln tropischer Baumriesen unter und taucht den Raum in ein angenehmes Licht. Angenehm entspannt liege ich auf meinem Bett und fühle mich pudelwohl. Mir fallen die Augen zu und ich döse ein.

„Peng!" Ich schrecke hoch. Noch einmal fällt eine Tür ins Schloss. Dann klopft es. Gleichzeitig klingelt das Telefon Sturm. Feuer? Sonst irgendeine Katastrophe? Ich nehme den Hörer ab und höre ein bemüht

erotisches Säuseln. „Hallo mein Herr, willst du ein
Fräulein?" Jetzt wird einiges klar. *Shanghai Business
Hotel!* Bei uns heißen Bordelle ja auch „Bangkok",
„Pattaya", „Pascha", „Ballermann" oder schmücken
sich mit sonstigen, für das potentielle Klientel wohl-
klingenden Namen. *Shanghai* verspricht da wohl für
den chinesischen Geschäftsmann aus der Provinz
auch Abenteuer und große Welt. Und das „Business" im Namen erhält nun auch Sinn. Und selbi-
ges läuft ausgezeichnet. Im Minutentakt knallen die
Türen, lautes Stöhnen aus den Nebenräumen klingt
durch die Musikfetzen, die aus der Karaokebar dringen.

„Mein Liebesvogel ist noch nicht gekommen" (Aiqing
Niao), klappt da durch die Tür, eine schnelle Nummer im Diskobeat, „Die wilde Blume" (Yehua), eine
an sich sehr schöne Ballade, von einer schrillen Frauenstimme vergewaltigt, und dann noch „Fröhlich im
Schmerz" (Tongbing Kuaile), entgegen der Titelzeile
eigentlich eine recht lahme Nummer, vor allem, wenn
sie von einem angetrunkenen Karaoke-Gast zerlallt
wird. Wieder klingelt das Telefon. „Xiansheng, nihao!
Yao bu yao xiaojie?" Also dasselbe Säuseln. Oder eher
das gleiche, da sich nun eine andere Dame bemüht.
Eine dritte Kollegin klopft gleichzeitig an meine Tür.
Nun bin ich langsam wach und vor allem neugierig.
Ich schlürfe zur Tür und öffne sie. Davor steht eine
Mischung aus Ingrid Steeger und Hella von Sinnen
mit Schlitzaugen, gebleichten Haaren, leicht gewan-
det in einem Miss-Piggy-Outfit. „Nein, danke!", sage
ich und knalle die Tür zu. Und greife nach dem besten Verhütungsmittel, das ich kenne: Ohropax. Von
der Karaoke bleibt nur ein Summen, zusätzlich stöps-
le ich das Telefon aus und hänge das „Nicht Stören!"-
Schild an die Tür. Gegen Mitternacht wird dann auch

das Türschlagen seltener, so dass ich langsam wieder in den Schlaf finde.

„Macht 40 Renminbi für das Zimmer und dann noch 5 Renminbi Konsum aus der Minibar!", deklariert die Rezeptionsdame am nächsten Morgen beim Auschecken, in einer Stimme, die keinen Widerspruch duldet. „Was soll ich denn konsumiert haben, Genitaldesinfektionstuch, Ephidrine oder Kondome?", frage ich und wundere mich, dass ich mir sowohl den nicht flüssigen Inhalt der Minibar als auch den Namen für Genitaldesinfektionstücher auf Chinesisch gemerkt habe. „Du hast ein Kondom benutzt!", bekomme ich zur Antwort. „Kannst du mir auch sagen, mit wem?", frage ich und halte mich für clever. Prostitution ist in China immer noch illegal, wenn auch äußerst weit verbreitet. Offiziell würde sie nie zugeben, dass sie Concierge in einem Puff ist. „Ist mir doch egal, auf jeden Fall fehlt ein Verhüterli.", entgegnet sie. Wobei sie natürlich nicht Verhüterli sagt, sondern *Xiao Lili*, was in etwa so wäre, als würde man Kondome in Deutschland *Heidi* nennen. Gehört habe ich den Ausdruck noch nicht, ich kenne *Biyun Tao, Anquan Tao, Weisheng Tao* oder einfach nur *Taozi*. So siegt der Linguist in mir über den Dogmatiker und ich bezahle das nicht genutzte Kondom. „Dann würde ich aber auch gerne ein Genitaldesinfektionstuch mitnehmen!", insistiere ich. „Nur für Hotelgäste!", sagt sie trocken, und ich habe ja schon ausgecheckt.

Auf dem Weg zur Grenzstation muss ich noch einmal durch die Bulldozer-Wendestation. Jetzt stehen da zwei chinesische Arbeiterinnen und wässern den Schlamm. Das macht die Sache nicht einfacher. Die Grenzstation erreiche ich daher mit einer leichten Schlammkruste in Rot, säuberlich über Rad und Kleidung verteilt.

Die Zollbeamten, die ich bereits vom Abendessen gestern kenne, fertigen mich schnell und unkompliziert ab. So unerwartet unkompliziert, dass ich vor lauter Schreck meine Geldtasche und den Pass auf dem Counter liegen lasse. Nach etwa 500 Metern und dem ersten „Sawadii" einer Laotin, die ihrem kleinen Kind einen Ausländer zeigt und es zum Grüßen animiert, bemerke ich es und dreh hastig um, abwärts durch dicken roten Schlamm, den die (immer noch chinesischen) Arbeiter einmal quer über die Straße verteilt haben. Zurück an der Grenze kommt mir bereits der Zöllner entgegen. „Erst wollte ich dir jemanden hinterherschicken; dann habe ich mir aber gedacht, du merkst das schon!" Und lacht schelmisch. Nachdem ich die Tasche sicher verstaut habe, starte ich den zweiten Versuch, nach Laos zu kommen. Ein zweites „Sawadii", diesmal von dem Kind, das ja nun weiß, wie ein Ausländer aussieht: Kreideweiß und mit rotem Schlamm besprenkelt.

Ein Busschild namens Wanda: Die Marke „Wanda",
übersetzt „Unendlich oft angekommen", stellt die meisten
Überlandbusse in der chinesischen Provinz Yunnan.

Abschied vor der großen Reise: Der Autor zusammen mit
dem tibetischen Hotelier und Künstler Neeman in Dali.

Dali war über Jahrhunderte hinweg Hauptstadt des
Nanzhao-Reiches, das bis ins 14. Jahrhundert große Teile
des Ober- und Mittellaufes des Mekongs beherrschte.
Heute ist es vor allem Backpacker-Hauptstadt.

„Nur der Fortschritt ist eine harte Tatsache": Deng
Xiaoping, der Vater der chinesischen Reformpolitik, weist
auch den Bewohnern des Dorfes Niujie den richtigen
Weg. Ein Jahr später war die Straße asphaltiert.

Am Oberlauf zeigt der Mekong noch nichts von seiner sprichwörtlichen Trägheit und rauscht als reißender Bergfluss durch enge Täler.

Der Autor in Lehrer Lius legendärer Küche zusammen mit dem Hausherrn, der als Kind das Ministrieren und die Weinherstellung bei französischen Mönchen gelernt hat. (Foto: Andreas Kraus).

Zur Sicherheit hat der tibetische Biker ein Foto von den radelnden Langnasen gemacht: Tibet ist nah und die Strecke nach Lhasa nur mit Permit befahrbar.

Da war noch etwas Baumaterial übrig vom Straßenbau: Ehrentor zwischen Benzilan und Deqin.

Die Kreisstadt Weishan war Karawanenstützpunkt an
der historischen Teestraße und hat sich ihre historische
Altstadt bewahren können.

Einst gefürchtete Krieger, nun eine von 25 sogenannten
„Nationalen Minderheiten" in Yunnan: Die Yi.

Essenseinladung für einen hungrigen Radler: Der Autor
mit chinesischen Bauarbeitern beim Mittagessen.

Chinas Unfallstatistik ist verheerend. Warnschilder sollen
hier Abhilfe schaffen.

Blick auf den zweitwichtigsten laotischen Fluss, den Nam Ou.

Selbst ist der Mönch! Zwar werden Mönche in Laos von der Bevölkerung mit Nahrung und Gebrauchsgegenständen versorgt; beim Rad als wichtigstes Fortbewegungsmittel legen sie aber zu Sicherheit selbst Hand an.

Luxuskarossen sind eine Seltenheit in Laos. Deshalb darf man sie auch nicht überholen, wie dieses Verkehrsschild nahe legt.

Steingewordene Monstrosität nach Vorbild des L'Arc de Trioumph: Das Patuxay erinnert an die laotische Unabhängigkeit von Frankreich und wurde mit den eigentlich für den Bau des Flughafens bestimmten amerikanischen Geldern gebaut.

Relikt französischer Träume, den Mekong als Handelsweg
zu erschließen: Die Eisenbahnbrücke über den Mekong
zwischen den Inseln Don Det und Don Khone.

Der feuchte Traum eines Hoteliers (und eines jeden
Gastes): Die Drei-Sterne-Flöße bei Don Khone.

Blick vom Phousi, dem Hausberg Luang Prabangs, auf den Mekong bei Sonnenuntergang.

Leben mit dem Fluss und seinen Launen: Pfahlbauten im Schwemmgebiet des Mekongs zwischen Kratie und Kampong Cham.

Verfallener Kolonialcharme wie eine Kulisse aus einem
Film von David Lynch: Die Uferpromenade von Kratie.

Für Besucher faszinierend, für die lokalen Bauern Alltag:
Durch die Ruinen von Angkor Thom führt auch die
Dorfverbindungsstraße.

Zu Land und manchmal auch zu Wasser: In vielen Regionen ist der Mekong immer noch der Verkehrsweg Nr. 1

Mit dem Fahrrad zum Buddhameiseln: Transportiert wird der skulpturelle Nachschub für die Klöster dann aber mit Handkarren oder Lastern.

2. Teil:

Laos

Irgendwann erwischt es jeden! Da kann man mit noch so viel Hektik nach Laos anreisen, spätestens nach zwei Wochen verfällt der Besucher in einen gemächlichen Tritt. Ruhe und Gelassenheit steckt eben an. Wie soll man auch den Stresslevel hoch halten, wenn es außerhalb von Vientiane, Luang Prabang und Pakse so gut wie keinen Autoverkehr, selten Gedränge und kaum Grund zum Aufregen gibt?
Daraus nun aber zu schließen, dass es in Laos keine Konflikte und keine Leidenschaft gäbe, ist jedoch ein Trugschluss. Nur wird weder das eine noch das andere an der Oberfläche und schon gar nicht in Gegenwart von Fremden ausgetragen. Wer aber einmal auf einer laotischen Feier oder in einer laotischen Disko war, wird merken, dass da einiges an Emotionen brodelt unter der Fassade, im Positiven und im Negativen. Im Alltag aber bleibt die demonstrative Gelassenheit, und der Besucher tut gut daran, sich davon anstecken zu lassen. Denn nichts ist in Laos so verpönt wie die öffentliche Zurschaustellung von Emotionen. Na gut, Tanktops bei Frauen und nackte Oberkörper bei Männern schon. Jedenfalls jenseits des Backpackergettos in Vang Vieng.

Als ausländischer Besucher hat man dennoch eine gewisse Sonderstellung, wird aber, anders als in China, nicht per se als Attraktion wahrgenommen. Es sei denn, man radelt durch ein so abgelegenes wie kinderreiches Dorf im Landesinneren. Dann ist von laotischer Zurückhaltung nichts mehr zu spüren.

Eilig darf man es in Laos nicht haben. Einmal entlang der Staatstraße 13 von Nord- nach Südlaos, mit
Umsteigen in Udomxai, Luang Prabang, Vientiane
und Pakse, braucht man mit dem Bus gute vier Tage.
Mit dem Rad habe ich mir für die gut 1 000 Kilometer
knapp vier Wochen Zeit gelassen. Und war eigentlich immer noch viel zu schnell unterwegs.

1. Sawadii!

Am Tag vor meiner Einreise nach Laos wurden zwei Schweizer Radfahrer in der Nähe von Vang Vieng erschossen. Hmong-Rebellen beziehungsweise -Banditen, je nach Blickwinkel, hatten einen öffentlichen Bus überfallen und alle Insassen ermordet. Die Schweizer hatten das Pech gehabt, genau in diesem Moment recht unbedarft an dem Bus vorbeizuradeln. Innerhalb weniger Minuten erreichten mich Anrufe meiner Frau, meiner Eltern und meines Geschäftspartners, die mich vor der Einreise nach Laos warnten.
Auf laotischer Seite von Aufregung jedoch keine Spur. Die laotischen Grenzbeamten fertigten mich in weniger als fünf Minuten ab und begutachteten nun mein GPS. „Satellite Navigation" erklärte ich und einer sagte: „I know!" „We are Boten", ergänzte er und zeigt auf das GPS. Er lachte ein „Hätte ich auch ohne GPS gewusst"-Lachen. Boten, Laos, Grenzstation, zehn Häuser, zwanzig Geschäfte und ebenso viele Garküchen. Obwohl dies die Hauptverbindungsstraße zwischen China und Laos ist, hält sich der Verkehr in Grenzen. Selbst mittlere Entfernungen werden in Laos immer noch zu Fuß zurückgelegt, und so kommen mir entlang der Strecke immer wieder kleinere Gruppen von Bauern mit Sack und Pack entgegen. Einige haben einen offensichtlich handgezimmerten Karabiner über der Schulter hängen, ein krummes Eisenrohr auf einem grob geschnitzten Stück Holz. Auch wenn ich bezweifle, dass man damit auf mehr als Spatzen schießen könnte, ist mir ein wenig mulmig zumute. Da hilft es auch nicht, dass sie alle freundlich grüßen und so gar nicht wie Banditen aussehen wollen.

Nach etwa einer Stunde geruhsamer, leicht abschüssiger Fahrt über eine mit Schlaglöchern übersäte Straße erreiche ich Nateuil. Ungeachtet des mir fast französisch vorkommenden Namens ist hier von kolonialem Einfluss nichts zu spüren. Anscheinend gaukelt die recht willkürliche lateinische Umschrift des Laotischen meinem Gehirn das Französische nur vor. Ähnlich wie das Thailändische hat das Laotische seine Wurzeln im Sanskrit. Immerhin – ein gutes Dutzend sinnloser Füllbuchstaben ging, anders als im Thailändischen, beim Laotischen über Bord. Anders als im Chinesischen gibt es in Laos aber keine einheitliche lateinische Umschrift. Heraus kommt dann eben Nateuil – eine Straßenkreuzung, eine Zollstation, ein paar selbstgezimmerte Holzstände, auf denen ein paar kümmerliche Bananen in der Sonne verfaulen. Und drei Garküchen, kleine Fensteröffnungen in Holzbaracken.

Meine ersten Gehversuche im Laotischen: „Fö!" Laotisch ist ja eine tonale Sprache, also probiere ich alle Varianten durch, die ich aus dem Chinesischen kenne. Immerhin, der Wirt grinst wohlwollend, macht aber keine Anstalten, Nudeln in Richtung Herd zu bewegen. Da das Wort für Reisnudeln in verschiedenen Sprachführern mal mit und mal ohne Umlaut geschrieben wird, versuche ich irgendetwas zwischendrin. Beim dritten Versuch klappt es, der Wirt deutet auf einen großen Haufen Glasnudeln und schmeißt ihn sogleich in den Wok. Ein paar Minuten später landen dort auch noch ein wenig Knoblauch, Sojasprossen und kleingehackte Erdnüsse. Dann steht eine dampfende Schüssel Fo-Fö-Foe vor mir und riecht ganz anders als die chinesischen Nudelsuppen. In einer fettig-löchrigen Plastikschale in der Mitte des Tisches türmen sich frische Kräuter – Minze, Wasserspinat und Thai-Basilikum kann ich zuordnen. Nach äußerst kurzer Bedenkzeit werfe ich alle Hygienebedenken beiseite und lasse mich von dem köstlichen Duft verführen und schmeiße von jedem etwas in meinen Nudelpott.

Inzwischen hat sich die Garküche gefüllt. Mir gegenüber sitzt ein Laote und grinst mich an, nimmt sich eine große Handvoll Kräutermischung, schmeißt diese mit Schwung in seine Suppe und versenkt sich dann ganz schlürfender Weise in der Schüssel. Ich schwelge noch in meinen Nudeln, als einer der bewaffneten Bauern die Garküche betritt, einen selbstgezimmerten Karabiner horizontal über die Schulter gehängt. Bei jeder Bewegung zeigt der Lauf des Gewehres auf einen der Gäste, die abwechselnd zur Seite und in Deckung hüpfen. Er dreht sich, die Gäste ducken sich. Er setzt sich, und die Tischnachbarn verschwinden unterhalb des Tisches. Als der Wirt ihn darauf anspricht, zuckt er mit den Schultern und zieht seine Waffe ein wenig nach oben. Wenig später ist die Mündung wieder in der Horizontalen und blickt in beunruhigte Gesichter. Ein Gast nach dem anderen bezahlt und setzt seine Fahrt mit Motorrad, Überlandbus oder zu Fuß fort. Auch ich schwinge mich wieder auf mein Rad und nehme einen angenehmen Geschmack aus Nudeln, Gewürzduft und Chili mit auf die Reise.

Kurz hinter Nateuil dünnt die Besiedlung weiter aus. In den wenigen Dörfern – Gruppen von aufgeständerten Holzhäusern, die sich windschief an die Hänge schmiegen – rennen Dutzende von Kindern auf die Straße und rufen mir ein herzliches „Sawadii!"

133

zu. Viel mehr Kinder als in China: In Laos gibt es keine Ein-Kind-Politik. Im Gegenteil: Laos ist eines der jüngsten Länder der Erde, was den Altersdurchschnitt angeht. Was aber auch daran liegt, dass die durchschnittliche Lebenserwartung bei Mitte Fünfzig liegt. Dank besserer Ernährung und medizinischer Versorgung stieg die Lebenserwartung zwar in den letzten Jahren im Landesdurchschnitt deutlich, in ländlichen Gebieten liegt sie aber sogar noch weit unter 50. Kinder sind auf dem Land also immer noch die Altersversicherung der Eltern – drei bis vier Kinder sind keine Seltenheit. Ein Sozialversicherungssystem gibt es nicht.

Was Laos gegenüber China an Kindern voraus hat, fehlt an Bäumen. Vorgestellt hatte ich mir dichten, fast unberührten Urwald, der bis an die Straße heranreicht. Tatsächlich fahre ich durch und über von spärlichem Gras, Gestrüpp und vereinzelten Bäumen bedeckte Hügel. Bis zum Horizont erstreckt sich diese Landschaft, ohne dass das Auf-und-Ab der sanften Hügel unterbrochen wird. Auf der chinesischen Seite der Grenze bin ich noch durch dichten Wald gefahren, jedenfalls dort, wo dieser nicht durch den Straßenbau durchbrochen oder mit grauem Dreck bezuckert war.

Nach den Erfahrungen der Jahrhundertflut am Yangzi im Jahre 1998 hat die chinesische Regierung einen Abholzungsstopp in Yunnan verhängt, der auch im Großen und Ganzen eingehalten wird. Der starke Holzbedarf im Reich der Mitte blieb dennoch bestehen, und so schaute man sich seitens der chinesischen Holzindustrie in den Nachbarländern Laos und Myanmar um. Heute wird in China nur noch sehr wenig

Raubbau an Primär- und Sekundärwald getrieben – zumindest in den von Hochwasser bedrohten Gebieten am Oberlauf des Yangzi – während die Wälder in Laos und Myanmar in erschreckender Geschwindigkeit schwinden. Der andere Großabnehmer der kostbaren Edelhölzer, vor allem Teak, ist Thailand, ein Land, das in Laos sowieso nicht viel mehr als eine auszubeutende Kolonie sieht. Oder einen minderbemittelten Nachbarn, über den es sich bestens Späße machen lässt. Während sich die Natur in China und Thailand langsam erholt und die Einrichtung von Naturschutzgebieten große Landstriche vor dem Zugriff der Holzindustrie schützt, geht der Holzeinschlag in den armen Nachbarländern Laos und Myanmar forciert weiter. Naturschutz muss man sich eben auch leisten können!

Dass es auch anders geht, zeigt die Erfahrung in Luang Namtha. Mit dem 1993 eingerichteten Naturschutzgebiet versuchen die laotischen Behörden, Naturschutz, wirtschaftliche Entwicklung und Tourismus unter einen Hut zu bringen. Je näher ich Luang Namtha komme, desto grüner wird so auch die Umgebung. Die Straße weist nach mehr als 30 Kilometern Piste nun so etwas wie Asphalt auf. Ab und zu verkünden teils neue, teils aber auch deutlich mit Patina belegte Tafeln das eine oder andere EU-Projekt. Ein Dorf hat mit europäischer Hilfe eine Seidenweberei etabliert, ein anderes bietet Homestays und Wanderungen in die Umgebung an.

Tatsächlich begegnen mir knappe 20 Kilometer vor Luang Namtha die Vorboten des aufkeimenden Tourismus in der Region: Ein klimatisierter Kleinbus aus chinesischer Produktion am Straßenrand, ein laotischer Reiseleiter, der mich auf Englisch grüßt und eine Gruppe westlicher Touristen, die ihre Kamera-Objektive auf eine Akha-Frau mit Baby richten. Das Baby schreit, die Touristen bedeuten der Frau, bitte zu lachen und das Baby ins Bild zu halten und die Frau hält ihre Hand auf, wohlwissend, dass sich mit der Knipserei auch etwas verdienen lässt. Minderheitenzoo, wie das schon seit Jahrzehnten auch bei den Bergvölkern in Nordthailand der Fall ist. Derweil lugen einige Kinder verstohlen aus ihrer Hütte, um einen Blick auf die seltsamen Gestalten zu erhaschen, die da in ihr Dorf eingefallen sind. Hätten sie einen Fotoapparat, würden sie jetzt wohl abdrücken.

Ein paar Pedaltritte, und schon ist der Spuk vorbei und die Kinder in den nächsten Dörfern schauen wieder, als hätten sie noch nie einen Ausländer gesehen. Das vielstimmige „Sawadii" klingt mir noch in den Ohren, als ich nach einem kleinen, dicht bewaldeten Anstieg das Tal von Luang Namtha vor mir liegen sehe. Knallgrüne Reisfelder bis zum Horizont, und eine Straße, die schier endlos geradeaus zu führen scheint. Es ist später Nachmittag und Schulkinder radeln gemächlich von der Schule nach Hause. Ein langes Band von Jungen und Mädchen auf Fahrrädern, die in stattlicher Schuluniform – weißes Hemd und dunkelblaue Hose oder dunkelblauer Rock – einer im Dunst kaum zu erahnenden Kreisstadt am Ende des Tales entgegenwackeln. Einige der Jungs nehmen sportlich Geschwindigkeit auf, als ich sie überhole, und sehen sich dabei lachend nach den giggelnden Mädchen um. Wir verständigen uns so gut es nur irgendwie geht – „Hello", „Sawadii", „Where are you from?!", und während die Straße nach Luang Namtha immer länger wird, leisten wir uns eine

Wettfahrt auf Laotisch: Anschauen – Gas geben –
„Hello" – „Sawadii" – lachen – nach den Mädchen
schauen – abbremsen – anschauen – lachen. So erreichen wir schließlich Luang Namtha, winken uns
zum Abschied zu und biegen in unterschiedliche
Richtungen ab.

Mein Ziel ist das Boat Landing Guesthouse, das
knapp zehn Kilometer südlich von der eigentlichen
Stadt liegt. Pawn, der Besitzer, und seine Familie be-
treiben das ganz im lokalen Holzbaustil gehaltene
Hotel seit 1999. Den Strom beziehen die am Tha-Fluss
(Nam Tha) gelegenen Bungalows fast ausschließlich
aus Sonnenenergie. Das ausgezeichnete Restaurant
hat sich auf die lokale Küche spezialisiert und würzt
das Ganze mit einem Schuss internationalem Einfluss, ohne an Geschmack zu verlieren. Auf Nachfrage können Ausflüge in den Nationalpark organisiert
werden, deren Erlös auch den besuchten Dörfern
zu Gute kommt. Nach all den chinesischen Bettenburgen wirkt das Boat Landing auf mich wie das
Paradies. Bei Sonnenuntergang genieße ich auf der
den Nam Tha überblickenden Terrasse ein *Lao Bia*,
kein Tippfehler, eben kein Hopfensaft, sondern ver-
gorener Palmzucker, der auf dem südlaotischen Bo-
laven-Plateau in einer Kooperative hergestellt wird
und in etwa so schmeckt, als hätte man Honig und
Vanille in eine Flasche Becks geschüttet.

„Kein Grund zum Jubeln", rückt mir Bill, ein US-Ame-
rikaner mit Berlin-Kreuzberg-Vergangenheit, der wesentlich zum Aufbau des Boat Landing Guesthouses
beigetragen hat und recht erfolgreich daran arbeit,
das Boat Landing in die westlichen Medien zu bringen, meine Flausen vom nachhaltigen Tourismus in

Laos wieder zurecht. „Ökolodge ist auch nicht gleich Ökolodge! Für den Bau einer Ökolodge bekommst du die Erlaubnis, die für die Lodge notwenige Fläche abzuholzen und gegebenenfalls eine Zufahrtsstraße zu bauen. Alles Holz, das abgeholzt wird, kannst du dann teuer verkaufen!" Er nippt kurz an seiner Tasse laotischen Ökokaffee. „Außerdem: Wer prüft denn, wie nachhaltig du wirklich wirtschaftest und ob du ein paar Hektar mehr oder weniger abholzt?" Nachhaltigkeit gestaltet sich zuweilen auch trotz guten Willens schwierig. „Siehst du die Ameisen dort?", fragt mich Bill und deutet auf eine kaum sichtbare Insektenkolonne, die einen Pfeiler des nahegelegenen Bungalows hochkrabbelt. „Wir haben alles versucht, die Insekten auf natürliche Art und Weise loszuwerden, ohne Erfolg. Manchmal hilft dann doch nur die chemische Keule!" Etwas später gesellt sich auch Pawn zu uns, wir tauschen Geschichten aus und träumen mit jedem *Lao Bia* von Ökohotels und Fusion-Gerichten.

Zum Abschied am nächsten Tag schüttelt mir Pawn herzlich die Hand, und wünscht mir viel Glück bei meiner Reise. Drei Jahre später verschwindet er spurlos. Eine laosweite Suchaktion mit Plakaten bringt kein Ergebnis. Seine Familie ist bis heute ohne Nachricht von ihm. Laut Aussage von laotischen Freunden war er wahrscheinlich lokalen Geschäftsinteressen im Weg und fristet nun seine Zeit in einem laotischen Arbeitslager. Die Vision des nachhaltigen Tourismus passte wohl nicht in die Pläne der laotischen Regierung, die in Zusammenarbeit mit chinesischen Geschäftleuten andere und sicher kurzfristig profitablere Konzepte in der Schublade hatte. Potentiellen Widerstand lässt man in Laos dann gerne mal unter falschen Anschuldigungen in staatlichem Gewahrsam verschwinden.

Inzwischen haben sich die kurzfristigen Geschäftsinteressen weitgehend durchgesetzt. Der einst beschauliche Flughafen von Luang Namtha wurde zwischen 2006 und 2008 ausgebaut, um auch größeren Passagierflugzeugen die Landung zu ermöglichen. Im Grenzgebiet zu China und Thailand entsteht derweil eine Reihe von Kasinos, die die Klientel der finanzstarken Nachbarländer in seiner Spielsucht beglückt – zuhause ist auf beiden Seiten der Grenze das Glücksspiel verboten. Die einfache Landstraße von der chinesischen Grenze über Luang Namtha nach Thailand ist heute ein breit ausgebauter Highway, auf dem chinesische Lastwagen in Richtung Goldenes Dreieck donnern. Der chinesische Grenzbeamte sollte also mit seiner Vision Recht behalten. Der Nam Tha, einer der wenigen unberührten Ströme der Region, wird nun im Mittellauf mit Hilfe chinesischer Ingenieurskunst gestaut und liefert Energie ins Reich der Mitte. Derweil entwickelt sich in der Gegend mit den Glücksspielern und den Truckfahrern ein neues, aber sehr altes Gewerbe: Die Prostitution.

Udomxai, die nächste Station meiner Reise, 120 Kilometer südöstlich von Luang Namtha, ist auf ganz andere Reisende spezialisiert. Seit einigen Jahren ist die Stadt fest in der Hand chinesischer Arbeitsimmigranten. Dementsprechend wirbt ein gutes Dutzend Hotels mit chinesischer Leuchtschrift. „Sprichst du Chinesisch", frage ich versuchsweise den Portier der nächstbesten Absteige. „Das Einzige, was ich spreche, ist Chinesisch", erwidert er, und erzählt mir, während er mir einen Betonverschlag mit simpler Nasszelle zeigt, dass er schon seit über fünf Jahren hier lebt, und dazu keinen Reisepass und kein Visum benötigt, nur ein sogenanntes „Grenzpermit". Das gibt es gegen ein paar Renminbi ohne Probleme bei den lokalen Behörden.

Zum Abendessen serviert dann das Hotelrestaurant ausgezeichnete Sichuan-Küche. Was ich denn in Laos wolle, fragt mich der Portier, der sich mit einer Flasche *Beer Lao* in der Hand an meinen Tisch gesellt. Es sei doch alles so rückständig hier! „Was machst du denn hier?", stelle ich die Gegenfrage. Er schaut mich kurz an, hebt erst den Daumen in einer „Wo-du-Recht-hast-hast-du-Recht-Geste", dann seine Flasche und prostet mir zu. „Obwohl", grient er mich an, während er sich den Schaum mit dem Unterarm vom Mund wischt, „das Bier ist hier eindeutig besser als in China".

2. Abends nun mit Beleuchtung: Udomxai

Ein fetter goldbehängter Laote mit der Aura eines Gangsterbosses grinst mich an, als würde ich schon seit geraumer Zeit auf seinen Füßen stehen. „This is fun!", ruft To, mein laotischer Freund und Mitradler, mir zu, der mit großen Augen auf eine grazile Schönheit starrt und sich rhythmisch zur laotischen Popmusik bewegt, die ein Einmannorchester mit Synthesizer in einer rosa ausgeleuchteten Ecke der Diskothek erzeugt. Der Wohlbeleibte schaut mir tief in die Augen, klopft mir mit großer Pranke auf die Schulter und lädt mich auf ein Glas Whisky mit viel Wasser ein. To ist im Halbdunkel verschwunden, ich sage dreimal „Sok Di!", *Prost*, mit dem spendablen Gangster, der sich als Polizist vorstellt. So verstehe ich ihn zumindest, „Police" scheint sein einziges englisches Wort zu sein und mein Laotisch reicht bis jetzt gerade zu „Hallo", „Prost" und „Eine Reisnudelsuppe ohne Fleisch, bitte!" Wir grinsen uns also freundlich, aber ein wenig dümmlich an. „Drugs!", sagt der Dicke, und ich weiß nicht, ob er mir damit Drogen anbietet oder erzählen möchte, dass er in der Drogenbekämpfung arbeitet. Er macht Gesten, die wie das Ziehen an einem Joint aussehen. Ich stelle mich dumm und mache Handzeichen, dass ich ihn nicht verstehe. Der Dicke lacht, dass seine Goldkettchen klimpern und gießt aus einer Flasche *Black Label* nach. Einen Fingernagel breit Whisky, zwei Finger Wasser. Mit dem vierten Wasser-Whisky taucht To wieder aus dem Dunkeln auf, wie auch die gesamte Disko. 23:30 Uhr, Sperrstunde. Der Sänger samt Synthesizer verstummt mitten im Lied, grelles

Neonlicht vertreibt den Rest der guten Stimmung und innerhalb von fünf Minuten befindet sich jeder auf dem Heimweg. „Sollten wir öfter machen", sagt To mit einem Gähnen, während rund um uns auf dem schlammigen Parkplatz Motorräder aufheulen und klotzige Jeeps auf eine Lücke in der Zweiradprozession warten.

Udomxai, die Stadt, von der der Lonely Planet 2002 schrieb, „jetzt 24 Stunden Elektrizität!", was in Laos alles andere als eine Selbstverständlichkeit ist. To hatte ich auf einer früheren Reise kennen gelernt und langsam aber anscheinend sehr nachhaltig vom Radfahren überzeugt. Dieses Mal wird er mich bis Luang Prabang begleiten. Unsportlich sind weder er noch seine Familie, er ist schon seit Jahren begeisterter Wildwasserkanute und sein Bruder kickt als Torwart in der laotischen Fußballnationalmannschaft. „Kriegt er kräftig was um die Ohren!", sagt To. „Trotzdem, ist 'ne coole Truppe! Immerhin, letztes Jahr haben wir die Philippinen zwei zu null geschlagen!", sagt er mit leicht ironischem Stolz. Trotz relativer Erfolglosigkeit ist man in Laos stolz auf die Nationalmannschaft. Einmal Thailand zu schlagen, den ungeliebten Bruder jenseits des Mekongs, würde da schon ausreichen, um eine Welle der Euphorie auszulösen. Immer wieder Thailand! In den laotischen Haushalten laufen thailändische Soaps, jedes Jahr wandern einige tausend Laoten und Laotinnen ins Nachbarland aus, um dort harte Bahts zu verdienen. Im Issan, der fast ganz Nordost-Thailand umfasst und noch bis Anfang des 20. Jahrhunderts zu Laos gehörte, spricht man sowieso einen laotischen Dialekt. Nur ist der Issan leider auch die ärmste Gegend Thailands und versorgt die Hauptstadt je nach Geschlecht der Arbeitsmigranten mit Taxifahrern und

Nutten. Auf diese Weise landen dann auch viele Laoten in Thailands Zehn-Millionen-Moloch. Im gesellschaftlichen Ansehen stehen die Laoten dann noch unterhalb der Issan-Leute, werden als minderwertig angesehen und ebenso behandelt. 2006 sorgte eine recht krude thailändische Filmsatire über eine fiktive laotische Fußballmannschaft, die sich durch einen Zufall für die Weltmeisterschaft qualifiziert und dann von einem Fettnäppchen ins andere trudelt, für diplomatische Spannungen zwischen den Nachbarländern. Ein gängiges Muster: Thailand macht sich über die laotischen Bauerntölpel lustig und Laos ist erzürnt über die thailändische Arroganz.

Trotz des chinesischen Einflusses ist Udomxai mit den modernen chinesischen Kreisstädten nicht zu vergleichen. Die Bebauung ist eher Billigpatchwork als auf Repräsentanz ausgelegt. Zwei bis dreistöckige Betonhäuser, in deren Erdgeschoß sich meist ein Laden befindet. Der zentrale Markt ist dann auch eine Ansammlung von einfachen Holzhütten, die aussehen, als dürfte man nicht zu laut feilschen, ohne dass sie vom Einsturz bedroht wären.

Vor dem Markttor wirbt ein großes Plakat für Beer Lao, den lokalen Hopfensaft, der gerade zu 25 Prozent von der Carlsberg-Brauerei übernommen wurde und dennoch immer noch zu den besten Biersorten Asiens gehört. Die restlichen 75 Prozent gehören dem laotischen Staat, der dadurch eine nicht zu unterschätzende Einnahmequelle hat: Immerhin 120 Millionen Liter werden jährlich von dem Bier verkauft. Neben dem Plakat mit der riesigen Pappmascheebierflasche preist eine naiv-propagandistische Zeichnung die Errungenschaften des laotischen Sozialismus. Der macht sich auch auf dem großen zentralen Platz bemerkbar, auf dem nicht viel mehr als eine

Statue des ehemaligen Parteichefs und Ministerpräsidenten Kaysone Phomvihane steht. Obwohl in der Öffentlichkeit meist im Schatten des sogenannten „Roten Prinzen" Souphanouvong, der der Volksrepublik Laos von der Staatsgründung 1975 bis 1991 als Präsident diente, gehen viele Historiker heute davon aus, dass Kaysone der wahre starke Mann im Hintergrund war. Die Kaysone-Denkmäler sind Requisit in fast allen laotischen Städten und auch so manches Dorf lässt sich nicht lumpen und hat eine Statue des 1992 gestorbenen Parteiführers auf dem Marktplatz stehen. Mit dem Kaysone-Kult, der 1995 seinen Anfang nahm, gelang es der Parteiführung ein Vakuum zu füllen, das durch den Zusammenbruch der Monarchie entstand. Wo die Menschen es gewohnt waren, ihren König als Quasi-Gott zu sehen, musste so ein Ersatzgötze geschaffen werden, der seit einigen Jahren auch von Geldscheinen und Plakaten lächelt. In der Parteipropaganda wird eine Linie gezogen von König Fa Ngum (1316-1393), dem Begründer des Königsreiches Lane Xang, dem Vorläufer des heutigen Laos, und Kaysone, der Laos nach Jahren der Zersplitterung und Kolonialisierung wieder auf die Landkarte setze.

Wichtig ist die Größe und Unabhängigkeit der Nation, für die beide stehen. Kein Zufall also, dass in Vientiane ein äußerst umhegtes Fa-Ngum-Denkmal steht, im Jahre 2003 von der kommunistischen Regierung errichtet.

Im Osten der Stadt ist dann alles Banane! Zumindest entlang der Ausfallstraße nach Muang Khua. Wobei Ausfallstraße ein gewagtes Wort ist. Eine gerade einmal knapp zwei Autos breite brüchige Asphaltstraße ohne Straßenmarkierung, an deren Rändern über

eine Strecke von 500 Metern fliegende Händler stehen, die Bananen verkaufen. Und Beer Lao, A-Ziga-
retten (kein Schreibfehler!) und Plastikfeuerzeuge,
aber danach steht uns der Sinn weniger. Jeder mit einer großen Staude Bananen auf dem Gepäckträger
verlassen wir Udomxai. Hügel auf, Hügel ab geht die
Fahrt, Autos gibt es keine mehr, nur einmal überholt
uns ein bis oben besetzter Überland-Songthaw, ein
überdachter Pickup, die einzige öffentliche Verkehrs-
verbindung zwischen Udomxai und Muang Khua,
unserem 100 Kilometer in Richtung Osten liegenden
Tagesziel, einmal täglich am frühen Vormittag. Wir
sehen das wacklige Gefährt noch im dichten Urwald
verschwinden; einige Minuten später fahren auch
wir durch üppige Vegetation, die bis weit in die Straße reicht. Sofort ist es ein paar Grad kühler und die
Feuchtigkeit steigt die Kleidung hoch. Bunte Vögel
fliegen uns auf Lenkerhöhe entgegen und weichen
erst im letzten Moment aus. Ein Paradies für Botani-
ker; wieder einmal bereue ich, dass ich mich in Flora
und Fauna so gut wie gar nicht auskenne. Ganz anders To, der weiß aber immer nur die laotischen Namen. Die Feuchtigkeit setzt sich in den Lungen fest
und das Atmen wird auf der steilen Strecke zunehmend schwieriger. Umso besser, dass die Steigung
schon nach wenigen Kilometern ein Ende hat und
wir nun auf kerzengerader Strecke in Richtung Nam-
Pak-Tal abfahren. Ananasplantagen säumen nun die
Straße. Auf großen Tüchern haben Bauern die reifen Ananas ausgelegt und rufen mir etwas zu, was
ich aus dem Kontext mit „Saftige Ananas, gut und
preiswert!" übersetze. Das erste Tuch – ich staune
über das reife Gelb der Früchte. Das zweite Tuch –
ich bilde mir ein, etwas von dem Duft in der Nase
zu haben. Am dritten Tuch steht To und hält zwei

Prachtexemplare in der Hand. 300 Kip, umgerechnet 3 Cent, kostet eine Frucht und wird nun direkt am Verkaufsstand in handliche Teile geschnitten. Kunstvoll schneidet die Verkäuferin die holzigen Stellen mit einem großen Hackebeilchen aus, so dass nun eine Art Ananasschnecke übrig bleibt. Die wird auf ein Holzstäbchen gespießt und dann unter leichtem Drehen rundum abgegessen. Ein unbeschreiblicher Genuss!

Ab Muang La, einer kleinen Ortschaft mit einem riesigen Obst- und Gemüsemarkt (ohne Ananas!) geht die Straße dann immer am Pak-Fluss entlang. Immer wieder fahren wir durch kleine Straßendörfer. Das bereits gewohnte „Sawadii!" begleitet uns und keiner der Dorfbewohner will glauben, dass To Laote ist. Ein Laote auf Radtour?! Das Fahrrad als Alltagsgefährt, ja, aber als Sportgerät? Dementsprechend bekommt To bei jedem Schwätzchen am Wegesrand auch immer ein Kompliment für sein gutes Laotisch, wird ansonsten aber meist wie ich auf Englisch begrüßt, sobald ein einigermaßen Sprachkundiger in der Nähe ist. Wir bummeln gemächlich dahin und erreichen am späten Mittag das Dorf Nam Bon. Hier zweigt die Straße nach Phongsali ab. Laut Karte ist dies eine der wichtigsten Kreuzungen in Nordlaos. In China gäbe es hier ein Dutzend Restaurants, ein Bordell und einen Andenkenladen. Wir stehen auf einer Behelfsbrücke und suchen händeringend eine Verpflegungsmöglichkeit. Ein rostiger Bus kommt, wie es scheint, hüpfend von Stein zu Stein die Straße von Phongsali herunter, macht einen finalen Satz, landet direkt vor unseren Füßen und spuckt eine Busladung Reisende aus. Die fallen über eine typisch laotische Kühltruhe her, die vor einer Hütte, einem

improvisierten Tante Emma Laden, steht: Eine verschließbare Styroporbox mit Eisbrocken. Zwischen
Eis und Eiswasser schwimmen einige Getränkedosen: Cola, Red Bull, Limonade und Bier. Ein paar Minuten später ist der Spuk vorbei und die Reisenden
steigen wieder in den Bus, einige rennend, während
dieser schon wieder Fahrt aufnimmt. Wir nehmen
uns, was übrig geblieben ist: Zwei Dosen Kokosmilch („Jetzt mit echtem Kokos!" steht auf Chinesisch darauf) und, mit viel Überredungskunst von
Tos Seite, zwei Portionen Instantnudeln, in Thailand
hergestellt und von der mürrisch vor sich hinmurmelnden Kioskbesitzerin mit lauwarmem Wasser
aufgegossen. „Warum sollte sie sich Mühe geben?!",
gibt To zu bedenken, der meinen skeptischen Blick
bemerkt, und schlürft eine Stäbchenladung Instantnudeln in den Mund. „Die Busse halten hier gerade
lange genug für einen Drink. Schau dir die Preise für
Cola an! 2 000 Kip für eine Flasche, 6 000 Kip für eine
Dose! Das thailändische Red Bull kostet 5 500 Kip.
Damit lässt sich sowieso mehr Geld machen als mit
einer Nudelsuppe für 2 000 Kip, die du dann auch
noch zubereiten musst!" Das leuchtet mir ein. Trotzdem sehne ich mich nach chinesischen Nudelbuden
zurück, während ich lustlos eine Mischung aus lauwarmen Kohlehydraten mit Monosodiumglutamat
in mich hineinschaufle.

Das Reich der Mitte holt uns ein paar Kilometer später
wieder ein. Erst macht der Asphalt einer planierten
Straßenoberfläche Platz. Dann ist die Straße nur
noch ein Feldweg und schließlich schieben wir unsere Räder durch einen kilometerlangen Sandkasten.
„Laowai!" *Ausländer*, ruft jemand von einem kleinen
Barackendorf am Wegesrand auf Chinesisch zu uns

herüber. „Na wer ist denn hier ein *Laowai*?!" gebe ich zurück. Vor Lachen fällt der chinesische Bauarbeiter fast vom Stuhl und winkt uns zu sich hinüber. „Chinesen sind überall Chinesen und Laowais, das seid ihr!" „Auch die Laoten?", frage ich. „Auch die Laoten! Für die sind wir dann aber zuweilen *Farang.*" Dem Wortsinne nach also *Franzosen. Farang* ist aber wie in Thailand der Platzhalter für alle Ausländer, die man nicht zuordnen kann. Xiao Wang ist 28 Jahre alt und seit knapp einem Jahr in Laos. „Wir bauen jetzt erst einmal die Straße von Udomxai nach Muang Khua und dann besteht Hoffnung, dass die Baufirma uns für den Bau der Schnellstraße von Boten nach Huay Xai übernimmt", erzählt er. Wie seine Kollegen kommt er aus der Provinz Sichuan und tauschte die Arbeitslosigkeit gegen einen verhältnismäßig gut bezahlten Job. „800 Yuan[1] den Monat, das ist nicht viel, aber Kost und Logis sind frei" sagt er und deutet auf ein paar Zelte und notdürftig zusammengezimmerte Holzbaracken. Eines der Zelte scheint eine Art Kantine zu sein, jedenfalls meine ich einen großen Kochtopf auf einer Feuerstelle sehen zu können. „Krank werden darfst du natürlich nicht", antwortet er mit einem unsicheren Grinsen, als ich ihn nach sozialer Absicherung frage. „Neulich hat sich einer meiner Kollegen beim Arbeiten verletzt und ist eine Woche lang ausgefallen. Lohn hat er dann keinen bekommen, aber wir anderen haben uns seiner angenommen! Wir sind eine Gemeinschaft hier, bleibt uns ja auch gar nichts übrig. Laotisch können wir nicht und das Heimweh verbindet."

Gegen halb fünf verabschieden wir uns von Xiao Wang und kämpfen uns weiter durch den Sand,

---

1 Etwa 80 Euro

der nun dank Wang und seinen Kollegen planiert ist. Kurz vor sechs Uhr abends wird es schlagartig dunkel. In den Jahren, die ich durch Asien unterwegs bin, habe ich mich immer noch nicht daran gewöhnt, dass es kaum Dämmerung gibt. In Laos fehlt meist zudem der Strom. Bis Muang Khua sind es noch gut 10 Kilometer und unsere Aufstecklampen lassen uns die großen Löcher in der nun wieder befestigten Straße nur erahnen. Mehr als einmal krachen To und ich in tiefe Löcher und stauchen uns Teile, denen das nicht so gut bekommt. Zudem kommen uns Insekten in Schwärmen entgegengeflogen und setzen sich klebrig zwischen den Zähnen und in den Augen fest. Ich bin froh, in China Enzymtabletten zur Proteinentfernung gekauft zu haben. Damit bekomme ich wenigsten die Insekten von den Kontaktlinsen! Schließlich hängen wir uns an einen Motorradfahrer, der uns überholt und nun betont langsam fährt, damit wir mitkommen. Muang Khua kündigt sich durch sporadische Hütten am Straßenrand an, in denen einzelne Kerzen brennen. Um die einzige Lichtquelle sitzen die Familien und hören Musik aus Batterieradios. Zuweilen betreibt auch ein Generator einen lärmenden Fernseher. Dann werden die Hütten und auch die Generatoren häufiger und schließlich strahlt uns eine riesige Neonlampe direkt ins Gesicht. Diese steht auf der zentralen, weil einzigen Kreuzung von Muang Khua. Tausende von Insekten umschwirren die Lichtquelle. Ansonsten ist nichts und niemand zu sehen. Nur ein Lichtkegel in etwa 500 Metern Entfernung. Dieser entpuppt sich als brandneues Hotel, auf dessen Vorplatz ein Volleyballspiel stattfindet. Das halbe Dorf hat sich zum Zuschauen versammelt, auch das Hotelpersonal, das sich auch um nichts in der Welt vom Spiel ablenken lässt. Also stellen wir unsere Räder vor die Eingangshalle, schauen erst ein wenig zu und werden dann unmissverständlich dazu aufgefordert, mitzuspielen. To ist gleich in seinem Element, während ich zum letzten Mal im Gymnasium Volleyball gespielt habe und das auch nicht allzu gut. Trotzdem gibt es höflichen Applaus, als das Spiel zu Ende ist. Das Hotel hält im Inneren lange nicht das, was es von Außen verspricht, ist aber nach 105 Kilometern Fahrt und 30 Minuten Volleyballspiel genau das, was wir brauchen: Sauber, bequem und mit Nasszelle. Nur der Heißwasserboiler lässt die elektrische Sicherung jeweils nach 10 Sekunden rausspringen. Wir lösen das, indem erst To und dann ich den Sicherungsschalter mit der Hand fixieren, während der jeweils andere duscht. Danach erzählt mir To, dass jährlich einige hundert Menschen in Laos durch defekte Heißwasserboiler sterben.

3. Spritztour mit Mönchen

Der gestrige Abend war lang. Nicht nur, weil To und ich uns zu einer Gruppe von Backpackern gesellt haben und das eine oder andere Beer Lao vernichtet wurde, er zog sich einfach auch in die Länge. Das Nam-Ou-Guesthouse und -Restaurant ist ein Familienbetrieb, in dem es keiner so richtig eilig hat. Bis dann auch noch der zugekiffteste Backpacker die Geduld verliert und massiv seiner nächsten Flasche Beer Lao hinterher fragt. Helfen tut es wenig, die Familie hat ihren eigenen Rhythmus, und da gehört es schon zur Kategorie Stress, zwei Bierflaschen gleichzeitig zu tragen. Dennoch – die Lage des Restaurants auf einer erhöhten Plattform oberhalb des Hafens ist unschlagbar; das lässt auch darüber hinwegsehen, dass das Essen eine recht undefinierte Mischung aus Ost und West ist. Zudem ist das Nam-Ou das günstigste Guesthouse des Ortes und sozialer Treffpunkt. Für die Ausländer wohlgemerkt. Laotisches Zentrum ist der Hafen mit seinen einfachen Garküchen, einem lebhaften Markt und einer Fährstation, der man nicht ansieht, dass hier eine der potentiell wichtigsten Straßenverbindungen Asiens beginnt. Jenseits der nächsten Bergkette liegt Vietnam, und die Straße von Udomxai nach Dien Bien Phu, wo die Franzosen 1954 die alles entscheidende Niederlage gegen vietnamesische Truppen hinnehmen mussten, beflügelt die Phantasie von Ökonomen wie Reisenden gleichermaßen. Für China und Vietnam ergäbe sich hier eine kurze Landverbindung zwischen Xishuangbanna und Nordvietnam, für Südostasienreisende entfiele der weite Umweg über Luang Prabang, um von Nordlaos nach Vietnam zu reisen.

Doch noch spielt sich alles auf dem Wasser ab, auch weil die Straße nach Vietnam nicht mehr als eine kaum definierte Schlammpiste ist.

Bis vor zehn Jahren gab es kaum asphaltierte Straßen in Laos und der Personen- und Warenverkehr lief fast ausschließlich über die Flüsse des Landes. Der Nam Ou als immerhin zweitlängster laotischer Nebenfluss des Mekongs hat auch mit dem Ausbau des Straßennetzes in Nordlaos nichts von seiner Bedeutung verloren. Die Strecke Muang Khua – Luang Prabang legt ein Überlandbus in etwa 14 Stunden zurück, mit Umsteigen in Udomxai. Ein Boot von Muang Khua nach Nong Khiao braucht acht Stunden, von dort fährt ein Songtheaw[1] in drei Stunden nach Luang Prabang.

Als wir unsere Räder zum Hafen schieben, liegt dichter Nebel über Muang Khua. Es ist frisch, vielleicht zehn Grad, und die Marktfrauen tragen dicke Daunenjacken. Gleichzeitig offene Sandalen und keine Socken. Mich fröstelt beim Hinsehen, bis ich merke, dass auch To barfuß unterwegs ist. „Ist dir nicht kalt?", frage ich ihn. „Schon, aber das wird sehr schnell wärmer!", kommt als Antwort, kurz bevor er einen der Kapitäne der Flussschiffe anspricht, und, nach kurzer Verhandlung, ins Wasser watet, um das Schiff an einem Seil ans Ufer zu ziehen.

Unser Holzschiff ist das Standardmodell der laotischen Binnenschifffahrt: Es liegt gerade einmal eine Handbreit über der Wasserlinie, bietet auf knöchelhohen portablen Holzbänken Platz für gedrängte zehn Personen und das entsprechende Gepäck, und wird von einem lärmenden Benzinmotor angetrieben, dessen Antriebsrad an einer langen Eisenstan-

---

1   umgebauter Pick Up

ge ins Wasser gehalten wird. Ein niedriges Holzdach bietet Schutz vor Wind und Sonne.

Auf dem Dach werden auch unsere Räder mit Gummispannern festgezurrt. Stabil sieht das nicht aus, und ich hoffe, dass sich die Stromschnellen in Grenzen halten werden. Die Abendgesellschaft vom Vortag – ein schwules australisches Pärchen, drei Israelis und zwei amerikanische Studentinnen – teilt sich mit uns das Boot; dazu kommt noch der Kapitän, sein Sohn, der vor allem mit dem Schöpfen eingedrungenen Wassers aus dem Boot beschäftigt ist und schließlich seine Frau, zuständig für die Navigation. Das heißt, sie lehnt über dem Bug, steckt zuweilen eine Holzstange ins Wasser und warnt vor Untiefen. „Dangerous!" grinst mich der Kapitän an, und die Tatsache, dass dies eines seiner wenigen englischen Wörter ist, wirkt nicht gerade beruhigend. „Die Kapitäne kennen den Fluss wie ihre Westentasche", beruhigt mich To, „das sind Schifferfamilien, die den Nam Ou teilweise schon seit etlichen Generationen befahren." Tatsächlich habe ich weniger Angst um uns, als vielmehr um unsere Räder, die bei jeder Welle metallisch dumpf gegen das Dach schlagen.

Aber auch mit ordentlicher Gepäckverstauung scheinen die Schiffer Erfahrung zu haben. Regelmäßig kommen uns ähnliche Boote entgegen, bis über das Dach mit Bierkästen, Getreidesäcken und Maschinen beladen. Auf einer besonders großen Kiste steht „Plasma-TV 48 Inch". Ist das nur die Verpackung oder wo geht dieses Luxusgut hin? Wer weiß, vielleicht bauen die Chinesen irgendwo an der grünen Grenze zu Laos ein illegales Spielkasino, das würde einiges erklären.

Wir gleiten nun mit geschätzten 25 Stundenkilometern den Fluss hinunter. Der Fahrtwind kriecht mir eiskalt in die Knochen, trotz Windbreaker. Die Sitzposition mit hoch angewinkelten Beinen ist schon seit der Abfahrt unbequem. Ein Positionswechsel ist unmöglich, da wir Schulter an Schulter sitzen und gerade einmal so ins Boot passen. Ausladende Bewegungen sind bei der instabilen Bootslage auch nicht unbedingt zu empfehlen. „Radfahren ist schöner!", kommentiert To seine eingeschlafenen Beine. Nach einiger Zeit beginne ich an den Aussagen meiner Reiseführer zu zweifeln. Phantastische Landschaft stand da übereinstimmend! Bis jetzt ist die Bootsfahrt eher öde. Das scheint sich auch der Kapitän zu denken und steuert nach einer guten Stunde Fahrt eines der Dörfer am Ufer an. Nicht ganz uneigennützig, wie sich herausstellt!

Die Ansammlung von traditionellen Hütten auf Stelzen ist ein sogenanntes „Whisky-Dorf". Das sieht aber kaum wie das amerikanische Pendant in der Jack-Daniels-Werbung aus, auch wenn es hier ebenso keiner eilig hat. „60 Minuten Pause", übersetzt To die Anweisung des Kapitäns, der uns gleich unter seine Fittiche nimmt. Wir stolpern mit ihm einen steilen Hang hinauf, laufen durch den engen Zwischenraum zwischen zwei Pfahlbauten und stehen dann vor einer Whiskybrennerei. Das heißt, vor einem Holzdach, unter dem auf einem Holzfeuer in einem großen Topf eine stinkende Flüssigkeit brodelt. Aus einer Metallrinne tröpfelt etwas Milchiges in einen großen Eimer. „Der beste Schnaps am Nam Ou!" erzählt unser Kapitän und deutet auf eine Batterie Glasflaschen, die mit zusammengeknüllten Stofffetzen verschlossen sind. Nun gut, Whisky und Schnaps wird im laotischen Englisch oft durcheinander geworfen. Auch ist der Mekong-Whisky, wie sein gleichnamiger Vetter aus Thailand, nie ein Scotch oder Single Malt, sondern meist ein Destillat aus 95 Prozent Zuckerrohr und 4 Prozent Reis. Das restliche Prozent variiert und man will als Konsument nicht wirklich wissen, was da sonst noch so alles drin ist. Laotischer Schnaps, mit dem wir es hier zu tun haben, basiert vor allem auf Reis. Es wird der Lao Lao und der Lao Khao unterschieden, letzterer durchläuft nach dem Destillieren noch einen Fermentierungsprozess. Jedes Dorf hat da sein eigenes Rezept, manchmal kommen Heilkräuter dazu, selten ziert aus medizinischen Gründen ein Reptil den Flascheninhalt.

Unser Kapitän grüßt den Schnapsbrenner, der etwas gelangweilt auf einem Bett im Schatten döst, entkorkt eine der Flaschen, das heißt, er zieht den Stofffetzen aus dem Flaschenhals und setzt an. „Dii lai! *Sehr gut*!, ruft er aus und schickt ein „Sok Dii", *Prost*, hinterher, während er mir die Flasche reicht. Der Schnaps schmeckt erstaunlich mild, hat im Abgang aber etwas von Scheuermittel. Geschmacklich und in der Kehle beim Runterschlucken. Der Kapitän nimmt zwei Flaschen mit aufs Schiff und auch ich erstehe aus Höflichkeit für einen US-Dollar eine Flasche. Falls es wieder einmal kalt wird auf der Reise! Zurück auf dem Boot entledigen wir uns aber erst einmal sämtlicher warmer Kleidung. Der Morgennebel hat sich verzogen und To behält Recht: Selbst mit Fahrtwind wird es nun angenehm warm. Vor allem der Kapitän sorgt für innere Wärme und hat bereits die erste Flasche Lao Lao bis zur Hälfte geleert. „Dangerous!", sagt er wieder auf Englisch und dreht sich zu mir um, gerade als das Boot auf eine

Stromschnelle zusteuert. Ich bin mir nicht sicher, ob er den Fluss oder den Schnaps meint und lasse mich, so gut es geht, in das Innere des Schiffes sinken. Genau dort, wohin sich die nächste Bugwelle ergießt. Vielleicht ist der Schnaps doch keine schlechte Idee! Unser Kapitän murmelt noch einmal „Dangerous", legt dann die Schnapsflasche aus der Hand und konzentriert sich nun ganz auf den Fluss. Jetzt scheint es ernst zu werden!

Im nächsten Dorf wird dann das Boot gewechselt. Am Ufer steht eine Gruppe junger Mönche in orange-farbenen Kutten, die ebenfalls nach Muang Ngoi wollen. Gleichzeitig legt ein leeres, von Süden kommendes Boot an unserer Seite an, das zwar von gleicher Bauart ist, aber sechs Sitzplätze mehr bietet. Unsere Ladung wird umständlich zwischen den schwankenden Booten umgeladen, die Mönche steigen lachend ein und bekommen selbstverständlich die vorderen Sitze. Mönchen, auch jungen, wird in Laos eine hohe Ehrerbietung zu teil. Es gibt kaum einen Laoten, der nicht wenigstens eine Woche im Kloster verbracht hat. Auf dem Land ist der Eintritt in den lokalen Tempel zudem oft die einzige Möglichkeit, an eine zumindest rudimentäre Schulbildung zu kommen.

Einer der Mönche kann ein wenig Englisch und möchte seine Sprachkenntnisse trainieren. Er kommt aus einem kleinen Dorf am Nam Ou und ist bereits seit einem Jahr als Novize im Dorftempel von Muang Ngoi. „Dort habe ich auch Englisch gelernt!", erzählt er erstaunlich akzent- und fehlerfrei. „Einige Backpacker bleiben länger in Muang Ngoi; unter anderem ein Amerikaner, mit dem ich mich angefreundet habe. Ich habe ihm ein wenig Lao und er hat mir Englisch beigebracht." Ich frage ihn nach dem

Alltag im Kloster. „Bei Sonnenaufgang machen wir
die Bettelrunde im Dorf, dann essen wir ein wenig
Reis zum Frühstück. Im Anschluss gibt uns ein
älterer Mönch Unterricht. Anfangs war es vor allem
Lesen, Schreiben und Rechnen, inzwischen lernen
wir auch buddhistische Riten und die Sutren zu re-
zitieren." Ob er denn für immer im Kloster bleiben
möchte, frage ich ihn. Nach Ende der Schulzeit können die Mönche selbst entscheiden, ob sie weiterhin
als Mönch leben wollen. Auch wenn sich ein junger
Mönch gegen die Ordination entscheidet, wird von
ihm zumindest eine lebenslange Verbundenheit mit
dem Tempel erwartet. „Nein!", kommt es wie aus
der Pistole geschossen. „Ich möchte Reiseleiter werden!" Als er merkt, dass To zuhört, fügt er ein „Natürlich werde ich dem Tempel immer dankbar sein"
hinzu. Dann beugt er sich nach vorne und flüstert
mir ins Ohr: „Hast du gute Musik dabei? Amerikanische Mp3-Dateien?" Sein amerikanischer Sprach-
austausch hatte ihm vor seiner Abreise seinen MP3-
Player geschenkt. Wie sich herausstellt, findet mein
Gesprächspartner vor allem Britney Spears gut.
Damit kann ich leider nicht dienen, vermittle aber
den Kontakt zu den beiden mitreisenden amerikanischen Studentinnen.
Nach gut sechs Stunden Bootsfahrt sind dann sämtliche Gespräche eingeschlafen. Von unseren Füßen
ganz zu schweigen. Immer noch warte ich auf die
versprochene Fabellandschaft. Dann beschreibt der
Nam Ou eine S-Kurve und führt ohne Vorwarnung
in eine gut 800 Meter tiefe Schlucht. Fast senkrecht
ragen die Karstwände in den Himmel, bewachsen
von üppiger Vegetation. Chinesische Landschafts-
maler hätten ihre Freude an der Szenerie, ihre Dich-
terkollegen würden sich in Versen über die perfekte

Harmonie von Berg und Wasser ergehen. Während die Westseite der Schlucht bereits im Schatten liegt, hüllt die Abendsonne die Ostseite in ein gleißendes Licht. Alle paar Minuten wechselt der Nam Ou abrupt die Richtung und eröffnet neue Perspektiven auf eine Landschaft, die einer Tuschemalerei gleicht. Nach einer halber Stunde weitet sich die Schlucht und vor uns liegt auf einer Halbinsel im Fluss das Dorf Muang Ngoi. Beim Anlegen legt sich ein süßlicher Duft über den Gestank von Öl, der von den heißgelaufenen Schiffsmotoren kommt. Schließlich gewinnt der Duft die Oberhand. Am gegenüberliegenden Ufer blühen mehrere imposante Bäum in Weiß, Rot und Orange. Unmöglich, den Duft genau zuzuordnen. Unmöglich auch, ihn zu beschreiben. Ein Hauch Jasmin, Zitrusnoten, umwerfende Süße. Ein olfaktorisches Feuerwerk! Bis mich dann der Duft von gegrilltem Fleisch in die Realität zurückholt. Direkt oberhalb des Bootsanlegers wirbt ein Restaurant mit „Cold Beer" und „Western Menu".

Neben dem Restaurant, am Hang oberhalb des Ufers, vermieten einige Familienpensionen einfache Bambushütten. To und ich mieten uns hier ein und verabreden uns für das Abendessen mit unseren Mitreisenden von heute. Gerne hätte ich auch die Mönche eingeladen, die werden aber schon in ihrem Tempel erwartet und dürfen sowieso am Abend nichts mehr essen. Lek, mein sprachkundiger Gesprächspartner, kehrt mit einigen Britney-Spears-Liedern und dem neuesten Album von Christina Aguilera ins Kloster zurück.

Neun Personen auf einen Streich, da freut sich natürlich der Restaurantbesitzer, der sich englisch schlicht Tom nennt. Der Massenauflauf stellt ihn aber auch vor ernste Probleme. Bestellt haben wir Grillhähn-

chen, Laap, Salat und eine große Lage Beer Lao. Das
Bier kommt sofort, nach einer halben Stunde sind
mehrere Portionen laotischer Salat aufgetragen – Gemüse, Salatblätter und gekochtes Ei, angemacht mit
Fischsoße, Minze und Chili – dann passiert erst einmal gar nichts. Aus dem Augenwinkel meine ich den
Chef des Hauses mit einem Hackebeilchen in Richtung Hof gehen zu sehen. Liefen nicht gerade noch
einige Hühner durch den Gastraum? Nachdem der
Salat längst verputzt ist und das Bier knapp wird,
treffe ich auf der der Suche nach der Toilette den Restaurantbesitzer und To zusammen mit der Bedienung um ein Lagerfeuer sitzend. „Setz dich zu uns!",
ruft To herüber und hält mir ein Glas Beer Lao hin.
„Die Grillhühner kommen gleich, mussten nur noch
geschlachtet werden!" erklärt der Besitzer und geht
mit mir in die Küche. Da brutzeln vier frische Hähnchen auf dem Grill und die Köchin zerstößt etwas
in einem Mörser. „Innereien!", erklärt To. Das Laap,
der klassische laotische Fleischsalat, wird hier traditionell nordlaotisch hergestellt, da dürfen Herz, Leber
und Niere, kleingehackt und mit Hühnerfleisch, Min-
zeblättern und Gewürzen vermischt, nicht fehlen.
Eine gute Stunde später kommt das würzige Laap zusammen mit den knusprigen Hähnchen auf unseren
Bambustisch. Der Restaurantbesitzer und Yai, der
Kellner, der sich als sein Bruder vorstellt, leisten uns
Gesellschaft. „Huhn ist vorerst von der Speisekarte gestrichen!" grinst Tom über beide Ohren. „Jetzt
müssen wir erst einmal neue Tiere kaufen!"
Vor meinem Bungalow fällt die Uferböschung steil
zum Nam Ou ab. Über dem Fluss steht der Vollmond.
Plötzlich durchbricht ein herzzerreißender Schrei die
Stille. Dann folgt leises Kreischen. Die Schreie neh-
men an Intensität zu, dann ist es still. Nach einigen

Minuten wiederholt sich das Schauspiel. Gebannt starre ich über den Nam Ou, die Ohren gespitzt. „Was sind das für Schreie?". Neben mir steht Isabelle, eine junge Französin, mit der ich am frühen Abend ein paar Worte gewechselt habe. „Affen", sage ich spontan und erzähle von den klassischen chinesischen Dichtern, die das laute Klagen der Affen entlang des Yangzi poetisch beschrieben haben. Glaubt man ihnen, so handelt es sich dabei um den ultimativen Ausdruck der Melancholie. Dann blicken wir in die Dunkelheit und lauschen den Geräuschen. Noch ein paar Mal die Melancholie der Affen. Ein entferntes Tuckern eines Motorbootes. Dann Stille.

4. Von alten und neuen Geistern

Nach einer guten Stunde Bootsfahrt von Muang Ngoi nach Nong Kiao haben wir wieder festen Boden unter den Füßen und radeln nun gemächlich die Staatsstraße 13 in Richtung Süden mit dem Ziel Luang Prabang. Über weite Strecken geht die Straße am Nam Ou entlang und ist in einem nicht nur für laotische Verhältnisse exzellenten Zustand. Das scheint sich herumgesprochen zu haben, denn zum ersten Mal seit Tagen begegnen uns wieder andere Reiseradler. Eine Gruppe Japaner rast uns mit Rückenwind im Renntrikot der deutschen Telekom entgegen, eine Weile radeln wir mit einem belgischen Pärchen auf Weltreise.

„Hi, sagt mal, wisst ihr, ob es in Udomxai einen Puff gibt?", begrüßt uns Daniel, ein Schweizer Triathlet im Wintertraining, noch bevor er sich vorgestellt hat. Ich muss wohl etwas irritiert geschaut haben, denn er schiebt ein „Wenn ich täglich 200 Kilometer radle, brauch ich abends Sex!" hinterher. Da möchte und kann ich nicht helfen. Prostitution ist in Laos immer noch eine Seltenheit. Was das Land sicherlich nicht braucht, sind Sextouristen.

To wollte für uns eigentlich einen Homestay in einem der Dörfer organisieren. Das ist nun aber nicht mehr möglich. Jedenfalls nicht im ursprünglich geplanten Dorf. „Geisteraustreibung", gibt To nach kurzem Herumdrucksen als Grund an. Ich denke zuerst, ich hätte mich verhört. „In Don Ngeun sind in den letzten Tagen seltsame Sachen geschehen", fährt To fort. „Zwei Schweine sind gestorben, die Hühner

benehmen sich komisch. Die Dorfbewohner vermu-
teten, dass der Geist eines Verstorbenen Unruhe stif-
tet." Offiziell ist der Geisterglaube in Laos verboten.
Älter als der ansonsten dominante Buddhismus, hat
er sich aber vor allem auf dem Land als Glaubens-
system gehalten. Geister, auf laotisch Phii genannt,
werden unterschieden in Naturgeister, Ahnengeister
und Territorialgeister. Letzteren, zu denen auch die
Schutzgeister einer Stadt oder eines Dorfes gehören,
widmet man, wie es auch in Thailand Brauch ist, die
sogenannten „Geisterhäuschen", meist hölzerne Mi-
niaturbehausungen, in denen der Geist wohnt und
regelmäßig mit Essen und – meist geistigen – Getränken versorgt wird.

Zuweilen gerät das delikate Gleichgewicht der Na-
turkräfte in Schieflage, die Harmonie ist gestört, etwa
weil der Schutzgeist vergrätzt oder ein Ahnengeist
sich vernachlässig fühlt, und dann geschehen uner-
klärliche, meist unangenehme Dinge. Das ist wohl in
Don Ngeun passiert.

„Glaubst du an Geister?", frage ich To. „Nein, aber den
Glauben muss man akzeptieren", antwortet er. „Wir
würden mit unserer Anwesenheit nur ein neues spi-
rituelles Element hinzufügen und das Gleichgewicht
weiter stören."

Folglich beschließen wir, in Pak Chek, knapp 60 Kilometer vor Luang Prabang, unser Glück zu versuchen. To kennt dort eine Schifferfamilie, zu der er
zuweilen Gäste für einen Homestay bringt. Zuerst
müssen wir aber noch durch das „Geisterdorf" fahren. Langsam rolle ich auf der Dorfstraße, halte
nach Geistern oder Menschen Ausschau, sehe aber
weder die einen noch die anderen. Die Häuserzei-

len zu beiden Seiten sind mit einem dünnen weißen Bindfaden von der Straße abgetrennt. „Heute soll der *Maw*, ein auf Geisteraustreibung spezialisierte Schamane kommen!", erklärt To und drängt zur Eile. Auf keinen Fall möchte ich für weitere Unordnung in der Geisterwelt verantwortlich sein und so radeln wir zügig weiter nach Pak Chek; wir haben Glück, die Familie ist zuhause und freut sich über Tos Besuch. Mit dem Homestay-Programm verdient sie sich ein wenig dazu – einen Dollar kostet die Übernachtung auf einer bequemen Matratze auf dem hölzernen Fußboden pro Person – und bekommt ein wenig von der Welt jenseits der Landesgrenzen mit.

Bis vor wenigen Jahren lebte die Familie von der Bootsfahrt und der Fischerei. Sie teilten sich mit der Nachbarsfamilie zwei Boote, die Menschen und Fracht zwischen Luang Prabang und Phonsali im Norden hin- und hertransportierten. Mit dem Ausbau der Staatsstraße 13 geht nun immer mehr Fracht von Luang Prabang bis nach Nong Kiao und wird erst dort auf den Nam Ou verladen.

Zumindest die Fischerei trägt aber noch zum Auskommen der Familie bei. Unter dem hochgeständerten Haus knüpft der Großvater der Familie ein großes, engmaschiges Fischernetz. Eine Zigarette im Mundwinkel winkt er mich zu sich herüber und versucht mir, wie ich vermute, die Knüpftechnik zu erklären. To eilt als Übersetzer zur Hilfe, muss aber auch abwinken. „Er spricht einen lokalen Dialekt, den ich nicht verstehe.", erklärt er. To ist aus Pakse, das liegt im Süden in der Nähe der kambodschanischen Grenze. Während die jüngere Generation das in den Städten gesprochene Standardlaotisch spricht, haben sich vor allem bei älteren Laoten die lokalen Dialekte erhalten. Von den Minderheiten ganz zu schweigen, die oft eigene Sprachen und zuweilen sogar ein eigenes Schriftsystem haben.

Eine Waschgelegenheit gibt es im Haus nicht. Wozu auch? Der Nam Ou ist nur ein paar Schritte entfernt und in der Dämmerung sammelt sich hier das ganze Dorf zur abendlichen Körperhygiene. Deutlich getrennt voneinander stehen die Männer und Frauen im Fluss und gießen sich, die Männer zuweilen mit freiem Oberkörper, die Frauen jedoch immer im Sin, der laotischen Version des Sarongs, das überraschend kalte Wasser über den Körper. Ich habe mir mein großes Badehandtuch um den Körper gewickelt und versuche nun, mit ungelenken Verrenkungen auf glitschigem Untergrund meine verschiedenen Körperteile zu waschen, ohne zuviel Haut freizugeben. Denn pure oder auch nur angedeutete Nacktheit ist in Laos, vor allem auf dem Land, immer noch ein soziales Tabu. To ist beim Waschen ungleich flinker, sitzt nun am Ufer und schaut mir zu, wie ich versuche, mich mit dem Handtuch gleichzeitig abzutrocknen und potentiell anstößige Teile zu bedecken. Das sorgt nicht nur bei To, sondern auch bei den umstehenden Dorfbewohnern für Heiterkeit.

Zum Abendessen gibt es Fisch-Laap mit Klebereis, eine Mangoldsuppe und gebratenes Gemüse. Ein Fernseher existiert im ganzen Dorf nicht und so ist gegen acht Uhr abends Nachtruhe angesagt. Unter meinem Moskitonetz liegend lausche ich dem Rauschen des Nam Ou. Auch die Affen haben heute Feierabend.

Glücklicherweise gibt es in Laos keine somnambulen Hähne und so schlummern To und ich gemächlich in den Tag. Als wir endlich wieder auf den Rädern sitzen, ist es bereits gegen Mittag. Kurz vor Luang Prabang erreichen wir auch wieder den Mekong, der nun fast einen Kilometer breit ist, aber immer noch so träge und trüb vor sich hindümpelt, wie ich das schon aus Jinghong kenne.

Der Verkehr wird nun spürbar dichter. Wir schlängeln uns durch meinen ersten Verkehrsstau seit Dali und erreichen am Phousi, dem zentralen Tempelberg Luang Prabangs, die Innenstadt. Hier verabschiede ich mich von To. Er erwartet eine amerikanische Reisegruppe, die morgen in Vientiane, der Hauptstadt ankommt, und die er als Reiseleiter begleiten wird. Daher muss er heute abend noch den Nachtbus erwischen, der die rund 350 Kilometer lange Strecke in knapp zehn Stunden zurücklegt. Wir umarmen uns herzlich und er verschwindet in Richtung Busbahnhof. Für das nächste Jahr haben wir uns wieder verabredet, natürlich zu einer Radtour.

Gemächlich radle ich durch die Stadt. Normalerweise ist es kein Problem, in diesem Teil Asiens auch ohne Reservierung ein Hotel zu finden. Ich hatte mir schon in Deutschland ein paar schöne Hotels und Guesthouses herausgesucht und klappere diese nun eines nach dem anderen ab. Überall empfängt mich ein bedauerndes Lächeln: Hauptsaison, keine Zimmer, frühestens nächste Woche!

Gegen 18 Uhr wird es, wie immer in diesen Breitengraden, schlagartig dunkel. Relativ orientierungslos radle ich langsam am Mekongufer entlang und betrachte die stilvoll renovierten Gebäude aus der Kolonialzeit. Zuweilen steht da zwischen Kolonialvillen auch ein modernes Betongebäude, aus einer Zeit, als Luang Prabang noch nicht Teil des Unesco-Welterbes war, Beton als modern und die koloniale Bausubstanz als rückständig galt. Seit 1995 versucht nun die Unesco, Überzeugungsarbeit für ein Umdenken zu leisten. Nicht immer mit durchschlagendem Erfolg. Neben sorgsam herausgeputzten Villen findet sich dann auch immer mal wieder eine Kolonialruine, die schon seit Längerem sich selbst überlassen wurde.

Nach einer Stunde habe ich immer noch kein Hotel gefunden. Ich stelle mich schon auf eine Absteige in einem der Außenbezirke ein, als mir eine kleine gelb getünchte Kolonialvilla am Mekong auffällt, ohne Hotelschild oder Namen, aber mit einem Tresen, der definitiv nach Rezeption aussieht. Ich steige ab, stelle mein inzwischen schon arg verdrecktes Rad vor die offenen Flügeltüren des Eingangs und frage nach einem freien Zimmer. Die Rezeptionsdame schaut ratsuchend über meine Schulter. Ich drehe mich um und sehe einen distinguiert aussehenden Asiaten mit feinen Gesichtszügen und wehenden halblangen weißen Haaren. „May I help you?", fragt er mit einem Akzent, der nur ganz knapp an *British English* vorbeischrammt. Er stellt sich als Sinlasone vor, ist Architekt und Besitzer des Hotels, dem *Sala Prabang*, in Personalunion und nickt der Rezeptionsdame zustimmend zu. Diese atmet erleichtert durch und zeigt mir mein Zimmer: Ein Traum mit Möbeln im Kolonialstil und Blick auf den Mekong. Für 20 US-Dollar die Nacht, Eröffnungsangebot.

Frisch geduscht und rasiert komme ich gut gelaunt die Treppe herunter und sehe, wie einer der Hotelangestellten mein Fahrrad mit einem Gartenschlauch abspritzt. Ich kann ihn gerade noch davon abhalten, es blank zu wienern, das geht mir dann doch gegen meine Radlerehre! Sinlasone hatte sich meines Rades angenommen und für die Reinigung gesorgt. Als ich ihm erzähle, dass ich den weiten Weg aus China bis nach Luang Prabang geradelt bin, lädt er mich zum Abendessen ein.

Jetzt sitzen wir im Hotelrestaurant unter einem großen Banyan-Baum am Mekongufer, mein Gastgeber hat eine Flasche importierten französischen Rotwein von 1995 bestellt, den wir nun zusammen mit einer laotisch-französischen Vorspeisenplatte genießen. Neben den berühmten Luang Prabanger Grillwürstchen, die herrlich nach Knoblauch schmecken und in eine süß-sauer-scharfe Sauce getunkt werden, gibt es frische Frühlingsrollen, Toast, Kräuterbutter und gegrillte Tomaten. Crossover sagt man dazu wohl.
Während Sinlasone mit dem Kellner die Speisenfolge beratschlagt, werfe ich einen Blick auf die Speisekarte. „Kann und will sich jemand in Laos diese Preise leisten?", frage ich ihn und verweise auf ein Pfeffersteak für knapp 20 US-Dollar.
Sinlasone erzählt von einem französischen Freund, der vor einem Jahr ein Restaurant in Luang Prabang aufgemacht hatte. Zuerst wollte er gute lokale und französische Küche zu gemäßigten Preisen anbieten. Die westlichen Touristen mieden das Lokal und nach einem halben Jahr war er fast pleite. Sinlasone riet ihm, das Restaurant für zwei Wochen zu schließen; er schrieb eine neue Speisekarte und eröffnete wieder mit westlichen Preisen. Jetzt ist sein Restaurant jeden Abend überfüllt.

„Die Touristen aus dem Westen kommen mit einer bestimmten Vorstellung nach Luang Prabang. Sie suchen das koloniale Erbe, da gehört ein gewisser Luxus auch dazu!", erklärt er. „Und Luxus definiert sich anscheinend über den Preis!"

Sinlasone, Spross einer Familie der laotischen Elite, zu der auch einige Lokalprinzen gehören, wurde in den 1970er Jahren von seinem Vater zum Studium nach Australien geschickt. Eigentlich sollte er Französisch lernen und in Paris studieren; die Sprache und die Kultur hatte es ihm aber ebenso wenig angetan wie der Wunsch des Vaters, dass er einen Ingenieurberuf ergreifen sollte. Sinlasone wollte lieber Künstler werden und so war ein Architekturstudium ein guter Kompromiss. Nach dem Studium blieb er in Australien, heiratete eine Italienerin und war ein viel beschäftigter und renommierter Architekt.

Anfang des Millenniums, nachdem die politische Situation in Laos sich entspannt hatte und die auf dem Papier kommunistische Regierung auf kapitalistische Entwicklung statt auf Sozialismus setzte, kehrte er, nun Mitte Fünfzig, nach Laos zurück und nutzte die guten Kontakte seiner Familie, an ausgewählten Orten liebevoll renovierte Boutiquehotels zu eröffnen. Das Sala Prabang ist das neueste Hotel der Kette und Sinlasones Lieblingskind.

Als Architekt teilt er die Sorge um das historische Erbe Luang Prabangs, sieht aber auch die Probleme, die aus dem Widerspruch zwischen westlichem Anspruch und lokalen Bedürfnissen herrühren. „Ach die Unesco!" seufzt Sinlasone und nippt an seinem Rotwein. „Stell dir mal vor, du wohnst Jahrzehnte in einem Haus, richtest es dir da heimisch ein und plötzlich kommt die Unesco und erzählt dir, was du darfst und was du besser lassen solltest. Jahrelang sollte alles modern sein und plötzlich hieß es, jetzt muss das Alte bewahrt werden."

Tatsächlich reagierten die Bewohner der vor allem betroffenen Altstadt auf der Halbinsel zwischen Mekong und Nam Khan zuerst mit Unverständnis, als die Unesco 1995 in Luang Prabang ihre Arbeit begann. Bis heute ist das Verhältnis schwierig. Eines der Ziele der Unesco ist es, laotische Wohnviertel im historischen Teil Luang Prabangs zu erhalten. Auch wenn zuweilen immer noch Wäscheleinen quer von einem historischen Gebäude zum anderen gespannt werden – was dann natürlich auch wieder ungern von den Denkmalschützern gesehen wird – und Bananen und Reiskuchen auf großen Holzgestellen zum Trocknen ausliegen, ist die Entwicklung hin zu einem geschniegelten Touristendorf bereits nicht mehr ganz zu übersehen. Ein Wohngebäude nach dem anderen wird zu einem Hotel oder Restaurant umgebaut. Die ursprünglichen Bewohner ziehen nicht selten in die Vorstadt und überlassen das Feld den Neokolonisten.

Nur gegenüber, am anderen Ufer des Mekongs, hält man sich noch an die Auflagen der Unesco. Sehr zum Leidwesen von Sinlasone. „Siehst du die Bambuskronen dort?", fragt er mich und zeigt auf den fast zwanzig Meter hohen Phönixschwanzbambus, der jenseits des Mekongs im Wind wiegt. „In Ban Xieng Maen dürfen keine Gebäude höher als die Bambuskronen gebaut werden. Die Auflage der Unesco ist, die Szenerie nicht zu verändern, so dass von Luang

Prabang aus die Illusion von subtropischer Landschaft erhalten wird." Das ist schon ein sehr west-
liches Konzept, für das die Bewohner des jenseitigen
Mekongufers nicht viel Verständnis haben. Gerne
würden auch diese vom Tourismusboom profitieren.
Und nicht nur diese. „Ich würde ja gerne ein exklusi-
ves Restaurant auf der anderen Mekongseite bauen!",
seufzt Sinlasone, „und daneben dann mein Privat-
haus." Mehrere Anträge hat er schon gestellt, ohne
großen Erfolg. „Vielleicht ist es auch gut so," gibt er
zu. „Mit dem Sala Prabang habe ich ja auch genug
zu tun."

Als Hauptgang gibt es ein zartes Pfeffersteak mit la-
otischem Salat. Zum Nachtisch trägt der Koch flam-
bierten Kokospudding mit Mangosauce auf, den wir
zusammen mit einem frisch gebrühten Espresso genießen. Crossover eben.

Irgendwo zwischen Steak und Pudding, Unesco und
lokaler Kultur erzähle ich Sinlasone, dass ich von Luang Prabang über das zentrale Karstgebirge weiter
nach Vientiane radeln möchte. „Fahr noch nicht!" flüstert er mir zu. „Es gibt Gerüchte, dass die Hmong
weitere Überfälle entlang der Staatsstraße 13 planen." Ich erinnere mich an die zwei Schweizer Radler, die bei Vang Vieng erschossen wurden. Richtig
Angst habe ich nicht, aber inzwischen habe ich mich
schon an die laotische Philosophie gewöhnt: Nichts
überstürzen, morgen ist auch noch ein Tag! Das Land
der Hmong hebe ich mir für den nächsten Besuch
auf.

5. Zapfenstreich!

„Welcome to Khop Chai Deu! *Das einzige Restaurant in Vientiane mit Live-Musik!*" Die philippinische Band beginnt den Abend mit „Smooth" von Carlos Santana. Routiniert, wie man das von allen philippinischen Bands, die in den Bars Asiens auftreten, gewohnt ist. Es ist 19:30 Uhr, das *Khop Chai Deu* füllt sich langsam. Auf unserem Tisch türmen sich laotische und internationale Spezialitäten. Inthy, der Besitzer des *Khop Chai Deu*, hat zum Dinner geladen. Wir kennen uns seit meinem ersten Laosbesuch und organisieren seitdem zusammen Radtouren in Laos. To ist einer seiner Reiseleiter und kommt nun von der Theke mit einer Lage frischgezapftem *Beer Lao* zurück. Wir prosten uns zu, Inthy, To, meine Wenigkeit und ein gutes halbes Dutzend andere Gäste, die mir kurz vorgestellt wurden, deren Namen und Professionen in der Fülle der Information jedoch verloren gingen. Macht auch nichts, das *Khop Chai Deu* ist durchaus ein Platz, wo die Vita nicht so wichtig ist, sondern der Fakt, dass es Abend ist. *Thank God it's Friday!*, jeden Tag.

Noch vier Stunden!

Inthy betreibt das *Khop Chai Deu*, dessen Name übersetzt „Herzlichen Dank" heißt, seit 1998. Die liebevoll renovierte Kolonialvilla war ursprünglich das Wohnhaus seiner Familie. Heute wohnen noch seine Eltern im Obergeschoß, das Restaurant ist inzwischen eine der ersten Adressen in Vientiane, und Treffpunkt vor allem der Expats.
„Ich bin ein Outdoor-Fan", gesteht Inthy, der ausgezeichnetes Englisch spricht. Studiert hat er aber nicht

in den USA, sondern in der Sowjetunion. Er ist Jahrgang 1970, da war es eher unüblich, zum Studium in die USA zu gehen. „Rafting, Klettern, na ja, weniger Radfahren", gibt er mit einem Lachen zu. „Dafür habe ich ja To!" To ist tatsächlich wohl einer der wenigen Laoten, der freiwillig aufs Fahrrad steigt, und das auch noch mit Begeisterung. Für Inthy ist Radfahren eindeutig zu wenig adrenalingeladen.

„Willkommen in Asiens langweiligster Hauptstadt!" prostet mir ein hagerer Engländer Mitte 50 zu. „Ich muss es wissen, ich lebe seit 15 Jahren hier." „Was machst du?", frage ich. „Geschäfte", sagt er und grinst. Das kann jetzt alles von Drogen bis zu Kühlschränken sein und ich spare mir die Nachfrage. Wer einen langweiligen Job hat in Vientiane, verschweigt es lieber, wer wirklich einer interessanten Beschäftigung nachgeht, ist sowieso bekannt. Kein Wunder, bei den wenigen Ausländern, die in der laotischen Hauptstadt leben. Offizielle Zahlen gibt es nicht, es dürften nicht viel mehr als ein paar Hundert sein. Die Hälfte davon scheint heute im *Khop Chai Deu* zu sitzen.

Vientiane stand selten auf der Sonnenseite der Geschichte. Sagenumwobene historische Hauptstadt ist das gut 300 Kilometer nördlich gelegene Luang Prabang, eine natürlich gewachsene Kapitale, die Erinnerungen an die einstige Größe Laos hervorruft, damals, als Lanna Thai, das „Land der eine Million Elefanten", große Teile des heutigen Indochinas regierte. Vientiane war eine Notlösung, eine Festung gegen den expansionshungrigen Nachbarn Siam. Seit dem später 18. Jahrhundert hatte es die Stadt mit den Macht- und Zerstörungsgelüsten erst der Siamesen und dann chinesischer Banden zu tun. Ende des 19.

Jahrhunderts fand die zukünftige französische Kolonialmacht nicht viel mehr als ein Ruinenfeld vor.
Als Graham Greene die Stadt im Jahre 1954 besuchte,
beschrieb er Vientiane als Stadt „mit zwei Straßen,
einem europäischen Restaurant, einem Club und
dem üblichen schmuddeligen Markt".

„Vor fünf Jahren konnte man hier noch über die Straße gehen, ohne nach rechts und links zu schauen", re-
det sich mein britischer Gesprächspartner langsam in
Rage. „Seit sie diesen blöden Asean-Gipfel hier abgehalten haben, möchte Vientiane plötzlich einen auf
dicke Hose machen!" Zur Vorbereitung des Gipfel-
treffens der „Association of Southeast Asian Nations"
im Jahre 2004 stylte sich die laotische Hauptstadt auf
oberstes Geheiß schick und sauber, Innenstadtstra-
ßen wurden geteert und Parks angelegt.
„Seitdem haben wir zwar einen Verkehr wie Bangkok, aber nicht das Nachtleben. Traurig!", schließt der
Engländer seinen Monolog ab. Ich gebe zu bedenken,
dass Bangkok vielleicht nicht unbedingt das beste
Vorbild ist. „Ich rede ja auch nicht von Nutten, aber
ein paar gute Bars würden es ja auch tun", gibt er zurück, leert sein Bierglas und steht in Richtung Theke auf. Die Band führt derweil souverän durch ein
Potpourri der größten Hits der 70er, 80er und 90er
Jahre.

Noch drei Stunden!

„Die Eisenbahn wird nun doch gebaut", ruft mein
australischer Tischnachbar, der mir zwar explizit
vorgestellt wurde, dessen Beruf oder Namen ich
in dem Trubel aber nicht verstehen konnte. „Welche Eisenbahn?", möchte man fragen, aber jedem

Ortsansässigen ist sofort klar, worum es geht. Die Eisenbahnverbindung von Nong Khai in Thailand über die Freundschaftsbrücke nach Vientiane. „Nonsense", wirft der hagere Engländer ein, „das sagen die doch alle paar Wochen". „Stand in der Zeitung, *Bangkok Post* oder auch *Vientiane Times*." „Na wenn es da stand, wird es ja wohl stimmen", lautet das ironische Schlusswort. Die Vientiane Times ist die offizielle englischsprachige Zeitung der Hauptstadt, herausgegeben vom *Ministerium für Information und Kultur*. Also eher eine Quelle des Amüsements als der Information.

Im März 2009 wurde die Eisenbahnverbindung über die Mekongbrücke dann tatsächlich eröffnet. Wann die etwa zehn Kilometer lange Verbindung zwischen der Brücke und Vientiane gebaut wird, steht jedoch weiterhin in den Sternen.

Noch zwei Stunden!

Inthy hat sich das Mikrofon geschnappt und steht nun auf der Bühne. Die Band intoniert die ersten Töne von „Love will keep us alive" von den Eagles. Das klingt äußerst amtlich, so dass ich erst ein Playback vermute. Doch Inthy singt tatsächlich live. „Gibt es keine laotische Rockmusik?", frage ich ihn, als er unter tosendem Applaus von der Bühne kommt. „Na klar doch, ein, zwei Bands gibt es", ist die Antwort. Als er mein Erstaunen sieht, fügt er hinzu: „Na ja, es gibt schon einige mehr, aber gute und professionelle Bands existieren wirklich nur ein paar wenige." Ich frage ihn, woran das liege, kann mir die Antwort aber eigentlich schon denken. „Wir werden ja von allen Seiten mit ausländischer Kultur bombardiert. Thailändischer Pop, amerikanischer Rock, chinesische Schnulzen.

Das wird gerne gehört und ist als Raubkopie leicht erhältlich. Den wenigen Bands in Laos fehlt es an Geld, Unterstützung, Infrastruktur." „Hast du trotzdem einen guten Tipp?", frage ich ihn. „Ich habe ein paar gute CDs", mischt sich To in die Unterhaltung ein, „*Fee* ist eine gute Band." Am nächsten Morgen überreicht mir To eine CD der Gruppe. Klingt wie Marillion meets Speed Metal meets Andy Lau, den chinesischen Schnulzenkönig. „Warum spielen denn hier keine laotischen Bands?", frage ich Inthy. „Ab und zu haben wir hier auch lokale Konzerte!", erwidert er, steht auf und kommt nach ein paar Minuten mit einer CD mit der Aufschrift „HEAVY LAO – SAPPHIRE" zurück. Die CD hat Inthy gesponsert und dementsprechend auch im Khop Chai Deu präsentiert.

Noch eine Stunde!

„Und was ist mit laotischer Literatur?!", frage ich nach. Es wundert mich schon seit Jahren, dass Laos wohl das einzige Land Asiens ist, aus dem es keine in westliche Sprachen übersetzte Autoren gibt. „Mein Vater ist Schriftsteller!", erzählt Inthy, „und hat 1999 den SEAWrite Award für Laos gewonnen." Das wusste ich nicht und frage erstaunt nach, ob es von ihm auch Übersetzungen ins Englische gibt. „Leider nein", gibt sich Inthy eher kleinlaut. „Ich versuche seit Jahren, einige seiner Werke ins Englische übersetzen zu lassen. Aber es besteht kein Interesse! Laos ist einfach zu klein und unbedeutend für die Welt. Thailand sieht uns sowieso nur als Anhängsel, für den Weltmarkt sind wir unwichtig, und auch die Kulturinstitute und Stiftungen konzentrieren sich lieber auf unsere Nachbarn." Tatsächlich gibt es in Laos kein „Goethe-Institut", kein „Institut Français" und kein „British Council". Und den meisten NGOs geht es um technische Hilfe für Laos. Die Kultur bleibt da meist auf der Strecke.

„Genug gequatscht!", beschließt Inthy und fordert mich auf die Bühne. Mehr als ein Anstandssträuben bringe ich nach drei Bier nicht mehr zusammen. In Gedanken durchforste ich mein Songrepertoire und würde gerne das „Rote Tuch" singen, ein Song, der, gesungen vom Vater des Rock 'n' Roll in China, Cui Jian, zu einer Hymne der chinesischen Stundentenbewegung von 1989 geworden war. „Ein chinesischer Song und dann auch noch ein Protestsong gegen die kommunistische Partei, geht das?", frage ich Inthy. „Versteht ja sowieso keiner!", erwidert er nonchalant. „Und Chinesisch ist schon OK, ich habe auch chinesische Vorfahren." Ich hatte Ressentiments gegen den mächtigen Nachbarn befürchtet.

Eine Minute später bin ich auf der Bühne, setze mich auf einen Barhocker, eine Gitarre um den Hals gehängt. Im Halbdunkel des Restaurants sehe ich mehrere große Gruppen, die den Inhalt großer Bierhumpen im Minutentakt die Kehle hinunter stürzen. Mehrere Kellner wuseln erstaunlich sicher mit großen Tabletts durch die zugestellten Gänge. Der Großteil der Klientel gibt sich leger. Dazwischen ein paar Anzugträger, die aber zumindest ihre Krawatten gelockert oder ganz abgelegt haben. Das Durchschnittsalter wird so bei Ende 30 liegen, etwas mehr Männer als Frauen. Je ein Drittel Geschäftsleute, NGO-Mitarbeiter und Touristen würde ich schätzen. Dann lege ich los, spiele ein kurzes Intro und singe dann das Lied von der enttäuschten Liebe zur Partei.

„Geile Performance!", spricht mich danach ein Chinese an. Er arbeitet seit einem Jahr als Ingenieur in Nordlaos und hat nun ein paar Tage Urlaub. „Jetzt bin ich durch Laos unterwegs, mit dem Rucksack", erzählt er. „Durch China bin ich in den 1990ern schon gereist, mit dem Fahrrad, teils auch zu Fuß." Wir haben also einiges zu erzählen, tauschen Radrouten durch China aus und ergehen uns in Schwärmereien über die steilste Bergstrecke und die rasanteste Abfahrt. „Ich habe mich sehr über das Lied gefreut", sagt er nach einer Weile. „Cui Jian habe ich gehört, damals, auf dem Platz des Himmlischen Friedens. In den 1980ern habe ich in Peking studiert und natürlich mitdemonstriert. Das war unser Woodstock, eine Party!" Das ist fast schon eine westliche Einschätzung der Ereignisse. „Nach der Niederschlagung der Studentenbewegung am 4. Juni bin ich dann zum ersten Mal durchs Land gereist, erst mit dem Zug und dann mit dem Rad. Ich war zu Fuß in Tibet, war an der Seidenstraße. Irgendwann habe ich dann zu Ende studiert und bin Ingenieur geworden." „Ganbei!", prostet er mir zu. „Auf die Radfahrer!"

Jetzt ist es soweit!

„Khop Chai na lai, lailai lai lailai lailai, Khop Chai na lai, lailai lai lailai lailai chap chai na lai!" Die Band verabschiedet sich mit einer laotischen Version des „Boxers" von Simon und Garfunkel. *„Herzlichen Dank, dankdank dankdank dankdankdank!"* Eine Gruppe Backpacker ist aus dem Überlandbus aus Vietnam direkt in das Khop Chai Deu gefallen und verspricht sich einen heißen Abend. „Feierabend", sagt die polyglotte Bedienung auf Deutsch. Es ist 23:30 Uhr, das Restaurant hat sich bereits zur Hälfe geleert. „Wo finden wir denn nun noch eine offene Bar!", spricht der Bierdurst aus den ausgetrockneten Kehlen der Backpacker. „Über die Freundschaftsbrücke nach Thailand!", sagt Inthy trocken und weist auf die mitternächtliche Sperrstunde hin. „You're kidding me! *Du verarschst mich!*", murmelt ein amerikanischer Backpacker und sichert sich schnell ein letztes Glas Bier an der Theke.

Eine halbe Stunde später laufen nur noch einige letzte Nachtschwärmer über die spärlich beleuchteten Straßen, weichen riesigen Löchern im eher symbolischen Bürgersteig aus. Der Autoverkehr ist schon gegen 22 Uhr fast vollständig zum Erliegen gekommen. Am gegenüberliegenden Ufer des Mekongs leuchtet mit den Lichtern der thailändischen Grenzstadt Nong Khai eine andere Welt.

6. Inselhängen am Mekong

Ich habe ein Déjà-vu. Gerade hatte ich mein Fahrrad aus dem schwankenden Fährboot gewuchtet und war auf der Suche nach einem Hotel den Inselrundweg entlang gefahren, da höre ich eine altbekannte Stimme.
„May I help you?"
Mit einem Akzent, der, wie ich inzwischen weiß, definitiv nicht britisch ist. Sinlasone sitzt mit einem Glas *Whisky on the rocks* am Ufer des Mekongs und grinst mich an. „Man trifft sich immer zweimal im Leben", sagt er und lacht. Ich springe vom Rad und umarme ihn. Nicht gerade laotisch, aber der gute Mann hat ja lange genug Down under gelebt! „Du trinkst lieber Rotwein, oder?", fragt er mich, und schwenkt die nun whiskylosen Eiswürfel in seinem Glas. Unsere letzte Begegnung ist drei Jahre her, aber wie schon in Dali hängt mir anscheinend auch hier das Rotwein-Image an. „Nicht vor Sonnenuntergang!" gebe ich zurück, und wir verabreden uns für den nächsten Tag zum Abendessen. „Heute habe ich noch zu tun", erklärt Sinlasone und deutet auf eine alte Kolonialvilla mit verwildertem Vorgarten, ein wenig vom Mekong zurückversetzt, an der ein gutes Dutzend laotischer Handwerker schrauben, hämmern und sägen. Mein laotischer Architekt hat augenscheinlich wieder ein Objekt gefunden, das er nun mit Akribie restauriert. „Immer in Luang Prabang zu hocken, ist auch langweilig, da läuft alles rund. Also bin ich nach Don Khone gekommen, um meinem Bruder bei den Renovierungsarbeiten unseres nächsten Hotels zu helfen. Wenn ich zu lange an einem Platz bin, werde ich unruhig", erklärt mir Sinlasone, kurz bevor er

einen Handwerker mit einem Bündel Baumaterialien auf das Grundstück gehen sieht und ihm hinterher rennt. „Mein Rat ist gefragt, ich sehe dich morgen!", verabschiedet er sich.

Bis das Hauptgebäude fertig gestellt ist, stehen sechs am Ufer des Mekongs vertäute Hausflöße als Unterkünfte zur Verfügung. Das klingt bescheidener als es ist: Die Flöße haben eine angemessen saubere Nasszelle, sind an der Innenseite mit Rattan verkleidet und haben neben einem bequemen Kingsize-Bett auch eine kleine Terrasse, die direkt auf dem Mekong schaukelt. Einen kleinen Moment zögere ich, da ich weiß, was am Ober- und Mittellauf so alles in den Mekong geleitet wird, ziehe mir dann aber meine Badehose an und springe in den Strom.
Pupwarm! Irgendetwas verfängt sich in meinen Beinen. Die Strömung zieht mich von meinem Wohnfloß weg und ich muss alle Kraft aufwenden, nicht abzutreiben. Dennoch: Ich schwimme im Mekong, das ist es wert! Für die Laoten ist ein Bad im Mekong eine normale Angelegenheit, wer am Fluss wohnt, erledigt seine tägliche Körperwäsche im und am Mekong. Nach gut 3 000 Kilometern, die ich dem Strom gefolgt bin, ist für mich ein Bad im Mekong aber durchaus ein Bedürfnis, wenn auch eine Novität.

Don Khone, eine kleine Idylle im Mekong, eine unter den sogenannten „Viertausend Inseln", *Siphandon* auf Laotisch. Ob die Zahl Viertausend der Realität entspricht, ist schwer zu sagen. Mal verschluckt der Mekong in der Hochwasserzeit ein paar der flachen Sandbänke, dann ragen in der Trockenperiode wieder einige Dutzend neue Inseln aus dem je nach Saison grünen bis gelbschmutzigen Wasser. „Laotisches

Meer" wird die Gegend an der Grenze zu Kambodscha auch genannt, und das trifft saisonunabhängig den Nagel auf den Kopf. Näher kommt man im Binnenland Laos dem Strandgefühl nirgends. Kein Wunder also, dass einige ausgewählte Mekong-Inseln, allen voran Don Khone und die Nachbarinsel Don Det in den letzten Jahren ein fester Bestandteil des Backpacker-Circuits geworden sind. Don Det heißt daher nun die „Partyinsel" und sieht aus wie ein Ko Pha-Ngan für Thailandmüde. Don Khone ist die ruhigere Alternative und lockt vor allen Dingen mit meist noch ziemlich vergammelter Kolonialarchitektur. Viel zu tun für Sinlasone und gleichgesinnte Restaurant- und Hotelbesitzer. Es gibt erste Pläne für Resorthotels auf Don Khone, das sich gerne ein etwas schickeres Gewand geben würde. In einigen Jahren dürfte es daher mit der beschaulichen Ruhe vorbei sein. Vorausgesetzt bis dahin gibt es auf der Insel auch nach zehn Uhr abends Strom.

Verbunden werden die beiden Inseln durch eine gemauerte Brücke, die eher an die Loire als nach Laos passen würde. Nur dass der Fluss darunter kein romantisches französisches Flüsschen ist, sondern träge gelbe Wassermassen führt, die mit Hochdruck durch die Brückenbögen pressen.
Selten habe ich den Mekong so turbulent gesehen.

„Wenn die Chinesen die Dämme dicht machen, ist das weit weniger imposant!", erzählt mir Sinlasones Bruder, der sich beim Frühstück zu mir setzt. Im chinesischen Manwan steht das größte bereits fertig gebaute Wasserkraftwerk am Oberlauf des Flusses. Die chinesische Regierung treibt gegenwärtig zudem den Bau mehrerer großer Staudämme voran. Die

Länder am Mittel- und Unterlauf befürchten schwerwiegende Folgen für das gesamte Einzugsgebiet, wie das Ausbleiben der saisonalen Überschwemmungen, die dringend notwendige Nährstoffe auf die Felder am Ufer bringen, sowie eine starke Beeinträchtigung der Fischbestände und der Navigation. Die *Mekong River Commission*, eine Arbeitsgemeinschaft von Regierungsvertretern aus Kambodscha, Laos, Thailand und Vietnam wurde 1995 mit dem Ziel gegründet, die nachhaltige Entwicklung des Mekongs und seines Einzugsgebiet zu fördern. Die Volksrepublik China und Birma sind zwar assoziiert, verfolgen aber ihre eigene Agenda am Mekong. Während Chinas Augenmerk auf der Verbesserung der Navigation am Oberlauf, auf Energiegewinnung und Flutkontrolle liegt, wollen Laos, Kambodscha und Vietnam vor allem sicherstellen, dass der Wasserlevel in den Trockenmonaten im Winter hoch genug ist, um weder die Navigation noch die Fischmigration zu gefährden. Der geplante Bau von 12 Staudämmen am chinesischen Oberlauf ist so auch seit Jahren ein Zankapfel zwischen den Mekong-Anrainern.

Vor allem Laos und Kambodscha sehen ihre wirtschaftlichen Interessen am Mekong stark durch das chinesische Wassermanagement gefährdet. Mit den Staudämmen hätte die Volksrepublik China zumal die Möglichkeit, die südostasiatischen Länder mit der Drosselung des Wasserablaufes des Mekongs aus China politisch unter Druck zu setzen. Von den ökologischen Folgen einmal ganz abgesehen.

Eine gewisse Doppelmoral birgt die Kritik an China jedoch auch. Alle Anrainerstaaten treiben die Nutzung des Mekongs und seiner Nebenflüsse zur

Energiegewinnung voran. Sogar rund um Siphandon wird der Bau eines Wasserkraftwerkes diskutiert. Das wäre dann der sichere Todesstoß für die wenigen Exemplare des Irrawaddy-Delphins, die in dem Flussabschnitt zwischen Don Khone und Kratie in Kambodscha leben.

„Bei Niedrigwasser hängt dann der Schmutz und Abfall des Mekongs in den Uferbäumen!", erzählt Sinlasones Bruder und zeigt auf ein paar bunte Plastiktüten, die immer noch etwa zwei Meter oberhalb des Wasserlevels in den Ästen schaukeln. Der Mekong ist nicht nur Lebensader, sondern auch Abfalltonne Südostasiens.

Im 19. Jahrhundert sollte er zudem Verkehrsader werden. Die französische Kolonialmacht suchte den Wasserweg nach China und sandte zwischen 1866 und 1873 gleich mehrere Expeditionen unter Ernest Doudart de Lagrée und Francis Garnier den Mekong flussaufwärts, offiziell auf der Suche nach der Quelle, offensichtlich aber vor allem, um einen Zugang zum chinesischen Markt zu finden. Die großen Wasserfälle bei Siphandon machten diese Hoffnung schon bald zunichte, de Lagrée starb 1868 während der Expedition in Yunnan, Garnier einige Jahre später bei Kämpfen mit chinesischen Truppen bei Hanoi. Krankheiten, feindliches Terrain und das subtropische Klima machten die Expedition von Beginn an zu einem Höllentrip.

Doch so schnell wollten die Franzosen nicht aufgeben. Zur Überbrückung der Wasserfälle bauten sie ab 1893 eine sieben Kilometer lange Eisenbahnstrecke von der Südspitze Don Khones zur Nordspitze Don Dets. An diesen schon recht verzweifelten und ökonomisch eher absurden Versuch erinnert heute noch die Brücke zwischen Don Khone und Don Det und die Reste der alten Eisenbahnverbindung.

Immerhin, heute kann man entlang der Eisenbahntrasse eine Radtour über die Inseln machen. Von der Uferpromenade folge ich einem kleinen Feldweg, vorbei an einer verrosteten Schmalspurlokomotive, die von ihrem Zustand her zu schließen schon einige Jahrzehnte dort steht, und erreiche schließlich die alte Eisenbahntrasse. Die Schienen sind lange abgebaut, wohl anderweitig verwendet, nur der Schotter liegt noch hier und macht das Radeln zu einer holprigen Angelegenheit. Zu beiden Seiten des Weges breiten sich Reisfelder aus, ab und zu steht eine kleine Holzhütte auf Stelzen in den Feldern. Dann führt der Weg durch einen Wald und endet schließlich am Mekong.

Hier steht es, ein gefallenes Monstrum aus Stahl und Beton, die alte Verladestation. Ein vergammelnder Kran ohne Haken, genug Beton für einen Normandiebunker, Verfall wohin man schaut. Zwischen der Verladestelle und dem Mekong sind es etwa zehn betonierte Meter, senkrecht die Böschung hinab. Die lokale Dorfjugend hängt mit den Bootsleuten und einer Flasche Lao Lao am Ufer herum, in Erwartung zahlender Kunden, die für eine Stunde Delphinbeschau 5 US-Dollar locker haben. Sicherlich ein gutes Geschäft und auch ein lohnenswerter Ausflug.

Mir hat es aber die Industrieruine angetan und so setze ich mich auf den Betonsockel der Verladestation und lasse meine Beine zehn Meter über dem Mekong baumeln. Ein alter Laote zupft mich nach einer Weile am Ärmel und versucht mir etwas zu erzählen. Es dauert eine Weile, bis ich merke, dass er Französisch spricht. Ungefähr auf meinem Niveau, also äußerst rudimentär. Doch aus dem Wenigen, was ich verstehe und seinen Gesten, die weitläufig in Richtung Verladestation weisen, wird klar, dass er wohl in jungen Jahren hier gearbeitet haben muss. Er stellt das Tragen von schweren Lasten dar. Schüttelt den Kopf. Wie alt wird er damals gewesen sein? Die Verladestation war bis Mitte des Zweiten Weltkrieges in Betrieb, als die Japaner sie bombardierten und unbrauchbar machten. Also ist er mindestens achtzig Jahre alt, eher älter! Mein Gesprächspartner zählt etwas an seinen Fingern ab, ich verstehe „jour", glaube es zumindest, und schließe daraus, dass er mir seinen damaligen Tagesverdienst darlegt. Drei Finger sind in der Höhe, aber in Ermanglung der Währungseinheit kann ich es nicht einordnen. Immerhin, acht Jahre hat er hier für die Franzosen gearbeitet, soviel verstehe ich und nehme mir vor, endlich Laotisch zu lernen. Nach einer Weile kommt eine junge Frau aus einer der nahe gelegenen Hütten und holt meinen Gesprächspartner ab. „Au revoir!" sagt er zum Abschied.

„Au revoir!", erwidere ich.

Noch ein paar Minuten blicke ich über den Mekong. Das flache Ufer auf der anderen, bereits kambodschanischen Seite verschwimmt über den Wassermassen. Das Skelett der Verladestation rostet still vor sich hin. Ein entferntes Brummen eines Außenborders. Mehr als ein Jahrhundert nach der französischen Mekongexpedition gibt es heute wieder Pläne, die Stromschnellen und Wasserfälle bei Don Khone durch ein Schleusensystem zu überbrücken und den alten Kolonialtraum wahr zu machen: den Wasserweg nach China zu erschließen. Bis dahin fließt hoffentlich noch viel Wasser den Mekong hinunter.

„Sukiyaki!", begrüßt mich Sinlasone, kaum dass ich mein Rad am Restaurant abgestellt habe. Schade, ich hatte mich auf gutes laotisches Essen gefreut. Obwohl, japanisch ist an dem in Laos sehr beliebten Fondue

eigentlich nur der Name. Es besteht aus einem me-
tallenen Fonduetopf, der mit Gas oder Kohle befeuert wird, eine Grillfläche und einen Suppenteil hat,
so dass die Zutaten wahlweise gekocht oder gegrillt
werden können. Der Fonduetopf dampft schon auf
dem Tisch, neben übervollen Tellern mit Wasserspinat, Mangold, Glasnudeln und Eiern, dazu allerlei
Kräuter: Minze, Basilikum und einige mehr, die ich
weder vom Aussehen noch geschmacklich einordnen kann. Nach ein paar Minuten gesellt sich Sinlasones Bruder zu uns und bringt große Teller mit
Rind-, Schweine- und Hühnerfleisch mit, dazu einen
Teller mit großen, steakartig aussehenden Fischstü-
cken, allerdings hauchdünn geschnitten. „Mekong-
Wels", strahlt er über das ganze Gesicht, „schwer zu
bekommen und sündhaft teuer!" Tatsächlich ist der
Wildfang des Riesenwels, der bis zu 300 Kilo schwer
werden kann, aus Konservationsgründen nicht mehr
erlaubt und die Zucht recht aufwendig. Das wirkt
sich auch auf den Preis aus, der bis zu 15 US-Dollar
pro Kilo betragen kann. „Der ist so frisch, den kannst
du sogar roh essen", stellt Sinlasone fest, nimmt ein
großes Stück zwischen die Stäbchen, tunkt es in eine
Mischung aus Chili und Fischsoße und genießt ihn
sichtlich. Obwohl ich versucht bin, überwiegt dann
doch die Angst vor Würmern und ich brate mir ein
Stück auf der heißen Platte. „Vorzüglich!", bestätige
ich Sinlasone. Ich beschließe, ihn gut genug zu kennen, um ihn mit der Frage nicht als Gastgeber zu be-
leidigen, und spreche ihn auf den Artenschutz an.
„Das ist schwierig zu entscheiden", sagt Sinlasone in
der ihm eigenen abwägenden Art. „Natürlich müssen wir unsere Umwelt, Flora und Fauna schützen.
Das ist unser Kapital, viel mehr haben wir in Laos
nicht!" Er tunkt ein weiteres Stück Wels in die Soße.

„Es ist aber wirklich schwierig für einen Außenseiter, die Situation richtig einzuschätzen. Der Riesenwels wird in Laos schon seit Jahrhunderten gefangen und gegessen. Das ist Tradition und für ein Dorf ein großes Fest, einen dieser Fische gefangen zu haben. Solange wir auf traditionell laotischen Weise Fische gefangen haben, bestand keine Gefahr der Überfischung."

Er tunkt ein weiteres Stück in die Soße und legt es einladend auf meinen Teller.

„Dann kam der Westen, legte uns nahe, uns zu entwickeln und zu industrialisieren und plötzlich wird dann überfischt." Er bedeutet mir, den Fisch zu probieren. „Später!", sage ich.

„Das ist jetzt natürlich sehr vereinfacht ausgedrückt. Aber im Kern trifft es das Problem. Wir sollen uns entwickeln, brauchen dazu Geld und Maschinerie. Also holzen wir unsere Wälder ab, generieren Strom durch Wasserkraft. Thailand, Vietnam und China nehmen uns die Hölzer und die Energie ab und treiben dafür dann zuhause weniger Raubbau an der Umwelt. Das ist natürlich praktisch für unsere Nachbarn."

Er nimmt sich noch ein Stück Wels, schaut mich dann lange an, bis ich auch mein Stück roh verspeise. Tatsächlich, ein Genuss!

„Das Problem in Laos ist, dass die Ressourcen ungleich verteilt sind! Das Militär spielt auch in der Wirtschaft eine große Rolle, der für den Tourismus zuständige General hat auch die größte Holzfirma unter sich! Aber 90 Prozent der Holzbetriebe sind kleine Firmen, teilweise in Familienbesitz. Und es gibt auch Nachhaltigkeitsansätze. Das darf man nicht vergessen."

Jetzt schüttet er den Restfisch in die brodelnde Brühe. Wir stoßen mit Beer Lao an.

„Wir haben zwei durchaus auf dem Weltmarkt konkurrenzfähige Produkte: Beer Lao und der Kaffee vom Bolaven Plateau!", sagt Sinlasone. „Der Tourismus boomt, wir haben in den letzten Jahren jeweils ein zweistelliges Wirtschaftswachstum. In Laos passiert im Moment eine ganze Menge, und vieles davon ist viel versprechend. Nur muss man die Laoten verstehen, ihnen klar machen, warum gewisse Sachen gut und andere schlecht sind. Das ist vielen Ausländern, die nach Laos kommen, nicht so klar."
Dann erzählt er von den Anfängen seiner Hotelkette, den Problemen, die er gehabt hat, seine Entfremdung dem Heimatland gegenüber. „Natürlich verstehe ich einiges im heutigen Laos auch nicht mehr. Mehr als die Hälfte meines Lebens habe ich im Ausland verbracht!"

Ich frage ihn nach der laotischen Abhängigkeit von Importgütern.
„Das kannst du Abhängigkeit nennen. Ich nenne es schlau! In Laos gibt es so gut wie keine Industrie. Anstatt um jeden Preis eine eigene Industrie aufzubauen, kaufen wir, was wir brauchen im Ausland, schonen so unsere Umwelt. Das ist dann wieder ein Vorteil für unsere Tourismusindustrie." Ich erzähle ihm, dass ich gelesen habe, dass zwanzig Prozent des laotischen Staatshaushaltes durch Transferzahlungen aus dem Ausland, vor allem der Uno und diverser NGOs gestützt wird. „Na ja, wenn uns das Ausland alimentieren will, gerne!" Jetzt grinst er über das ganze Gesicht, und sein Bruder, der bis jetzt so gut wie gar nicht zu Wort kam, hebt sein Glas. „*Sok Dii*, auf Laos!"
Um 22 Uhr schaltet der Generator ab, wir sitzen noch eine Weile bei Kerzenlicht, fischen Reste aus der

Fonduebrühe. Schlürfen diese dann mit Eistich. Von Don Det dröhnt Technomusik herüber. „Don Det hat noch Strom!" zuckt Sinlasone mit den Schultern. Zwischen den Musikstücken hören wir den Mekong rauschen.

„Der Fortschritt ist nicht aufzuhalten, auch hier nicht", sagt er. „Aber gestalten können wir ihn!"

3. Teil:

Kambodscha

Wie bereist man ein Land, das Schauplatz einer der größten Tragödien der Menschheitsgeschichte war? Das immer noch einige sichtbare und unzählige unsichtbare Wunden hat? Sich gleichzeitig aber nichts sehnlicher wünscht, als endlich die Vergangenheit ruhen zu lassen?

Kambodscha war in den letzten hundert Jahren nicht viel mehr als Spielball ausländischer Mächte. Frankreich, Vietnam, Thailand, China und die USA trugen ihre Interessenkonflikte auf dem Rücken und Territorium der Kambodschaner aus. Die Khmer Rouge vertrieb erst die Ausländer und wurde dann selbst von vietnamesischen Truppen entmachtet. Im Hintergrund zieht sie zuweilen immer noch die Fäden.

Oft wirken die Kambodschaner daher bis heute fremd im eigenen Land, die alten Machtstrukturen im Nacken und die Ausländer vor der Nase, die, neben der omnipräsenten Elite um den Ministerpräsidenten Hun Sen, die Geschicke des Landes in der Hand haben und an den Futtertrögen sitzen. Für das Volk bleibt da wenig, weder Mitspracherecht noch Partizipation am gar nicht so unerheblichen Wirtschaftswachstum. Wo in China und Laos Aufbruch spürbar ist, herrscht in Kambodscha oft Resignation.

Trotz weit verbreiteter Englisch- und Französischkenntnisse vieler Kambodschaner ist es daher schwierig, als Besucher mehr als an der Oberfläche des Landes zu kratzen. Das spiegelt sich auch in dem letzten Teil meines Reiseberichtes wider, der von Strung Treng im Nordosten des Landes bis nach Kep an der Südspitze des Landes führt. Kambodscha ist nicht unbedingt ein Land, das froh macht, trotz einer Bevölkerung, die ungeachtet der traumatischen Vergangenheit jedem Besucher mit großer Freundlichkeit gegenübertritt. Aber eben auch mit einer gewissen Vorsicht.

Am südchinesischen Meer, in Kep, endet nach über 3 000 Kilometern und insgesamt drei Monaten meine Fahrt entlang des Mekongs. Was bleibt ist Vietnam, das Mekongdelta. Aber das ist eine andere Reise.

1. Bambusvorhang ohne Bäume

Sinlasone hat ein Boot bestellt, das mich wieder ans Festland bringt. Nach einer kurzen Fahrt über den Mekong, der hier einige Kilometer breit ist, und dessen Oberfläche immer wieder von kleinen Inseln und Sandbänken durchbrochen wird, habe ich die letzten 20 Kilometer Laos unter den Reifen. Erst holpere ich über eine sandige Stichstraße, dann führt die Staatsstraße 13 auf ihren letzten Kilometern abwechselnd durch Reisfelder, kleine Dörfer und Waldstücke in Richtung Kambodscha.

Nach einer Stunde erreiche ich eine große Kreuzung. Rechts geht die Straße laut Wegweiser nach Veungkham. Das Asphaltband, das geradeaus augenscheinlich nach Kambodscha führt, sieht aus, als gehöre es nicht hierher. Wie vom Himmel gefallen, von Außerirdischen gebaut. Oder von der EU, was wahrscheinlicher ist. Der Ausbau der Infrastruktur mit europäischer, australischer oder japanischer Hilfe hat in Laos und Kambodscha Tradition. Ein entsprechendes Schild, das auf ausländische Hilfe hinweist, suche ich allerdings vergeblich. An aufgerauten Asphalt, Leitplanken und reflektierende Straßenmarkierung muss ich mich nach einigen Wochen in Laos aber erst einmal wieder gewöhnen.

Nach ein paar Kilometern kommen mir Zweifel, ob ich mich denn tatsächlich auf der richtigen Straße befinde. Kein anderes Fahrzeug ist in Sicht, kein Kilometerstein, kein Hinweisschild. Dann überholt mich ein Motorrad mit Münchener Kennzeichen und meine Zweifel sind zerstreut. Selbst wenn die Straße die falsche sein sollte, wäre ich in dem Irrtum wenigstens nicht allein. Ich bin also beruhigt, jedenfalls bis mir der Münchener Biker nach einigen Minuten wieder entgegenkommt. „Scheiße!" lese ich von seinen Lippen. Überlege einen Moment, ob ich umkehren soll, sehe dann aber etwas am Ende der langen Geraden, das wie eine Grenzstation aussieht. Zumindest wie eine südostasiatische Grenzstation: Eine wacklige Holzschranke, die im Wind wiegt und ein dazu passendes Holzhäuschen mit Servicecounter. „Wochenend- und Feiertagsaufschlag 1 US $" steht da auf einem handgemalten Schild. Heute ist Samstag, da freut sich der Grenzer! Immerhin, er tut was für sein Geld und zementiert mit großem Getöse gleich vier Stempel in Pass, Visum und Ausreiseformular. Dann reicht er mir mit breitem Grinsen meinen Pass zurück. „Macht zwei US-Dollar!", sagt er. Auf meine Frage, warum die Ausreise denn nun zwei Dollar koste, antwortet er: „Heute ist Samstag, und Feiertag." „Welcher Feiertag?" „Ein lokales Fest!" Nun gut, wenigstens er wird heute abend Grund zum Feiern haben, denn kurz hinter mir kommt ein Bus mit etwa zwanzig Backpackern. Das wird viel Diskussionen und vor allem eine gute Ausbeute geben!

Jetzt wird mir die Holzschranke geöffnet, und nach insgesamt gut 1 000 Kilometern Fahrt habe ich Laos verlassen. Nach 500 Metern erwartet mich die kambodschanische Grenzstation, ein ungleich schickeres, aber immer noch eher rudimentäres Gebäude. Während mich gerade einmal ein einsamer Grenzer aus Laos verabschiedet hat, empfangen mich und die zwanzig Businsassen, die kurz hinter mir ankommen, insgesamt acht Beamte, auf drei Schalter verteilt. Während ich auf die Grenzabfertigung warte, ertönt neben mir der „Triumphmarsch aus Aida". Einer der Zöllner nimmt sein polyphones Mobiltelefon der jüngsten Generation aus seiner Tasche. Es macht sich eben bemerkbar, dass seit den von der Uno überwachten Wahlen von 1993 Milliarden von Dollars an ausländischer Hilfe ins Land geschwemmt worden sind. Genutzt wurde das Geld jedoch weniger für den tatsächlichen Aufbau des Landes, sondern erst einmal, um Armee und Polizei zu alimentieren. Es ging der Uno ja vor allem darum, eine stabile Staatsmacht zu etablieren und dieser durch Wahlen einen demokratischen Rückhalt zu geben. Um nicht zu sagen: Anstrich. Darauf sollte dann auch wirtschaftlicher Aufschwung folgen. So zumindest die Theorie. Die Praxis sind polyphone Klingeltöne, modernes Polizei-Equipment und wohlgenährte Politikerfamilien. Hun Sen, ehemaliger Khmer Rouge und augenblicklicher Ministerpräsident, ist einer der reichsten Männer der Welt. Kambodscha gleichzeitig eines der ärmsten Länder Asiens. Zwei Milliarden US-Dollar hat allein die Uno für die Wahlen im Jahre 1993 zur Verfügung gestellt. An der Macht sind immer noch die gleichen Leute wie vor der Wahl und mit dem Geld hätte man sehr gut die in Trümmern liegende Infrastruktur des Landes wieder aufbauen können. Von direkter Hilfe für die darbende Bevölkerung einmal ganz abgesehen.

Die ersten Kilometer in Kambodscha. Eine langgezogene Gerade, eine scharfe Kehre – und dann sind auf einmal die Bäume weg. Nicht wirklich ganz verschwunden, aber der Unterschied springt ins Auge. Am Horizont stehen ein paar angekokelte Baumruinen, irgendwo dahinter müsste der Mekong sein. Im Vergleich zu dieser Mondlandschaft sah das

Hmong-Land in Nordlaos wie das Paradies aus. Die Ursache für die Verwüstung ist allerdings die gleiche: *Slash and Burn*. Im Frühjahr, kurz vor Beginn der Regenzeit, wird hier die Vegetation abgebrannt, um Platz für ein saisonales Feld zu schaffen. Auf Restgrasflächen weiden ein paar magerer Kühe. Dem offensichtlichen Ernährungsstand der Wiederkäuer nach zu schließen, bleibt durch die Brandrodung nicht viel für sie übrig.

In meinen Ohren dröhnt ein lautes Hupen. Der Münchner Biker hat es doch noch über die Grenze geschafft und hält nun neben mir an. Stellt sich als Sepp vor, was seltsamerweise nicht für Josef, sondern für Sebastian steht. Er ist den ganzen Weg von München nach Laos gefahren, auf seiner BMW, in einem von den Münchnern gesponserten Versuch, Motorradfahren wieder hip zu machen. Anscheinend leidet die Zweiradbranche unter Nachwuchsproblemen. „220 Euro haben die mir an der Grenze abgeknöpft!", schimpft Sebastian. „Zollgebühr?", frage ich. „Nenn' es wie du willst!", antwortet er, „in Pakistan habe ich auch ständig Gebühren gezahlt, ohne dass da was dahinter steckte!" „Ist Kambodscha gefährlich?", fragt er. „Na wohl nicht gefährlicher als Pakistan!", antworte ich. Er will heute noch nach Kampong Cham, 400 Kilometer entfernt, ich bin da ob der zu erwartenden Straßenverhältnisse skeptisch. In zwei Wochen plant Sebastian, zurück in Bangkok zu sein.

Dann braust er los und auch ich radle weiter durch gerodete Wälder. Nach 40 Kilometern kaum veränderter Mondlandschaft erhebt sich plötzlich ein riesiger Betonturm am Horizont. Beim Näherkommen sehe ich, dass es sich hierbei um eine Brücke handelt.

Die führt gut dreißig Meter in die Höhe und lässt genug Platz über der Wasserfläche, dass ein groß-er Frachter darunter hindurch fahren könnte. Doch wozu? Das ist noch nicht einmal der Mekong, son-dern der, zugegeben ähnlich imposante Tongle San, ein Nebenfluss des Mekongs, von dem ich noch nie etwas gehört habe. Auf der Brückenhöhe steht eine Tafel, die bezeugt, dass die Brücke ein Geschenk der chinesischen Regierung ist. Da Entwicklungshilfe auch im Reich der Mitte selten altruistisch ist, frage ich mich, was wohl stromaufwärts so wertvoll und wichtig für China ist, dass es einen derart teuren Brückenbau rechtfertigt.

Edelsteine oder Tropenhölzer, vermute ich, finde aber auch nach meiner Ankunft in Stung Treng bei dem Besitzer des einzigen Restaurants in Mekon-gnähe, dem *Riverside*, keine Antwort. Der spricht recht gut Englisch und hat ein Quasi-Monopol gleich in zweifacher Hinsicht. Es ist das einzige Restaurant, das eine englische Speisekarte hat. Und es ist auch so ziemlich das einzige Restaurant in ganz Stung Trengs Innenstadt, von einem schmuddeligen Markt mit gar nicht so vertrauenserweckenden Essenstän-den einmal abgesehen. Der Stadt merkt man an, dass sich in den letzten dreißig Jahren kaum jemand für sie interessiert hat. Kaum ein Haus, das keine groß-en schwarzen Schimmelflecken an den Außenmau-ern hat. Und selten ein Hauch frischer Farbe, schon gar nicht großflächig. Jetzt fängt es auch noch in Strö-men zu regnen an, das verstärkt die Endzeitstim-mung. Es würde mich nicht wundern, wenn es im lo-kalen Dialekt fünfzehn sprachliche Nuancen für die Farbe Grau gäbe.
Mit der Hilfe des Restaurantbesitzers versuche ich nun, während mir dicke Regentropfen durch eine

undichte Stelle im Dach in den Nacken tropfen, meine Route für den Folgetag zu plotten. Die Hauptstraße geht fern vom Mekong durch das Hinterland. Auf der Karte zieht sich aber auch ein dünner Strich am Ufer des Mekongs entlang. Eine Alternative, die mich reizt. „Wie weit kann man dem Mekong folgen?" frage ich und bekomme ein „ungefähr 40 Kilometer" zurück. „Asphaltiert?" „Piste!" „Komm ich da mit dem Fahrrad durch?", frage ich. „Da kommst du nur mit dem Fahrrad durch, oder zu Fuß!", ist die lakonische Antwort. Um 21 Uhr ist der Ort wie ausgestorben und auch das Restaurant ist fast leer. Die wenigen Reisenden bereiten sich wohl seelisch und körperlich auf den Folgetag vor: Abfahrt in Richtung Kratie und Laos ist jeweils um 5:30 Uhr. Und das ist die einzige Verbindung des Tages.

Am nächsten Morgen habe ich dann gegen 8 Uhr auch das Restaurant für mich alleine. Auf dem Weg nach Kratie fahre ich noch an einer Bank vorbei, schließlich möchte ich nicht ständig, wie am Vortag, in US-Dollar bezahlen. „In welche Währung möchten Sie wechseln?", fragt mich der Bankangestellte. „Riel", sage ich und ernte, nachdem ich insistiere, eine Mischung aus Unverständnis und Resignation. Noch gehe ich davon aus, dass man mit der Landeswährung etwas in Kambodscha kaufen kann. Das ist auf den nächsten paar Kilometern durchaus der Fall. Spätestens in Kratie ist aber der Dollar die allseitig akzeptierte Landeswährung. Und ich habe gerade 100 Dollar in Riel getauscht.

Am Anfang der Reise hatte ich es mir immer als besonderes Erlebnis vorgestellt, am Ufer des Mekongs entlang zu fahren. Das ist es auch, aber anders, als ich es erwartet hatte. Der Blick auf einen breiten, trägen, braun-gelben Fluss verliert jedenfalls nach spätestens zwanzig Kilometern seine Faszination. Kein Vergleich zu den knapp 100 Kilometern am Oberlauf, die, umgeben von schneebedeckten Bergen, eines der Highlights meiner Reise waren. Hier bleibt nun nur die Meditation, der kontemplative Blick auf einen Strom, der lieber in die Breite geht als sich mit Nachdruck fortzubewegen. Doch die Meditation hält sich auch in Grenzen, wenn man Kilometer für Kilometer von Schlagloch zu Sandkasten springt, das Gepäck mehrmals vom Gepäckträger fällt und die Straßenbeschaffenheit von rohem Asphalt über eine Sandpiste zu schmalen Pfaden degeneriert, die zudem des Öfteren von grasenden Kühen blockiert werden. Diese kennen keine Fahrzeuge und geben sich dementsprechend keine Mühe, denselbigen auszuweichen. Zuweilen passiere ich einige Fischerdörfer mit Bewohnern, die wohl Besseres zu tun haben, als einem Ausländer beim Radfahren zuzuschauen und dementsprechend indifferent auf mich reagieren.

Schließlich ist am Mekong kein Fortkommen mehr und ich folge einem Feldweg in Richtung Hauptstraße. Als wandelnde Sanddüne erreiche ich die Nationalstraße 4 und entdecke zu meiner Freude gleich eine kleine Garküche, die allerdings nur aus einem Holzverschlag und zwei Tischen, diese aber immerhin mit Tischdecke, besteht. Müde strecke ich meine Beine unter den Tisch, fühle erst etwas Weiches und höre dann ein wütendes Grunzen. Da habe ich wohl die Sau des Hauses beim Mittagsschlaf gestört, die nun mit schwenkenden Eutern vergrätzt in Richtung Küche trottet.

Das einzige Gericht des Hauses sind Instantnudeln mit Hühnerfleisch, die ich mangels Alternative bestelle und mich dann mit Hilfe eines Plastikeimers und einer Suppenkelle notdürftig säubere. Dann hält ein Pickup vor der Garküche und drei Männer und zwei Frauen steigen aus Führerhaus und von der Ladefläche. Ein kambodschanischer Mann Mitte 50 setzt sich zu mir an den Tisch, nimmt meine Radfahrer-Sonnenbrille und setzt sie auf. Stolz blickt er um sich und erwartet wohl so etwas wie Anerkennung. Seine kambodschanischen Mitreisenden ignorieren ihn. Ich bedeute ihm, dass ihm das Accessoire recht gut stehe. Er ist skeptisch, schaut noch einmal durch die Brille, spuckt auf die Gläser und wischt sie dann mit seinem Hemd von einer einige Millimeter dicken Staubschicht frei.

Nach dem Mittagessen sehe ich die kambodschanische Landschaft erstaunlich klar. Nicht, dass dies viel Unterschied machen würde. Mit oder ohne Dreck auf der Brille, die Landschaft ist schlichtweg öde. Da sind sogar Tankstellen eine willkommene Abwechslung. Diese bestehen zumeist nur aus zwei Stahlfässern, eines für Normal- und eines für Superbenzin, mit aufgesetzter Pumpe. Daneben stehen auf einem kleinen Regal aufgereiht verschiedene Ölsorten: Motoröl, Getriebeöl, Schmieröl, in alten Fanta- oder Colaflaschen. Einmal sehe ich eine mit Öl gefüllte Jim-Beam-Flasche. Zumindest in der Farbe besteht kein Unterschied.

An einer der Tankstellen bietet mir der Fahrer eines Pickups an, mich bis nach Kratie mitzunehmen. Das spart mir 60 öde Kilometer und eine Menge Langeweile, da der Fahrer mit durchschnittlich 130 Stundenkilometern über die Bodenwellen saust. Nur einmal tritt er voll in die Eisen. Ein Überlandbus liegt im Graben. Mein Fahrer steigt kurz aus und kommt nach einer Minute wieder zurück. „Ein paar Verletzte, ein Toter, aber Niemand, den ich kennen würde!", meldet er. „Dangerous Road!", sagt er und drückt das Gaspedal durch.

Kratie, sprich Krra-tschää, kündigt sich mit zwei großen Freiluftrestaurants am Stadtrand an. Eine mit Schlaglöchern übersäte Straße mündet schließlich in den zentralen Markt. Dort verabschiede ich mich von meinem kambodschanischen Rennfahrer und radle zum Mekong. Auf dem Weg dorthin kommt mir ein schäbig gekleideter Mann Mitte Fünfzig entgegen. An einem Strick zieht er einen staubigen Hirsch mit gebeugtem Kopf und einem abgeschabten Geweih hinter sich her. Für einen Augenblick scheint es so, als würde der Hirsch den Mann ziehen, dann nimmt dieser einen Stock aus seinem Rucksack und drischt auf den Hirsch ein. Der verfällt daraufhin in leichten Trab und zwingt den humpelnden Mann zum Laufschritt, was aufgrund seiner Behinderung nicht die einfachste Übung ist. Die beiden verschwinden, nun hat der Mann die Situation wieder unter Kontrolle, hinter einer Zeile mit halb verfallenen Kolonialbauten.

In der Parallelstraße hat man sich dem Kolonialerbe allerdings schon angenommen. An einer Fassade lehnt noch eine große Holzleiter, die meisten der Häuser sind bereits restauriert und angepinselt. Kratie soll anscheinend für den zu erwartenden Tourismusboom herausgeputzt werden. Jedenfalls ist man in der Stadt bereits auf ausländische Besucher eingestellt. Vor allem das U-Hong-2-Guesthouse hat sich wohl zu so etwas wie einem Treffpunkt al-

ler ausländischen Touristen entwickelt. Gedämpfte
Farben, Deckenventilator und Rattanmöbel erzeugen
ein gewisses Kolonialambiente.

Die Bedienung des Restaurants sieht mich auf dem
Computer schreiben. „Very busy!", sagt sie mit einem
Fingerzeig auf mein Notebook. Ich erzähle ihr, dass
ich an einem Reisebericht schreibe. „Schreiben, würde ich auch gern!", sagt sie. „Früher habe ich in Phnom
Penh Englisch studiert", erzählt sie. „Dann ist meine
Mutter gestorben und ich habe mich um meine Ge-
schwister kümmern müssen. Ein Lehrer bekommt
43 US-Dollar im Monat, nicht viele Studenten finden
das attraktiv. Davon kann man nicht gut leben, geschweige denn eine Familie unterstützen!", fährt sie
fort. Deshalb würde sie nun lieber im Restaurant als
Kellnerin arbeiten. „Hier verdiene ich gut und kann
täglich Englisch sprechen, ich lerne viel!!" Im Restaurant verdient sie 80 Dollar im Monat plus Trinkgeld
und unterstützt ihre Familie davon. Wenn ich be-
denke, dass das Preisniveau im U-Tong, vor allem bei
den Getränken, schon nahe am westlichen Durch-
schnitt ist, erscheinen mir 80 Dollar immer noch wie
ein Hungerlohn.

Gegen Abend füllt sich das Lokal, schon gegen 20
Uhr sind kaum noch Plätze frei. Eine deutsche Reisegruppe beschwert sich über den langsamen Ser-
vice, das holländische Pendant über die hohen Preise. Einigen australischen Backpackern ist das Bier
zu warm. Seit dem späten Nachmittag habe ich die
halbe Speisekarte durchprobiert und nutze nun den
W-Lan-Zugang des Restaurants, um liegengebliebene
E-Mails zu beantworten. Seit Vientiane war das kaum
möglich. „Isst du noch was?" werde ich etwas später von

einem der Kellner gefragt. „Nein, aber ein Bier hätte ich gerne noch!", gebe ich zurück. „Entweder du isst noch was, oder du musst aufstehen!", bekomme ich als Antwort. Erst denke ich, ich hätte mich verhört. Als ich dann aber von der Toilette zurückkomme, liegt mein Notebook bereits auf dem Tresen, und an meinem Tisch sitzen die nächsten Gäste. Die Bedienung vom Nachmittag wirft mir einen entschuldigenden Blick zu. Dann stehe ich auf der Straße, mit mehr Bierdurst als Müdigkeit. Es ist gerade einmal 21 Uhr. Alle anderen Bars scheinen aber schon geschlossen zu haben, ebenso die wenigen einheimischen Garküchen.

Schließlich stehe ich vor einem mit Neonlichtern grell erleuchteten Eingang, der wohl zu einem Restaurant gehört. Die weißen Kacheln an der Wand verstärken die Wirkung des Neonlichtes, so dass es mich in der ansonsten dunklen Gasse fast blendet. Am Eingang hängen zwei rote Schriftzeichen, die ich kenne: *Doppelglück*, das auch in Südostasien weit verbreitete chinesische Symbol für Hochzeiten. Da möchte ich nicht stören, werde aber, sobald sie mich bemerkt haben, von drei Jugendlichen in das Restaurant gezogen und zum Sitzen genötigt. Das Restaurant ist ein langer Schlauch, im hinteren Bereich spielt tatsächlich eine Band, das heißt, ein Mann lässt seine Finger flink über einen Synthesizer klimpern und eine Frau versucht, mit ihrer mit viel Hall unterlegten Singstimme, den elektronischen Lärm zu übertönen. Das Restaurant ist mit etwa 50 Gästen restlos überfüllt, auf den Tischen liegen die Reste eines Hochzeitsbüffets: Allerlei Gegrilltes, bunte Kuchenstücke und Bonbons, quer über die Tische verteilt. Über alldem liegt ein Geruch nach hochprozentigem Schnaps. Auf den wenigen freien Metern vor der Band tanzen einige Gäste. Für ein Lied werde ich auf die Tanzfläche gebeten, stoße mit dem Brautpaar auf eine glückliche Zukunft an, bekomme dann eine Handvoll Bonbons, ein Stück Kuchen und das Spendenkörbchen in die Hand gedrückt. Keiner spricht eine mir verständliche Sprache und umgekehrt, wir lachen aber viel, ich komme aus dem Zuprosten gar nicht mehr heraus und gebe natürlich auch gerne den üblichen Obolus für das Brautpaar. Da liegen ganz schöne Summen im Spendenkörbchen und ich hoffe, dass meine umgerechnet fünf Dollar nicht als schäbig angesehen werden.

Aus der Tiefe des Restaurants klingen immer noch laute Gesänge, als ich mich nach einer guten Stunde in Richtung Hotel verabschiede. Ich weiß nicht, ob es am Vollmond liegt, oder an dem Hirsch vom Nachmittag, der nun direkt am Mekong auf einer schäbigen Grasfläche an einem Pflock angebunden ist und trockenes Grünzeug vespert: Die Szenerie hat etwas von einem David-Lynch-Film. Aus einem geschlossenen Laden dringt traditionelle kambodschanische Radiomusik. Fahles Mondlicht beleuchtet das Skelett eines Tempelneubaus. In der offenen Luke eines Überlandbusses schläft der Busfahrer. Ein weißes Pferd schreitet gemächlich im Mondschein die Straße entlang.

Warum irgendwer in diesem Land Drogen braucht, um eine sonderbare Wahrnehmung zu haben, ist mir schleierhaft.

2. In der Diaspora

In der Nacht hat es wie aus Kübeln gegossen und am Morgen liegt zum ersten Mal seit Tagen kein Staub in der Luft. Ideale Bedingungen, um ein weiteres Stück kambodschanische Mekong-Uferstraße in Angriff zu nehmen! Diesmal ein etwas breiterer Strich auf der Landkarte und sogar mit einer Ordnungszahl versehen: Nationalstraße 308. Dreistellig, aber immerhin benannt!

Die Uferpromenade von Kratie mündet direkt auf die nach Süden führende 308, die sich im Abstand von zwei Häuserzeilen am Mekong orientiert. Machten die Außenbezirke von Stung Treng noch den Eindruck, als wären sie nur auf der Durchreise, sind die südlichen Vororte von Kratie wohl die Sahneseite des Ortes. Neu gebaute, zuweilen fast villenartige Holzhäuser. Vorgärten, in denen mehr Blumen ihre duftenden Blüten emporrecken als ich zuordnen kann. Entlang der Straße reihen sich Restaurants, kleine Läden, ein paar Werkstätten. Es wird gehämmert, gekocht und geschweißt: Handgemalte Plakate künden jeweils vom Gewerbe, das dahinter seine Dienste anbietet. Naiv gemalte Baumaschinen: Ein kambodschanischer Baumarkt. Andächtig kniende Menschen in traditionellem Gewand vor einem Sarg: Ein Bestatter. Ein Pärchen in Umarmung, um das Haushaltsgüter wie von unsichtbaren Fäden gezogen kreisen: Ein Hochzeitsausstatter. Ein großer weißer Zahn: Nun, das erklärt sich von selbst.

Dann führt die Straße über eine Brücke aus Holz und Stahl, die das Ortsende von Kratie ausmacht. Am jenseitigen Ende steht ein kleiner Schrein mit in Be-

ton gegossenen und bunt bemalten Figuren. Ein gü-
tig dreinblickender junger Mönch führt einen kleinen Jungen in Shorts mit einer Umhängetasche und
einem Proviantkorb bei der Hand. Schickt er ihn auf
die Reise? Oder geleitet er ihn auf seinem spirituel-
len Weg? Die Ikonographie ist mir unbekannt, und
ist in ihrer naiven Ausführung bewusst volksnah gehalten. Ein Motorradfahrer hält kurz an und grüßt
den Schrein mit zusammengelegten Händen vor
der Brust. Er heißt mich, das Gleiche zu tun. Kann ja
nicht schaden!

Für ein paar Kilometer fahre ich auf frisch geteerter
Straße. Dann sind es nur noch Teerflecken auf Sandpiste. Ein alter Mann steht mitten auf der Straße und
schaufelt mit einem großen Spaten Kieselsteine in
ein Schlagloch. „Où allez-vous, Monsieur?", fragt er
mich. Zumindest rekonstruiere ich so die Frage, nachdem ich mitbekomme, dass der alte Mann mit dem
nackten, ausgemergelten Oberkörper und der Intel-
lektuellenbrille Französisch spricht. Und zwar weitaus besser als ich. Er ist auf eine französische Missi-
onarsschule gegangen, hat in Phnom Penh und Paris
Ingenieurswesen studiert und hat sich später auf
Straßenbau spezialisiert. „Da dachte ich, ich könnte
meinem rückständigen Land helfen, und bin in den
1960ern wieder zurück in mein Heimatland gegangen", erzählt er. Zuweilen muss ich ihn bitten, seine Sätze zu wiederholen, da mein Schulfranzösisch
nicht mitkommt. „Dann sind die Khmer Rouge gekommen." Er schweigt. Und ich möchte nicht nach-
fragen. „Und nun baue ich wieder Straßen!", sagt er
euphorisch und hebt seinen Spaten. „Die Straße wird
auch bald asphaltiert, und ich leiste meinen Beitrag!"
„Bon voyage!" ruft er mir hinterher. Die Straße wird
nun wieder deutlich besser, verläuft gut fünf Meter

oberhalb der Reisfelder. „Das soll die Straße vor Überschwemmungen schützen!", hat mir der alte Ingenieur erklärt. Tatsächlich stehen die Felder teilweise
unter Wasser, die hoch aufgeständerten Holzhäuser
weisen auf häufige und starke Überschwemmungen
hin. In einem knappen Kilometer Entfernung fließt
der Mekong.

Kurz vor Chhlong, einstige Kautschukmetropo-
le mit einigen gut erhaltenen Kolonialvillen und einer Menge verfallenem Kolonialschrott, entdecke ich
dann ein neue Sucht: Zuckerrohrsaft. Schon in Kratie waren mir die teilweise recht martialisch aussehenden Maschinen aufgefallen, die in den Ortschaften
alle paar hundert Meter am Wegesrand stehen. Mit
einer mechanischen Presse wird in mehreren Durch-
gängen der Saft aus dem Zuckerrohr gepresst. Die ex-
trahierte Flüssigkeit wird dann mit Eiswürfeln und
etwas Limette in ein Glas gefüllt und ergibt die perfekte Erfrischung. Und ist zudem ein Energiedrink,
der Red Bull blass aussehen lässt.

Hinter Chhlong entschließt sich dann die Staatsstraße 308, die Nummer abzugeben. Erst sind die Kilo-
metersteine weg, dann die Straßenähnlichkeit und
schließlich alles, was auch nur entfernt nach Verkehrsweg aussieht. Schließlich stehe ich vor einer
großen Pfütze, mitten in einem Dorf, zwischen Pfahlbauten, Hühnern, Kühen und ein paar kläffenden
Hunden.
Ein kleines Mädchen sieht mich dort stehen, nimmt
mich bei der Hand und zieht mich unter den Häusern hindurch auf Schleichwegen durch das Dorf.
Ein paar Mal muss ich mein Rad über halbhohe
Gatter heben. Dann zeigt das Mädchen mit ausge-
strecktem Arm in Richtung Horizont und sagt auf

Englisch: „Have a good journey!" Ehe ich reagieren kann, ist sie schon lachend um die nächste Häuserecke gerannt.

Dann rennt eine Horde Kinder auf mich zu. „Hello goodbye! Hello goodbye!" Ich drehe mich um und sehe ein ähnliches Bild: Etwa fünfzig Kinder, die mit ausgestreckten Armen laut „Hello goodbye!" schreiend auf mich zu stürmen. Die Kinderhorde begleitet mich bis zum nächsten Dorf. Dort übernimmt dann die lokale Jugend. Das wiederholt sich von Dorf zu Dorf. Wie oft kann man am Tag „Hello!" sagen? Nach ein paar Dörfern habe ich mir angewöhnt, zuweilen nur noch die Hand zu heben, doch nun habe ich Muskelkater vom vielen Winken und der Pfad, der immer noch eher eine Wasserrutschbahn als eine Straße ist, birgt immer noch unzählige Überraschungen auf der Schlagloch-Ebene, so dass Einhändigfahren nicht angeraten ist. „Hello, goodbye!" in der Endlosschleife. Plötzlich sind die Beatles in meinem Kopf: „You say goodbye, I say hello!" Ich fange an zu singen und die Kinder hören nur „Hello" und „Goodbye!" und stimmen ein.

Dann steht mir das Wasser bis zu den Knien. Ein Motorradfahrer wagt die schwungvolle Fahrt durch die Überschwemmung und legt sich kopfüber in den Schlamm. Wieder sind es die Dorfkinder, die mir den Weg weisen. Rauf auf eine niedrige Lehmmauer, dann durch einen Gemüsegarten und schon stehe ich vor einer handgezimmerten portablen Bambusbrücke, die wohl bei Überschwemmungen flexibel vom Dorf je nach Bedarf eingesetzt wird. Die Überfahrt kostet 5000 Riel, umgerechnet gut einen Euro. Die Investition in den Bau der Behelfsbrücke hat sich für das Dorf wohl gelohnt, denn den Verkehrsteilnehmern bleibt sowieso keine andere Wahl.

Bereits seit einigen Kilometern sind mir die Minaretts am Wegesrand aufgefallen. Zuweilen kommen mir Männer mit gepflegten Bärten, weißen Käppis und langen Umhängen entgegen. Die Frauen tragen lose gebundene, meist schwarze Kopftücher. Entlang des Mekongs, zwischen Kratie und Kampong Cham, wohnen die Cham, Nachfahren des im ersten Jahrhundert unserer Zeitrechnung Südvietnam und Teile Kambodschas beherrschenden Großreiches Champa, die einer schiitischen Seitenlinie des Islam angehören. Jetzt stehe ich vor einer Moschee, mein Gefühl sagt rechts, das GPS links und die Karte geradeaus. Ein alter Mann, der wie der lokale Al-Qaida-Chef aussieht, begrüßt mich mit einem *Salem Aleikum*. Seit meiner Reise entlang der Seidenstraße kenne ich die richtige Antwort und grüße ihn mit einem *„Wa Aleikum salaam", Friede sei auch mit dir!* Dann gehen uns allerdings die Worte aus. Wir sind von Kindern umringt, die mich anstarren. Der Imam scheucht einen Jungen in das nächste Wohnhaus. Nach ein paar Minuten kommt er mit einigen Bananen zurück und gibt sie dem Imam, der sie mir anbietet. Ein Geschenk, das ich gerne annehme. Ich habe über 100 Kilometer in den Knochen, es dämmert und Kamping Cham scheint weiter denn je entfernt. „Kamping Cham?", frage ich. Der Imam scheint mich verstanden zu haben und deutet in eine Richtung, in die mich schon mein Orientierungssinn geleitet hatte.

Nach einem Kilometer komme ich allerdings an eine steile Klippe. Erst überlege ich, umzukehren, sehe dann aber einen Pfad, der steil auf einen Seitenarm des Mekongs zuführt. Dort ankert eine zerbrechlich wirkende Holzfähre. Kaum habe ich das wackelige Gefährt erreicht, tuckert es mit einem locker am Heck befestigten Zweitakter schon über das Gewässer. Neben mir steht ein Mann Ende Vierzig mit seinem Motorrad und schenkt mir sofort seine Aufmerksamkeit. Erst nimmt er mir meine Sonnenbrille von der Nase und setzt sie sich auf. Das erlebe ich nicht zum ersten Mal und halte es noch für einen Spaß. Dann öffnet er den Reißverschluss meiner Lenkertasche und nimmt sich meine Kamera. Ich bedeute ihm, dass er sie bitte zurückgeben solle. Während ich die Kamera wieder in der Lenkertasche verstaue, nutzt er die Gelegenheit, meinen Geldbeutel zu nehmen und ihn in seine Hemdtasche zu stecken. Das sind EC-Karte, Kreditkarte und rund 200 Euro. Er schaut mir in die Augen. Ich greife nach seinem Hemd. Er schubst mich von sich weg. Für einen Moment bedauere ich, dass ich auf der Reise gut fünf Kilo abgenommen habe. Das nimmt mir dann doch ein wenig Wucht, als ich ihn mit der flachen Hand zurückstoße, so dass er gegen sein Motorrad kracht. Der Fährmann lacht ein dreckiges Lachen, mischt sich aber nicht ein. Das nehme ich als gutes Zeichen und greife meinem Gegenüber in die Hemdtasche. Verstaue meine Geldbörse wieder in der Lenkerbox, ohne ihn aus den Augen zu lassen. Er knöpft sein Hemd auf. Ich sehe die Tattoos. Weiß daher, dass er mit großer Wahrscheinlichkeit Soldat war, eventuell auch Khmer Rouge. Er lacht. Seine Augen glühen. Dann erreichen wir das andere Ufer.

Normalerweise tendiere ich nicht zur Panik, nun nutze ich aber die Tatsache, dass meine Packtasche mit dem Werkzeug beim Anlanden vom Gepäckträger kracht, um mir meinen größten Maulschlüssel in die Hosentasche zu stecken. Dabei achte ich darauf, dass mein Peiniger das auch sieht. Ich denke an die UN-Statistiken, nachdem immer noch Tausende von Schusswaffen ehemaliger Soldaten in Kambodscha im Umlauf sind. Dennoch gibt mir das schwere Werkzeug an meinem Körper ein Gefühl der Sicherheit. Für einen kurzen Moment habe ich Blickkontakt mit dem Fährmann. Er nickt mir zu. Sagt etwas zu meinem Mitreisenden. Dann bedeutet er mir, loszufahren. Ich gebe Gas, so gut wie das auf einer schlammigen Fährzufahrt geht. Nach 500 Metern blicke ich mich um. Keiner folgt mir. An sich sollte Kambodscha ja inzwischen ein sicheres Reiseland sein. Aber wer treibt sich auch schon allein am Mekongufer herum, inmitten einer der ärmsten Gegenden des Landes?

Dann kommen mir Schulkinder entgegen, Gymnasiasten in Schuluniform auf Fahrrädern. Auf meine Richtungsfragen bekomme ich klare Antworten. Ich bin also auf dem richtigen Weg. Kurz vor Kampong Cham ist die Staatsstraße 308 allerdings nur noch ein Pfad, der bröckelnd 20 Meter senkrecht zum Mekong abfällt. Auf der Klippe balanciere ich und hoffe, im Falle des Gleichgewichtsverlustes wenigstens in das Reisfeld linkerhand zu fallen. Dann wird der Weg wieder breiter, ist nun aber nur noch eine breite Sandgrube mit eingepressten Fahrspuren. Nun regnet es wieder. Für fünf Minuten ist der Regen mein Freund und macht aus dem Sandkasten eine befahrbare Strecke. Dann versinke ich im Schlamm. Der Regen begleitet mich in die Dunkelheit. Ich schiebe mit meiner Aufsteckleuchte einen fahlen Lichtkegel vor mir her. Sehe vier grüne Punkte, die im Wiegeschritt auf mich zukommen. Gerade noch rechtzeitig kann ich sie als zwei paar Ochsenaugen ausmachen, deren Besitzer einen Holzkarren ziehen und fast die gesamte Wegesbreite einnehmen. Ich fahre an Hütten mit fahler Beleuchtung vorbei. Eine Männerstimme singt ein Volkslied. Eine alte Frau schlägt bei Kerzenlicht Wäsche in einen Plastikbottich. Laut GPS bin ich seit fünf Kilometern in Kampong Cham.

Dann sehe ich Flutlicht. Höre das Brummen von Lastern. Durch die Baumkronen scheinen die grell beleuchteten Betonpfeiler der Mekongbrücke bei Kampong Cham. Immerhin die erste kambodschanische Brücke über den Fluss. Obwohl ich mein Rad eine steile Treppe zur Hauptstraße hinauftragen muss, bin ich euphorisch. Die hell erleuchtete Brückenüberfahrt gleicht mir einer Zielankunft der Tour de France, ohne Zuschauer, dafür mit Regen und Rückenwind. Kampong Cham ist dagegen ein ziemlich heruntergekommenes Loch. Das erste, was mich der Etagenwachmann in meinem Hotel fragt, ist, ob ich ein Mädchen möchte. Alles andere als dankbar lehne ich ab.

Am nächsten Tag wähle ich die Hauptstraße nach Phnom Penh. Die ist genauso gut zu fahren wie ereignisarm. Ab und zu ein Zuckerrohrsaftstand. Dann wieder Ödnis. Alternativ hätte es eine Mekongstrecke gegeben. Dazu fehlte mir aber die Kraft. Auf dem Weg stärke ich mich ein paar Mal mit Zuckerrohrsaft. Der hat wirklich Suchtcharakter!

Wo genau plötzlich die Autos herkommen, weiß ich nicht, kann auch keine Ursache dafür erkennen, aber etwa dreißig Kilometer vor Phnom Penh rauscht der Verkehr im Sekundentakt an mir vorbei. Kurz vor Phnom Penh sieht die Straße dann aus, als hätten Panzer darauf ein Manöver abgehalten. Vor der Brücke über den Tongle Sap rauscht ein Überlandbus mit voller Geschwindigkeit auf einen schwer beladenen Laster zu. Kann im letzten Moment noch ausweichen, kracht dann aber in ein einen halben Meter tiefes Schlagloch. Dann kommt er zum Stehen. Die Vorderachse hat das nicht überlebt.

Phnom Penh begrüßt mich mit Restaurants, Hotels, Massage-Salons, Tankstellen und großen Werbetafeln. Von der Brückenhöhe blicke ich kurz über den Tongle Sap und rausche dann in Richtung Innenstadt. Vor mir liegt die Skyline einer modernen asiatischen Stadt.

3.   Auf den Spuren der Khmer

Mein Fahrrad thront Vorderrad voraus am Bug und weist dem Boot scheinbar den Weg. Derweil brutzeln ein gutes Dutzend Ausländer in der Sonne und blinzeln über die Weiten des Tongle Sap. Bereits nach etwa 15 Minuten Fahrzeit ist von der kosmopoliten Urbanität Phnom Penhs nichts mehr zu sehen. Wo gerade noch Kolonialbauten standen und Autos auf gut geteerten Straßen die kambodschanische Version südostasiatischen Verkehrchaos demonstrierten, säumen nun nur noch Reisfelder und hölzerne Pfahlbauten das Ufer. Nur zuweilen sehe ich ein paar Dreckpisten, die an altersschwachen Fähren in den Fluss münden. Fast ein halbes Jahrhundert Krieg und gesellschaftliches Chaos haben Kambodscha zu einem der ärmsten Länder Indochinas gemacht. Gleichzeitig bringt der wiedererflammte Tourismusboom Inseln des Wohlstandes mit internationalem Standard und Preisniveau. Wo diese Inseln ausfransen, besteht für ein paar Kilometer Luxus neben tiefster Armut. Die Bootsfahrt nach Siem Reap kostet 40 US-Dollar, das entspricht in etwa der Hälfte eines durchschnittlichen Monatsgehaltes.

Nach etwa zwei Stunden Fahrzeit verschwinden die kleinen Dörfer gleichzeitig mit dem Ufer aus dem Blickfeld und das Boot fährt in einen großen See. „Hier haben die Roten Khmer zuweilen den Schiffen aufgelauert", erzählt ein etwa 50-jähriger Franzose mit Strohhut und Khaki-Shorts. Anscheinend einer der unzähligen Kambodscha-Veteranen, die die Bars von Phnom Penh bevölkern und von der „guten alten Zeit" berichten. Als Uno und NGOs Anfang der

1990er in bester Absicht in das Land einfielen und die ohnehin schon chaotische Wirtschaftslage mit ihren locker sitzenden Dollarpfründen endgültig aus dem Gleichgewicht brachten. Doch davon später.

Neben dem Mekong ist der Tonle Sap der wichtigste Wasserweg Kambodschas und die Lebensader des Landes. Jedes Jahr zur Hochwasserzeit Mitte Juni ändert der etwa 200 Kilometer lange Fluss aufgrund der vom Mekong nachdrängenden Wassermassen seine Fließrichtung und bringt dringend benötigtes Wasser in die nach der Trockenzeit ausgedörrte weite Ebene zwischen Phnom Penh und Siem Reap. Die Fläche des von ihm gespeisten, gleichnamigen Binnensees wächst von 3 000 auf 10 000 Quadratkilometer, der Wasserspiegel steigt um bis zu sieben Meter. Für die Region bringt die alljährliche Flut nicht nur Wasser zur Bewässerung der Reisfelder, sondern auch einen Fischreichtum, der in Asien seines Gleichen sucht.

Die historischen Herrscher der Khmer nutzten ihr Wissen um den Richtungswechsel des Tongle Sap, um in einer groß inszenierten und wohlgetimeten Zeremonie ihre göttlichen Kräfte zu demonstrieren. Fortschritt durch Wissenschaft, für staatsreligiöse Zwecke genutzt. Vermutlich war es die ideale Lage am Nordufer des Sees, sicher vor den Fluten und dennoch nahe genug am Wasser, um durch ein ausgeklügeltes Bewässerungssystem die Versorgung der Siedlungen zu gewährleisten, die die Khmer dazu veranlassten, im frühen 9. Jahrhundert das Machtzentrum der Region vom Unterlauf des Mekongs nach Angkor zu verlagern. Bereits einige Hundert Jahre zuvor gab es mit dem Funan- und dem Zhenla-Reich hoch entwickelte

Kulturen an der Schnittstelle zwischen der chinesisch und der indisch beeinflussten Welt. Es ist das Erbe dieser Hochkulturen und die Symbiose chinesischer und indischer Einflüsse, die die einzigartige Kultur Angkors hervorgebracht haben.

Von der einstigen Größe des Khmer-Reiches ist bei Ankunft am Hafen Siem Reaps zunächst wenig zu sehen. Ich betrete Angkor sozusagen durch die Hintertür. In der Trockenzeit kann das Schnellboot nicht bis zum eigentlichen Hafen fahren, sondern ankert an einer im See schwimmenden Plattform. Die Passagiere müssen in kleinere Schiffe umsteigen und so fahren wir nun durch eines der vielen Schwimmenden Dörfer, die mit dem Wasserspiegel und der Jahreszeit zwischen See und Ufer wandern.

Zum ersten Mal auf meiner Reise entlang des Mekongs habe ich das Gefühl, durch einen Slum zu fahren. Notdürftig zusammengezimmerte Hütten aus Holz und Blech, nackte Kinder. Die Brühe, auf der mich das Zubringerboot zum Ufer bringt, stinkt erbärmlich. Fischer stehen bis zu den Schultern im Dreck und ziehen, jeweils zu dritt, ein langes, selbstgeflochtenes Netz durch das Wasser. Ich beschließe, für ein paar Tage keinen Fisch mehr zu essen.

Auf dem Weg vom Hafen in die Stadt sind Werber für Hotels und Gasthäuser auf Motorrädern meine ständigen Begleiter. In den letzten Jahren entstanden vor allem im mittleren und unteren Preissegment unzählige neue Gasthäuser, so dass die Konkurrenz selbst in der Hochsaison hart ist. „Hast du schon ein Hotel?", werde ich mehr als einmal gefragt und bin froh, dass ich tatsächlich bereits eine Unterkunft habe. Ich nenne den Namen des Hotels und ernte ein gespielt besorgtes „Pavillon Indochine? Viel zu weit vom Stadtzentrum entfernt!" „Das will ich hoffen", antworte ich. Ich hatte das *Pavillon Indochine* ausgesucht, da es nahe an den Tempelanlagen liegt.

„Du fährst mit dem Fahrrad durch Kambodscha?", fragt mich der Manager des Hotels gleich bei Ankunft. „In den Achtzigern sind die Leute hier mit ihren schweren chinesischen Fahrrädern einmal im Monat nach Poipet an die thailändische Grenze gefahren, um Sachen zu kaufen." Er hält inne, als hätte er Schwierigkeiten, sich zu erinnern. „Ui, das war schwierig! Teilweise mussten sie über die Reisfelder fahren, weil überall Kontrollen waren. Die Polizei, und manchmal auch die Khmer Rouge. Die haben dir dann alle Kleidung abgenommen und dich, wenn du Pech hattest, als Soldat zwangsverpflichtet. Geld hatten die Leute nicht, nur Gold, und das haben sie in den Radrahmen versteckt." Er schaut mich lange an. „Heute ist alles besser, die Leute wollen nicht mehr Rad fahren, nur mit dem Motorrad, lange Strecken mit dem Auto!" Poipet ist etwa 200 Kilometer von Siem Reap entfernt, die Route ist schon lange sicher, wenn auch in einem erbärmlichen Zustand. Unverständlich, da es sich um die wichtigste Landverbindung nach Thailand handelt. Das Gerücht hält sich seit Jahren hartnäckig, dass die *Bangkok Airlines*, die Flüge von Bangkok nach Siem Reap anbietet, die kambodschanischen Behörden mit großzügigen finanziellen Zuwendungen davon überzeugt, den Straßenzustand nicht zu verbessern. Wer würde schon einen teuren Flug buchen, wenn der Bus auch nur wenige Stunden von Bangkok nach Siem Reap bräuchte.

In Siem Reap ist der Straßenzustand aber kaum ein Thema. Der vor allem seit der Kapitulation der Khmer Rouge im Jahre 1998 einsetzende Tourismusboom hat auch in Siem Reap seine Spuren und ein relativ gut ausgebautes Straßennetz hinterlassen. Jedenfalls dort, wo öffentliche, das heißt zumeist ausländische Gelder nicht in Privattaschen verschwanden. Vom nördlichen Stadtrand Siem Reaps führt jedenfalls eine gut ausgebaute Straße zu den Tempelanlagen. Nach zwei Kilometern erreiche ich das große Eingangstor, das jedoch eher einer Mautstation gleicht. Ich habe kaum angehalten, schon stürzen sich ein Mann und eine Frau in Uniform auf mich. Ich frage nach einem Drei-Tagesticket. „OK sir, valid three days, no refund, if you skip one day, no more day, if you lose it you have to buy again!" Der Satz klingt auswendig gelernt. Der Ticketverkäufer scheint gut geschult zu sein. Er fragt mich nach dem für ein Mehrtagesticket benötigten Passphoto. Ich gebe es ihm und er ermahnt mich: „OK sir, valid three days, no refund, if you skip one day, no more day, if you lose it you have to buy again! " Nach einer Minute kommt er zurück und bittet mich um ein wenig Geduld. „You see, sir, valid three days, no refund, if you skip one day, no more day, if you lose it you have to buy again!" Weitere zwei Minuten und ich habe meinen Dreitagepass. „OK sir, valid three days …, ruft er mir hinterher, während ich bereits wieder in die Pedale trete.

Nach 500 Metern verzweigt sich die Straße zu den jeweiligen Tempelanlagen. An dieser zentralen Kreuzung prunkt ein riesiges Plakat mit Norodom Sihanouk, der 1993 bis 2004 wieder einmal König von Kambodscha war, wie schon zwischen 1941 und

1955. Von 1960 bis 1970, 1975 bis 1976 und 1991 bis 1993 war er zudem kambodschanischer Staatschef. Sein Leben füllt Bände, unter anderem auch seine leicht größenwahnsinnige, aber durchaus mit Gewinn zu lesende, auf seiner Homepage in Teilen im Originalmanuskript erhältliche Autobiografie „Bittersweet Memories". Ein seltsamer Name für die Rückschau auf das Leben eines Mannes, der, mal auf Seiten der Khmer Rouge, mal deren erbitterter Gegner, mal ausgleichendes Element und mal Zündfunke des Konfliktes eine der wenigen Konstanten der letzten 70 Jahre der kambodschanischen Geschichte und nicht ganz unschuldig an ihrem tragischen Verlauf war. Von der Landbevölkerung in der Angkor-Tradition als Gott verehrt, war er es jedoch, der im Friedensprozess von 1991 bis 1993 das integrierende Element zwischen den Fronten bildete und den von den Wahlen 1993 markierten Neuanfang ermöglichte. Der Preis war ein Mantel des Schweigens über die Verbrechen der Khmer Rouge.

2004 dankte er nach einem Schlaganfall ab und hinterließ neben einem Land, das schwer an seiner unaufgearbeiteten Vergangenheit trägt, auch ein Opus von ein paar Dutzend Filmen, unzähligen Kompositionen und einigen Büchern, darunter „My Secret War with the CIA", ein Buch, in dem er den USA die Schuld an der kambodschanischen Katastrophe gibt. Seine erste Amtszeit als Staatspräsident hatte der erklärte Filmenthusiast vor allem in den Filmstudios des Landes verbracht.

Ohne Zweifel eine schillernde Persönlichkeit. Sein seit 2004 regierender Sohn Sihamonie tritt zumindest hier in die übergroßen Fußstapfen seines Vaters. Vor seiner Inthronisierung studierte er klassischen Tanz in Prag, Filmregie in Nordkorea und arbeitete mehrere Jahre als Ballettlehrer in Prag und Paris, ehe er der kambodschanische Botschafter bei der Unesco wurde. Auch wenn offiziell nie zugegeben, ist seine Homosexualität mehr als ein Gerücht. „Mein Sohn liebt die Frauen eher wie Schwestern", hatte Sihanouk auf Nachfrage beschieden. „Und das ist auch gut so!", hätte man in Berlin hinzugefügt.

Während ich mein Fahrrad vor Angkor Thom, dem ehemaligen Königspalast Angkors, abstelle, bedrängt mich eine Horde kambodschanischer Straßenverkäuferinnen. „Hallo Mister, you want cold drink, Coke, you buy postcards?!" Ich verneine. „When you come back you buy with me, OK." Am Ende des Tages werde ich das Gefühl haben, dass die Verkäuferinnen mir folgen, da sich an jedem Tempel exakt der gleiche Singsang wiederholt.

Aufgrund der Lichtverhältnisse gilt der Vormittag als die beste Zeit für den Besuch der nach Süden ausgerichteten Palastanlage, in der seit dem zehnten Jahrhundert 14 Khmer-Könige herrschten. Dies bestätigt sich auf eindruckvolle Weise, als ich mich dem Südtor nähere. Erst sehe ich ein Gesicht, das in etwa fünf Meter Höhe an der Spitze eines Laterittores in der Sonne glänzt. Dann tauchen nach und nach Details auf, kleine Verzierungen, und schließlich weiter Gesichter im Profil, die nach Osten beziehungsweise Westen blicken. Abgelenkt durch diesen Anblick fallen mir die riesigen Nagas, mythische Schlangengötter an der Spitze der Eingangsbrücke, die als Schutzgeister gelten, erst jetzt auf. Langsam tauchen, eine nach der anderen, Figuren hinter den Nagas auf, die das Brückengeländer bilden. Eine Prozession von Göttern und Dämonen, die dem Ankömmling mit weit aufgerissenen Augen entgegenblicken, und auf eine hinduistische Legende hinweist, dem „Aufbuttern der See aus Milch", in der Götter und Dämonen gleichermaßen mithalfen unter der Aufsicht von Vishnu das Elixier der Unsterblichkeit aus der See zu gewinnen. Diese Szene findet sich immer wieder in Angkor und ist auch Zeichen des Strebens der Khmer-Herrscher nach Unsterblichkeit.

Diese hat sich Jayavarman VII. gesichert. Von fast jedem Tempelturm blickt dem Besucher sein Gesicht entgegen. Man vermutet, dass die unzähligen Gesichter Avalokistisvara, den Boddhisatva der Barmherzigkeit, darstellen, mit dem sich der Herrscher identifizierte. Auch die bekannteste Tempelanlage des Königspalastes, das Bayon, geht auf Jayavarman VII. zurück, der als einer der mächtigsten und kreativsten Könige in die Khmer-Geschichte einging. Neue kulturelle und religiöse Einflüsse fanden ihren Weg nach Angkor. Eine davon bekam unter Jayavarman VII. den Status einer Staatsreligion: Der Mahayana-Buddhismus. Von der Tempelanlage des Bayon faszinieren vor allem die Fresken, die in ihren detaillierten Darstellungen des Lebens in Angkor zu Friedens- wie zu Kriegszeiten einen ausgezeichneten Einblick in die ansonsten oft obskure Geschichte und Kultur der Khmer geben. Es gibt wenige verlässliche Aufzeichnungen, und so geben einzig die Inschriften und Fresken einiger Tempel, allen voran des Bayon und Angkor Wats, sowie die Aufzeichnungen chinesischer Händler wie dem im 13. Jahrhundert in Angkor weilenden Zhou Daguan Aufschluss über Geschichte und Bräuche der Khmer.

„Hello Mister!" begrüßen mich auch vor Angkor Wat die Verkäuferinnen. „I come back, not buy later!", er-

gänze ich und sie lachen. Ich stelle mein Fahrrad auf
einen tatsächlich als solchen ausgewiesenen Fahr-
radparkplatz, der 500 Riel, umgerechnet knapp zehn
Eurocents kostet, und ich bin fast froh, einmal etwas
in Landeswährung zahlen zu können.
Dann stehe ich vor Angkor Wat. Die Tempelanlage
ist allein aufgrund ihrer Größe von 1 500 mal 1 300
Metern beeindruckend. Der die Anlage umfassende
Wassergraben ist 250 Meter breit, der zentrale Turm
fast 60 Meter hoch. Doch es ist vor allem die filigrane
Ausführung und die Detailverliebtheit, die das riesige Gebäude nie klobig erscheinen lassen und der
Anlage eine fast luftige Atmosphäre geben.

Ich laufe über eine von Nagas flankierte Brücke über
den Schutzgraben zur äußeren Einfriedung. Diese
Brücken symbolisierten den Regenbogen und hiermit den Übergang von der säkularen zur göttlichen
Welt. Mit dem Eintritt in göttliche Gefilde erschließt
sich mir zugleich der Blick auf die charakteristischen
drei Türme der inneren Einfriedung Angkor Wats.
Auch hier symbolisieren die Prang genannten Türme
den Weltenberg Meru und gleichzeitig die hinduistische Dreieinigkeit Vishnu, Shiva und Brahma.

Am frühen Nachmittag verlieren sich nur wenige
Touristen in der riesigen Anlage. Ich umrunde das
Hauptgebäude, steige die steilen Treppen zum Os-
teingang hinab und habe Angkor Wat dann für mich
alleine. Das heißt, fast: Eine deutsche Reisegruppe
diskutiert mit dem sichtlich indignierten kambodschanischen Reiseleiter den Unterschied zwischen
Angkor und Luxor. „Als wir unsere Nil-Kreuzfahrt
gemacht haben, haben unsere Mitreisenden schon
immer vom Mekong geschwärmt!", höre ich es hinter mir schnaufen, als ich die Treppe zum zentra-

len Sanktum hinaufklettere. Der steile Aufstieg zur höchsten Tempelplattform fordert glücklicherweise alle Konzentration und allen Atem, und so wird das Weltenbummlergeschwätz durch lautes Keuchen abgelöst. Oben angekommen, fehlt jedem Besucher der Atem, um mehr als Kontemplation an den Tag zu legen.

Das innere Sanktum war ausschließlich dem König zugänglich. Hier hielt er die Riten ab, die eine glückliche Regierungszeit gewährleisten sollten. Während der 37-jährigen Herrschaft Suryavarmans II. war Angkor Wat Staatstempel. Schon bald danach wurde es vom Bayon in Angkor Thom abgelöst und verlor seine Bedeutung. Zweihundert Jahre später zerfiel das Khmer-Reich. Innere Fehden, exzessive Bautätigkeit und Kriege hatten die Ordnung im Reich und die Staatsfinanzen zerrüttet. Im Jahre 1432 wurde Angkor von den Thai erobert, niedergebrannt und geplündert.

Während ich auf gutes Licht für ein abschließendes Bild warte, beobachte ich zwei Mönche, die nun schon zum dritten Mal gemächlich den langen Weg vom Hauptgebäude zum Westausgang entlang schlendern. Alle paar Meter halten sie an, lassen sich von Touristen fotografieren, halten einen Baumwollsack für Spenden auf und schlendern dann weiter. Das wiederholt sich auf der etwa 500 Meter langen Strecke etwa zehn Mal. Ich stehe auf und frage die beiden, ob ich ein Foto machen dürfte.

„Bist du Tourist oder Fotograf?", fragt mich der ältere der beiden. „Macht das einen Unterschied?" frage ich zurück. „Touristen geben in der Regel eine

Spende von einem Dollar, Fotografen spenden bis zu fünf Dollar!" „Was kommt am Tag so als Spende zusammen?", frage ich. „So um die 80 Dollar, für jeden!", antwortet der jüngere Mönch, dessen Robe wohl mehr etwas mit einer genialen Geschäftsidee als mit konkretem Glauben zu tun hat. 80 US-Dollar, das ist ein kambodschanischer Durchschnittsmonatsverdienst. Welcher Besucher hätte nicht gerne zwei junge Mönche in in der Sonne leuchtendem Orange vor der Kulisse Angkor Wats auf Film oder Speicherkarte. In China hätte die Tourismusbehörde schon längst für die monetäre Verwertung dieses Bedürfnisses gesorgt, hier sind es zwei Jugendliche, die dies offensichtlich als Marktlücke ausgemacht haben. Die Frage, ob sie echte Mönche seien, verkneife ich mir in der Angst, ein „Ja" als ehrliche Antwort zu bekommen.

Ein wenig Illusion möchte ich mir behalten.

Am nächsten Morgen fahre ich zu den Ursprüngen des Khmer-Reiches. Es war am gut 80 Kilometer entfernten Phnom Kulen, wo mit Jayavarman II. der erste Herrscher Angkors die Befreiung der Khmer von den Javayanern feierte und im Jahre 802 den Grundstein für das Khmer-Reich legte. Seither galt der Phnom Kulen als heiliger Berg und symbolisierte nach hinduistischer Kosmologie den Weltenberg Meru, Sitz der Götter. Das Wasser floss vom Phnom Kulen nach Angkor und bildete dort den Lebensnerv der Hauptstadt. Mein heutiges Ziel ist Kbal Spean, ein mit in den Flussstein gehauenen mythologischen Darstellungen verzierter magischer Ort der Khmer, etwa 20 Kilometer vom Phnom Kulen entfernt. Ein Flussbett im Urwald, dessen religiöse Reliefs nach dem Glauben der Khmer das durchlaufende Wasser segneten und es fruchtbar machte.

Nach gut 50 Kilometern begrüßt mich ein großes
Schild „Welcome to Kbal Spean, the cradle of Angkor!" Dahinter liegt ein riesiger Parkplatz mit einigen Dutzend Souvenirständen. Dann verengt sich
der Weg, führt über eine schmale Holzbrücke und
verschwindet im dichten Wald. Ich schließe mein Rad
bei einem der Souvenirstände ab und steuere auf die
Brücke zu. Am Horizont sehe ich dichten Rauch und
ein paar Flammen. „Da wird gerodet!", erklärt mir
der Souvenirverkäufer. Dem Rauch nach entsteht da
wohl etwas Größeres.

Steil führt der nur notdürftig mit rohen Steinen befestigte Lehmweg bergauf. Zuweilen muss ich auch
von Stein zu Stein klettern. Tropische Pflanzen ragen in den schmalen Pfad, ein paar bunte Vögel fliegen zwitschernd und schreiend über meinem Kopf.
Ansonsten Stille. Mir scheint, als könnte ich das entfernte Rodungsfeuer hören. Es knackt und brizzelt.
Zuweilen hängt ein rot-weißes Absperrband müde
in den Bäumen am Wegesrand. Dahinter kündet ein
handgemalter Totenkopf von Gefahr. Nach ihrer Ver-
treibung aus Phnom Penh im Jahre 1979 hatten sich
Verbände der Khmer Rouge rund um den Phnom
Kulen und bei Kbal Spean verschanzt. Es kam bis in
die späten 1990er zu erbitterten Kämpfen zwischen
Regierungstruppen und der Khmer Rouge. Bis heute
liegt eine unbestimmte Zahl von Minen in dem Gebiet, der Weg nach Kbal Spean wurde erst in den ersten Jahren des neuen Jahrhunderts geräumt.

Im eigentlichen Zentrum von Kbal Spean, dort wo
der Überlieferung nach 1000 Lingas, die mit ma-
gischen Kräften ausgestattete Stilisierung von Shivas
Penis, in den Fels gehauen sind, gibt die Absperrung

mit dem Totenkopf gerade einmal einen schmalen Rundpfad frei. Da Trockenzeit ist, ist von dem Fluss nicht viel mehr als ein Rinnsal übrig, statt eines Wasserfalls tröpfelt eine kleine Wasserader den Hang herunter. Die Khmer-Herrscher verdankten ihre Macht auch der Fähigkeit, das im Sommer im Überfluss und im Winter kaum vorhandene Wasser zu kanalisieren und zu rationieren. In Kbal Spean sieht man, wie wichtig das für den Fortbestand der Khmer-Zivilisation war.

Plötzlich kommt ein starker Wind auf. Die Sonne scheint nur noch fahl durch den Dunst. Wieder höre ich das Knacken von Holz. Kleinere Explosionen, wie Verpuffungen. Ich versuche, durch den dichten Urwald etwas zu erkennen. Das Einzige, was ich sehe, sind Baumriesen, an denen sich große Schmarotzerpflanzen emporranken. Meterhohe Wurzelgebilde. Tatsächlich, ein magischer Ort, nur ein wenig zu mystisch für meinen augenblicklichen Geschmack. Ich spüre Gefahr, kann sie aber nicht einordnen. Rennen erscheint mir übertrieben, dennoch hüpfe ich so schnell es geht von Stein zu Stein abwärts in Richtung Parkplatz. Das Knacken wird lauter und die Explosionen kommen näher. Außer mir ist kein anderer Besucher zu sehen. Bilde ich es mir nur ein, dass es deutlich wärmer wird? Kurz vor Erreichen der Eingangsbrücke erfasst mich ein heißer Windschwall. Ich blicke nach links und sehe die Ursache: Der Wald steht in Flammen. Etwa 500 Meter von mir entfernt. Nun fange ich dann doch zu rennen an, höre das Holz der Brücke unter meinen Schuhen klappern, bilde mir ein, Flammen direkt neben der Brücke zu sehen, und erreiche schließlich den Parkplatz. Zumindest das, was davon übrig geblieben ist. In Waldnähe stehen noch zwei der hölzernen Souvenirstände in Flammen. Dahinter, dort wo ich mein Rad abgestellt habe, nur noch ein verkokeltes Holzskelett. „My bicycle!" rufe ich, nachdem sich der erste Schock gelegt hat, versuche in die Richtung zu rennen, wo ich mein Rad vermute und ärgere mich für einen Moment über den Parkwächter, der mich an der Schulter zurückhält. Bis ich mich umdrehe, seinem ausgestreckten Arm mit den Augen folge und mein Rad sehe. Unversehrt! Am liebsten hätte ich den Parkwächter umarmt. Er erzählt mir, dass das Rodungsfeuer durch eine plötzliche Windrichtungsänderung innerhalb weniger Minuten auf den Parkplatz zugerollt war. Glücklicherweise hätten sie die Gefahr erkannt, es war genug Zeit, die Waren in Sicherheit zu bringen. Und da hätte man mein Rad auch mitgenommen, der Souvenirverkäufer und der Parkwächter. Eigentlich wollte ich mein Rad am Holzgestänge des Souvenirstandes festmachen. Glücklicherweise hatte ich mich aber dagegen entschieden. Als Dankeschön kaufe ich dem Souvenirverkäufer ein Paket mit zehn Postkarten ab, unterdrücke meinen Handelsimpuls beim Preis von 5 US-Dollar und lade ihn und den Parkwächter auf ein Angkor Beer ein. Ein Souvenirstand hat die Feuersbrunst überlebt und hält nun das Monopol auf kalte Getränke. Die anderen Händler haben Tücher ausgelegt und ihre Waren darauf ausgebreitet. Das Leben muss weitergehen, die Menschen hier haben weitaus Schlimmeres in der Vergangenheit erlebt.

Mit deutlichem Restadrenalin sitze ich auf meinem geretteten Fahrrad und nehme Kurs auf Ta Phrom, den letzten Tempel auf meiner heutigen Tour. Kurz vor dem Erreichen der Tempelgruppe fallen mir zwei stilisierte Kreuze am Wegesrand auf. Als ich ein Foto machen möchte, hält mich eine alte, gebückt gehende Bäuerin davon ab. „Khmer Rouge!", sagt sie und humpelt weiter. Später lese ich, dass die Kreuze zum Gedenken an Massaker, die die Roten Khmer in der Nähe der Tempelanlagen verübt haben, von den Bauern der Umgebung aufgestellt wurden. Also nichts, was für Touristenschnappschüsse gedacht wäre.

In Ta Phrom kann ich mir gut vorstellen, wie die meisten Tempel wohl ausgesehen haben, als sie der französische Forscher Henri Mouhot in den 60er Jahren des 19. Jahrhunderts „entdeckte". Mächtige Wurzeln von Urwaldbäumen überwuchern die Ruinen des Tempels. An der berühmtesten Stelle, wo die Wurzeln eines Urwaldriesen einen gut erhaltenen Tempeleingang umfassen, muss ich zum Fotografieren Schlange stehen. Die westlichen Besucher warten darauf, dass niemand im Bild steht. Chinesen, Koreaner und Japaner hätten aber gerne ein Erinnerungsfoto mit Angehörigen vor dem berühmten Eingang. Man einigt sich schließlich auf ein abwechselndes Knipsen. Nur dass zwischendrin einige Amerikaner beides wollen, Erinnerungsfoto und eins für die Galerie. Das bringt die Sache wieder ein wenig durcheinander.

„Dies ist der Tempel, bei dem du im Videospiel mit dem Motorrad durchfahren kannst", stellt fachkundig ein amerikanischer Backpacker fest, während er auf seinen Schnappschuss wartet. Der erste Lara-Croft-Film mit Angelina Jolie in der Titelrolle wurde unter anderem im Ta Phrom gedreht. In der Realität kann man selbst mit dem Fahrrad keinen der Tempel befahren, geschweige denn mit einem Mo-

torrad. Zumindest als Ausländer nicht, kambodschanische Bauern benutzen die Tempelwege nicht selten
als Abkürzung.

Auf den Spuren Lara Crofts setze ich mich am frühen Abend ins „Red Piano", ein Café in der Innenstadt, das dem Vernehmen und der Speisekarte nach
der Filmcrew als Basis diente.
Ich bestelle einen „Tomb Raider"-Cocktail, der aus
Limettensaft, Tonic und einem Schuss Cointreau besteht. „Lara Croft's Special" steht dahinter. Schmeckt wie Sprite mit Rohrzucker. Angeblich geht die
Mixtur auf Angelina Jolie zurück, die den Drehtag
wohl gewöhnlich mit diesem Drink ausklingen ließ.
Wahrscheinlich nachdem sie den Ta Phrom mit dem
Motorrad durchquert hatte.

Nach einem eher uninspirierten, weil auf den westlichen Geschmack zugeschnittenen kambodschanischen Abendessen will ich mich schon ins Hotel
aufmachen, als mein Blick auf ein Kinoplakat gegenüber fällt. „The Killing Fields" steht darauf, je-
ner oscarprämierte Film aus dem Jahr 1984, der die
Geschichte des kambodschanischen Fotojournalisten
Dith Pran erzählt, der nach der Besetzung Phnom
Penhs durch die Khmer Rouge im Jahre 1975 die
nächsten vier Jahre in Arbeitslagern verbrachte und
nur überlebte, weil er seine Fremdsprachenkennt-
nisse verheimlichen konnte.

Ich folge den Pfeilen auf dem Plakat und erreiche
ein kleines Café, in dessen staubigem Obergeschoß
ein Filmprojektor surrt. Auf dem Boden stehen einfache Hocker, darauf sitzen etwa zwanzig Besucher.
Die Schuhe musste ich im Erdgeschoss ausziehen

und setze mich nun etwas ungelenk auf einen kleinen Schemel. Auf der Leinwand flimmern die Sze-
nen der Besetzung Phnom Penhs durch die Khmer
Rouge. Panik, Chaos, die ersten Erschießungen. Der
Drill in den Arbeitslagern. Hinrichtungen. In einer
Einstellung ein Feld von Totenschädeln und mensch-
lichen Überresten. Zu den Bildern hämmert die Musik von Mike Oldfield. Selbst die Darstellung eines
Genozides lässt sich anscheinend passend vertonen.

Nach eineinhalb Stunden geht das Licht an. Schweigen. Einige Besucher stehen stumm auf und klettern
die steile Treppe ins Erdgeschoß hinunter. Wie in
Trance ziehe ich mir meine Schuhe an und bemerke
eine junge Frau mit asiatischen Gesichtszügen, die
neben mir auf dem Boden hockt.

„Want to share a drink?", fragt sie mich, ohne hoch-
zusehen. Dann schaut sie mich doch an, unterdrü-
ckte Tränen in den Augen. Nun sitzen wir auf der
Terrasse des Cafés und schweigen uns an. „Meine
Eltern kommen aus Kambodscha", erzählt sie, nachdem wir beide an unseren Drinks genippt haben. Sie
Budweiser, ich Angkor Beer. „Wir sind noch rechtzeitig aus Phom Penh geflohen, damals, 1975, da war
ich zwei Jahre alt." Sie versucht sich zu sammeln.
Jetzt liegt so etwas wie Wut in ihrer Stimme. „Ich
bin in den USA groß geworden. Bei meinen Eltern
war Kambodscha nie ein Thema. Ich bin als Ame-
rikanerin aufgewachsen und weiß nichts von meiner Herkunft. Meine Großeltern waren bei unserer
Flucht schon tot, aber es gab noch andere Familien-
mitglieder, die in Kambodscha geblieben sind. Kein
Wort, keine Nachricht!" Wir schweigen uns wieder
eine Weile an. „Meine Eltern wollten nicht, dass ich

nach Kambodscha reise, sie wollen mit dem Land nichts mehr zu tun haben. Ich bin trotzdem hierher gekommen. Die Killing Fields bei Phnom Penh habe ich nicht besucht. Und dann heute dieser Film ...!" Ihr Handy klingelt. Sie schaut auf das Display. Schaltet ein Lächeln an und hebt ab. „Hi Mum!", höre ich und wie toll alles in Thailand sei.

„Sie würde mich nicht verstehen", sagt sie, als sie das Handy wieder auf den Tisch legt. Dann reden wir über Thailand, die Strände; sie will noch nach Laos und ich gebe ihr ein paar Reisetipps. Kambodscha ist kein Thema mehr.

Wir trinken unser Bier aus. Umarmen uns flüchtig. Dann geht sie abwesend die Straße hinunter, ohne sich umzudrehen. Zwei einbeinige Bettler trauen sich sichtlich nicht, sie anzusprechen. Jetzt haben sie mich entdeckt und kommen auf mich zu. Ich gebe jedem einen Dollar und radle dann zurück in mein Hotel.

5. Entgleist in Phnom Penh

Ich wache mit schlechter Laune auf. Und einem schweren Magen. Gestern hatte ich den Fehler gemacht, mir in einem der Restaurants an der Uferpromenade des Tongle Sap eine Pizza zu bestellen. Die war ebenso ein Euphemismus wie der Name Uferpromenade. Letztere wird zwar gerade umgestaltet und dabei wohl begrünt und flaniertauglich gemacht. Für den Augenblick ist sie auf jeden Fall nicht mehr als eine lärmende Baustelle mit riesigen Löchern als Stolperfalle.

Eigentlich beschränke ich mich in Asien ja immer auf lokale Küche, gestern bin ich aber nach mehr als vier Wochen ausschließlich asiatischer Kost schwach geworden. War wohl eine Mischung aus neokolonialem Ambiente und Cholesterinentzug, was mich dazu angestiftet hat. Das habe ich nun davon: Postkoloniales Sodbrennen! Daher beschränke ich mein Hotelfrühstück auf einen Obstsalat und einen Mangosaft und gehe dann ein paar Querstraßen weiter in eine Garküche. Nach einer kräftigen Nudelsuppe bessert sich meine Laune schlagartig und der Magen gibt trotz reichlichem Chiligehalt meines zweiten Frühstücks Ruhe.

Ich schwinge mich auf mein Fahrrad und lasse mich durch Phnom Penh treiben. Oder besser gesagt, folge dem Verkehr, wie er sich gerade ergibt. Ein konkretes Ziel habe ich nicht und Gegensteuern ist per se lebensgefährlich. Der Verkehrsfluss in Kambodschas Hauptstadt ist, um es positiv auszudrücken, kreativ. Obwohl ich asiatischen Verkehr aus China,

Laos und Thailand gewöhnt bin, erschrecke ich dann doch, wenn mir ein Auto, ein Motorrad oder ein Cyclo, die lokale Version einer Fahrradriksha, mit der jeweiligen Höchstgeschwindigkeit direkt entgegen kommt. Besonders zur Verwirrung tragen die unzähligen Motos bei, jene laut knatternden Motorroller, die wie aus dem Nichts auftauchen und sich durch ihren Fahrstil in bleibende Erinnerung bringen. Auf einem der Roller, der mir beinahe eine Breitseite verpasst, sitzen vier Personen und ein großer weißer Hund lehnt über der Lenkstange. Von der Optik und vom Fahrstil her könnte Fiffi auch der Fahrer sein.

Neben den Motos sind die Fahrradrikschas die auffälligsten Verkehrsteilnehmer in Phnom Penh. Ich machte eine Liste der verschiedenen Passagiere der Cyclos: Ein Pärchen in inniger Umarmung. Eine Familie mit Vater, Mutter und Kind. Noch eine Familie mit zwei Kindern und einem Baby, das sich an die Brust der Mutter schmiegt. Eine ältere Frau, acht prall gefüllte Einkaufstüten und ein kleines Kind, das auf dem Einkaufstütenberg in drei Meter Höhe thront. Vier Teenager, anscheinend auf dem Weg in die Disko, Bierflaschen in der Hand. Zehn Kästen Bier und zwei Ananas. Eine Zapfsäule mit dem dazugehörigen Benzinfass. Die kambodschanischen Fahrradrikschas erinnern eher an die Hochräder des 19. Jahrhunderts als an moderne Fahrräder. Der Fahrer sitzt ungewöhnlich hoch und damit seltsam aufrecht, was eine gewisse Würde ausstrahlt. Dementsprechend bewegen sich die Rikschafahrer durch den Straßenverkehr: Ruhig und in der Gewissheit, beachtet zu werden. Da hat man es als gewöhnlicher Radfahrer ungleich schwieriger. Fahrrad fahren in Phnom Penh ist nur absolut geübten Radlern zu empfehlen; ein paar Übungsstunden auf der heimischen Stadtautobahn können nicht schaden. Nach neuesten Statistiken kommen in Kambodscha inzwischen mehr Menschen im Straßenverkehr ums Leben als durch Minen. Und das liegt nicht nur an der emsigen Arbeit der Minenräumkommandos.

Nach einer Weile überquere ich den Mao-Zedong-Boulevard. Ein Blick auf den Stadtplan verrät mir, dass es in der Nähe auch noch einen Boulevard gibt, der nach Charles de Gaulle benannt ist. Besser könnte man die letzten 50 Jahre kambodschanischer Geschichte nicht beschreiben als durch die Namensgebung seiner Hauptstadtstraßen. Es waren die Franzosen, Chinesen und Vietnamesen, die wesentlich die Geschicke Kambodschas beeinflussten. Ich suche auf dem Stadtplan nach einem Ho-Chi-Min-Boulevard, werde allerdings nicht fündig. Zwar waren es die Vietnamesen, die mit ihrem Einmarsch 1978 die brutale Herrschaft der Khmer Rouge beendeten, sie wurden in Kambodscha aber auch immer als Fremdkörper betrachtet. Zumal Vietnam durch den Konflikt mit den USA wesentlichen Anteil daran hatte, dass der Kambodscha-Konflikt eskalierte. Die andere fremde Macht, die zur Eskalation beitrug, waren die USA. Einen Kennedy-Boulevard braucht man folglich erst gar nicht zu suchen. Während des sogenannten „Secret War" warfen US-amerikanische Bomber über eine halbe Million Tonnen Bomben über Kambodscha ab. Schließlich finde ich in den Außenbezirken sogar eine „Straße der EU", wie ein frisch aufgestelltes Straßenschild verkündet. Die Straße ist teils neu asphaltiert und teils mit Schlaglöchern übersäht. Es scheint, als wäre die Stadtverwaltung Phnom Penhs auf Augenhöhe mit der europäischen Gegenwart.

Etwas südlich des Mao-Zedong-Boulevard liegt der „Psar Tuol Tom Pong", gemeinhin *Russenmarkt* genannt. In den 1990er Jahren war der Russenmarkt berühmt-berüchtigt für seine breite und günstige Auswahl an Waffen und Drogen. Eine Kalashnikov ging für 60 US-Dollar, eine Handgranate für 5 US-Dollar und ein Gramm Gras für 10 Cent über den schmutzigen Ladentisch. Als Autor wünscht man sich ja ein wenig Abenteuer, heute sieht der Russenmarkt aber aus wie jeder beliebige asiatische Markt. Souvenirs, Nippes, Handwerkskunst und Outdoorkleidung der gängigen Marken, gefälscht oder vom Lastwagen gefallen. Kambodschanische Löhne gehören zu den niedrigsten Asiens, da verlagern viele westliche Label ihre Produktion aus China und Vietnam in die Umgebung Phnom Penhs. Ob da in der Nachtschicht zuweilen ein paar Jacken mehr über das Fließband gehen, interessiert kaum jemanden. Das Resultat landet aber mit ziemlicher Sicherheit auf dem Russenmarkt, zu einem Zehntel des westlichen Preises. Und immer noch deutlich über den Herstellungskosten.

Eine Konstante haben diese Märkte: Das Essen in den Garküchen ist meist ausnehmend gut. Jedenfalls so lange, wie man nicht mit der Sauberkeitslupe an die Stände geht. Ich suche mir einen Stand, der gegrillten Fisch anbietet, mit Kräutern gespickt. Teller gibt es keine, ich bekomme den fertigen Fisch in einer Plastiktüte in die Hand und versuche, auf einem kleinen und für mein Gewicht eindeutig zu instabilen Plastikhocker sitzend, mit meinen Zähnen mehr Fisch als Tüte zu erwischen. Das, was in meinem Mund landet, schmeckt köstlich. Während ich noch mit meinem Mittagessen kämpfe, versuche ich mir den Markt vor zwanzig Jahren vorzustellen.

Einige der Charaktere, die heute Jack-Wolfskin-Deri-
vate an den preisbewussten Traveller bringen, kann
ich mir ganz gut beim Handel mit Waffen vorstellen.
Vielleicht habe ich aber auch zu viele Abenteuerro-
mane gelesen. Da ist der etwa vierzigjährige Mann
mit den blutunterlaufenen Augen, der aussieht, als
hätte er Amphetamine gefrühstückt. Die fette Frau
Anfang Fünfzig, die beim Gehen ihr rechtes Bein
nachzieht und nun breitbeinig hinter ihrem Tresen
auf einem Hocker sitzt und sich mit einer Zeitung
Luft zufächelt. Hinter einem dreckigen, aber immerhin irgendwann mit Blumen bedruckt gewesenen
halboffenen Vorhang sitzen vier Männer Mitte Fünfzig und schlagen abwechselnd Karten auf einen kleinen Holzschemel in ihrer Mitte. Die Oberkörper sind
nackt und entblößen simple Tattoos, ab und zu ein
chinesisches Zeichen, eine Sanskritformel, meist aber
ein paar Schriftzeichen Khmer. Segenssprüche, ma-
gische Formeln, Glückssymbole. Vor allem ehemalige Soldaten tragen diese Tattoos und erzählen Geschichten, wie diese sie wahlweise unverwundbar,
unsichtbar oder schlicht und ergreifend stärker gemacht haben. Wichtig ist neben der Bedeutung auch
die Person, die das Tattoo aufgebracht hat. Meist waren es buddhistische Einsiedler und Mönche, die sich
während der Kriegsjahre einen Namen als besonders
potente Tätowierer gemacht haben.

Neben dem Russenmarkt galt in den 1990er Jahren
auch die Gegend um den *Boeng-Kak-See* als Hort der
Sünde und der Kriminalität. Das durchaus lesens-
werte Buch „Off the Rails in Phnom Penh" von Amit
Gilboa, jene Chronik aus den wilden 1990er Jahren,
spielt fast ausschließlich in den Bordells, Kneipen
und Opiumhöhlen rund um den See. Gilboa erzählt

von Holzverschlägen, in denen sich vietnamesische Mädchen als Prostituierte verdingten, bulgarischen Peacekeepern, die der bulgarische Staat direkt aus den Gefängnissen des Landes rekrutierte, um die Gelder der Uno abzuschöpfen. Expats, die bei Preisen um einen Dollar für ungeschützten Sex ins Bordell gingen wie andere auf ein Feierabendbier. Nun ist es durchaus fragwürdig, ob man sich als Chronist bei einer der vietnamesischen Billignutten einen blasen lassen muss, um authentisch berichten zu können. Gilboas Buch erweckt jedoch gekonnt die Atmosphäre der 1990er, als nach Jahrzehnten des Chaos die Gesetze unbestimmt und die Hilfsdollars von Uno und NGOs locker waren. Der Untertitel „Into the dark Heart of Guns, Girls and Ganjia" ist dabei Programm. Das heutige Phnom Penh wird man darin aber nicht mehr erkennen.

Dass die wilden Zeiten vorbei sind, hatte ich mir schon erzählen lassen. In meiner Vorstellung war die Gegend rund um den Boeng-Kak-See das Backpackerviertel, mit günstigen von Familien geführten Pensionen, Banana Pancake und dem gelegentlichen Joint bei Sonnenuntergang. Der Lonely Planet preist zudem die *Happy Pizza* an, auch so eine Legende aus der wilden Zeit und so ziemlich das einzige Überbleibsel. Glaubt man Amit Gilboa, dann macht vor allem die Mischung aus Gras und Käse den Charme dieser Teigware aus.

Das erste, was mir auffällt, als ich mich dem See nähere, sind die schweren Baumaschinen. Dann ist einer der Wege mit Abriss-Schrott übersät. Schließlich erreiche ich das Seeufer. Oder vielmehr das, was einmal das Seeufer war. Sicher, da ist noch etwas Wasser, ein Paar Häuser auf Stelzen über morastigem Grund. Aber auf dem Stadtplan sah das wie ein mindestens vier Quadratkilometer großer See aus. Vielleicht habe ich mich auch verfahren. Während ich etwas konsterniert meinen Stadtplan anzweifle und an meinem GPS herumdrücke, kommt mir ein Kambodschaner Mitte 40 auf einem Motorroller entgegen. Auf dem Gepäckträger türmen sich in drei Lagen die Bierkästen.

„Looking for a room?" fragt er mich. „Nein, ich suche den See", antworte ich. „Na, dann musst du dich aber beeilen!", sagt er. „Die ganze Gegend hier ist an eine private Firma verpachtet, Shukaku, die den See zuschütten und ein Handelszentrum und Luxusappartements hier bauen möchte. Die ersten Arbeitsschritte sind schon getan, der See wird mit Sand aus dem Tongle Sap aufgefüllt und dann wird wohl mit der Umsiedlung begonnen." „Umsiedlung?", frage ich erstaunt. „Du glaubst doch nicht, dass sich mit uns einfachen Leuten in der Nachbarschaft teure Appartements und schicke Boutiquen verkaufen lassen!"

Zurück im Hotel google ich die Stichworte „Boeng Kak" und „Development". Das Bild auf über hundert Suchergebnissen ist eindeutig. Der See soll abgepumpt und aufgefüllt werden. Dann ist die Umsiedlung von knapp über 4 000 Familien geplant, offiziell mit hoher Abfindung. Da nur etwas 500 Familien der Regelung zugestimmt haben, kann es so weit aber nicht her sein mit der Großzügigkeit. Durch den Wegfall des Boeng-Kak-Sees als natürliche Schwemmfläche befürchtet man zudem Überschwemmungen in Phnom Penh. Wie auch immer, auch das Entwicklungsprojekt am Boeng-Kak-See scheint vor allem auf Profitmaximierung aus zu sein. Entwicklung ist ja eigentlich keine schlechte Sache, vor allem nicht in einem armen Land wie Kambodscha. Nur scheint es mir eine Konstante in diesem Land zu sein, dass die wirtschaftliche Entwicklung nicht beim einfachen Volk ankommt, sondern vor allem in die Taschen weniger kambodschanischer Seilschaften fließt, oder die Produktionskosten westlicher Firmen senkt. Während in Ländern wie Laos und vor allem China im Schatten des Wirtschaftsboom auch das tägliche Wirtschaften einfacher wird und der allgemeine Wohlstand steigt, scheinen die Kambodschaner meist leer auszugehen.

Ob es die Desillusion ist, die Abgase des Tages oder die doch recht nervenaufreibende Fahrt durch das Verkehrschaos von Phnom Penh, weiß ich nicht. Auf jeden Fall siegt am Abend die Bequemlichkeit über den Entdeckerdrang, und ich finde mich erneut in einem der Restaurants an der Uferpromenade wieder. Keine Pizza, sondern *Original Khmer Food*, wie es auf der Speisekarte geschrieben steht. Nach kurzer Wartezeit kommt eine Schüssel mit Riesengarnelen in einer süßsauren Suppe mit Tamarinde, Ananas und Gemüse auf den Tisch, ein Gericht, das mich ein wenig mit dem kulinarischen Phnom Penh versöhnt. Auch wenn es deutlich vietnamesischen Einfluss zeigt.

Eine halbe Stunde später frage ich mich allerdings wieder, was ich hier eigentlich mache. „Dann setzen sie diese Tanzschwuchtel auf den Königsthron und wundern sich, dass alles vor die Hunde geht!" beendet mein Tischnachbar seinen fünfminütigen Monolog. Es ging um das gute alte Phnom Penh, die Stadt ohne Gesetze und mit ungezählten Möglichkeiten. Jedenfalls für Ausländer mit Dollar-Einkommen. An seinem Arm hängt eine ziemlich verlebt aussehen-

de junge Kambodschanerin, maximal 25 Jahre alt.
Die Gesellschaft habe ich mir nicht ausgesucht, aber
die Uferpromenade ist bei Expats, Touristen und den
Neu- und Altreichen in Kambodschas Hauptstadt
immer noch äußerst angesagt, und die Sitzplätze sind
knapp. Also habe ich zugestimmt, als sich die beiden
zu mir an den Tisch setzen wollten. Insgeheim hatte
ich natürlich auf ein interessantes Gespräch gehofft.
Das habe ich nun davon! „Früher war das hier der
wilde Osten. Drogen, Nutten, alles ganz billig!" Für
einen Moment überlege ich, ob ich den Mann zitieren darf. Nicht weil ich Skrupel hätte, jemanden wie
ihn bloßzustellen, aber er ist ein ziemliches Klischee.
Fast so, als wäre er aus dem bereits erwähnten Buch
von Amit Gilboa entsprungen und irgendwo Mitte
der 1990er hängen geblieben. Mein Tischnachbar tät-
schelt nun seiner kambodschanischen Begleiterin die
Wangen. „Sei ein Schatz und hol mir ein Bier", sagt
er und wendet sich dann wieder mir zu. „Das ist es,
was ich an den asiatischen Frauen mag. Kein Widerspruch, immer gehorsam!"

Am Nachbartisch sitzt ein englisches Pärchen mittleren Alters. Es ist zwar nicht ihre koloniale Baustelle; trotzdem beschließen sie, dem kolonialen Wohlbefinden ein wenig nachzuhelfen: Sie bestellen eine
Flasche Gin und vier Dosen Tonic. Mit der Wahl der
richtigen Gläser ist die Bedienung erst noch ein wenig überfordert. Sie bringt erst Cognac-Gläser, lässt
sich dann aber gerne belehren. Eis ist jedenfalls genug vorhanden und die Gin-Flasche wird dementsprechend in einem Weinkühler auf die richtige Temperatur gebracht. „Quite lovely!" gluckst die
englische Dame und nippt an ihrem Drink. Phnom
Penh scheint die Stadt der Klischees zu sein.

„Aber Phnom Penh ist immer noch besser als Bangkok. Die Mädels da sind inzwischen mit allen Was-
sern gewaschen! Zudem haben die thailändischen Behörden auch noch die Visabestimmungen verschärft."
Meinen Tischnachbarn hatte ich für einen Moment
verdrängt. Seit ein paar Jahren versucht die thailändische Regierung, Langzeitausländer durch eine Ver-
schärfung der Aufenthaltsgesetze loszuwerden. Viele
der Sugardaddys aus dem Land des Lächelns haben
sich daher nach Kambodscha verzogen.

„Wanna girl?!" spricht mich auf dem Heimweg ein
etwa 20-jähriger Tuk-Tuk-Fahrer an. Obwohl, was
heißt hier Tuk-Tuk! Es ist ein auf Hochglanz gewie-
nertes Motorrad mit einer aufgesetzten Anhänger-
kupplung. Angehängt eine Fahrgastzelle, die aus
dem Kinderkarussell einer Kirmes gefallen sein
könnte: Rotes Chassis, weiß-schwarze Zierstreifen,
silber-glänzende Verstrebungen und eine blaue Mar-
kise, die sich als Dach vom Heck bis zur Fahrerkabi-
ne schwingt. Statt eines Tanks besitzt das Gefährt als
Kontrapunkt eine ölverschmierte Zwei-Liter-Plastik-
flasche. Am Heck prunkt eine bunte Werbung: Exta-
tic Pizza – You ringa, we bringa!
„Ich nehme mir lieber Dein Tuk-Tuk!", sage ich und er
findet das gar nicht lustig.

Zurück im Hotel hole ich mir eine Flasche Chardon-
nay aus der Minibar, entkorke sie und setze mich auf
die Terrasse. In mir rumort immer noch die Groß-
stadt, steht Phnom Penh quer. In der Dunkelheit ist
der Zusammenfluss von Tongle Sap und Mekong
nur zu erahnen.

6. Koloniale Patina

„Kep, Kampot!" schreit ein blauuniformierter Schaff-
ner in mein Ohr. Besser gesagt, in den Freiluftwarte-
saal, ich habe nur das Pech, neben ihm zu stehen. Es
kommt Bewegung in die notdürftig an einer Betonver-
strebung angeschraubten Plastiksitze, die den War-
tesaal des Busbahnhofs von Phnom Penh um einige
simple Sitzgelegenheiten bereichern. Zwei dreckige
Durchreichen als Schalter, vier Busstellplätze, ein stin-
kendes Klo. So begrüßt Phnom Penh seine Besucher,
wenn sie mit dem Überlandbus in der kambodschanischen Hauptstadt ankommen. In Kambodschas
Tourismusplanung ist eben vor allem das zahlungs-
kräftige Publikum gefragt. Wer am Flughafen ankommt, sieht Phnom Penh von der Schokoladen-, wer
den Bus nimmt, von der braunen Hinterseite.

Nach ein paar Minuten zwängt sich ein großer Reisebus, der wohl einmal vor zehn Jahren neu und schick
war, zwischen die beiden bereits parkenden Busse.
Der eine fährt in wenigen Minuten nach Saigon ab,
der andere wartet auf Passagiere nach Sihanoukville.
Das Rangieren und Einparken dauert gute zehn Minuten, dann steigt der Fahrer erst einmal aus, schließt
den Bus ab und gönnt sich eine Pause. Derweil drängen sich die Passagiere vor der verschlossenen Tür.
Immerhin, nach fünf Minuten wird der Gepäckraum
geöffnet. Dann kommt auch der Fahrer zurück und
das Gedränge geht von neuem los, bis alle Fahrgäste
ihren Platz gefunden haben.

Sobald ich im Bus sitze, weiß ich, warum ich das Fahrrad als Fortbewegungsmittel bevorzuge. Die Sitze sind

für asiatische Größen ausgelegt, mein Nebenmann sitzt folglich fast auf meinem Schoß. Die Rückenlehne lässt sich nicht arretieren, so dass ich, sobald ich mich zurücklehne, Bekanntschaft mit meiner Hinterfrau mache. Aus den Lautsprechern plärrt überlaut kambodschanische Popmusik. Als ich denke, es könne nicht mehr schlimmer kommen, fängt die Frau hinter mir an, lauthals mitzusingen. Was würde ich jetzt für ein vielstimmiges „Hello, Goodbye" geben! Doch vom Radfahren habe ich für den Moment genug und verspreche mir zum Abschluss der Reise noch ein paar erholsame Tage am Strand in Kep.

Dann lädt ein junger Westler mehrere Paletten belgisches Bier in den Gang. „Hi, I'm Stefaan!", grüßt er mich, als er meinen erstaunten Blick sieht. Und erzählt, dass er in Kep eine Bungalowanlage betreibt. Das trifft sich gut und ich habe mein Quartier für die Nacht gefunden. Nach einer halben Stunde rangiert der Bus umständlich aus der Parklücke, muss einen Schwung Cyclos passieren lassen und setzt sich schließlich in Bewegung. Am Stadtrand von Phnom Penh gibt er dann Vollgas.

Die Staatsstraße 3 nach Sihanoukville ist eine der am meisten befahrenen Verkehrsverbindungen in Kambodscha. Man sollte also meinen, sie sei gut ausgebaut. Das kann man auch tatsächlich bestätigen: Es existiert ein asphaltierter Mittelstreifen von etwa vier Metern Breite. Der ist ein wenig uneben und verführt unseren Bus mit steigender Geschwindigkeit zum Wippen und Schaukeln. Aber alles in allem ist die Straße in einem guten Zustand. Rechts und links sind dann noch jeweils weitere vier Meter Sandpiste. Das ist sozusagen der Fahrrad- und Motorradstreifen – und die Ausweichbucht für alle Au-

tos, die meinen, sich einem Überlandbus entgegen-
stellen zu müssen. Die Hupe des Busses ist wichtiger
als seine Bremse, das kenne ich schon aus China. So
kommen wir auch gut und schnell voran. Wenn dies
ein Comic wäre, würden vor uns Menschen in Panik
in den Straßengraben springen.

Brenzlig wird es nur, wenn sich zwei Busse aus ent-
gegengesetzten Richtungen treffen. Es scheint aber
so etwas wie eine Hierarchie auf der Straße zu geben, weil immer einer der Fahrer im letzten Moment nachgibt. Meistens unser Steuermann; der ist
maximal 30 Jahre alt und schon qua Jugend zum
Respekt verdonnert.

Auf halbem Weg nach Kep liegt Angk Tasaom, ein zu-
giges Straßendorf an der Kreuzung dreier wichtiger
Überlandverbindungen. Hier zweigen die Straßen
nach Takeo und Kep ab. Jeder Überlandbus zwischen
Phnom Penh und dem Süden des Landes macht hier
Station. In jedem Bus sitzt mindestens ein Drittel ausländische Touristen. Der lokale Supermarkt ist so auch
die kambodschanische Version des KaDeWe. Allein
das Spirituosenregal füllt eine ganze Wand: Impor-
tierter Wein aus Australien und Frankreich. Pernod,
Campari, Jim Beam und Piper Heidsieck Champa-
gner. An der Kasse rivalisieren Pringels, Snickers und
Wrigleys um die finale Aufmerksamkeit der ausländischen Kunden. Vor der Tür steht eine Kühltruhe von
Langnese, das hier wie überall außerhalb Deutsch-
lands „Walls" heißt. Nur die Bildzeitung fehlt.

Nachdem der Fahrer eine halbe Stunde Pause ausge-
rufen hat, vertrete ich mir ein wenig die Beine und
laufe in eine Nebenstraße. Da steht eine etwa 70-jäh-
rige Frau mit einem Baguette-Stand, meine zwei-

te Südostasienobsession neben frisch gepresstem Zuckerrohrsaft. Tatsächlich ist Baguette ein französisches Kolonialerbe, das in Südostasien Teil des Speiseplans geworden ist, meist mit leckeren Pasteten asiatisiert. „Welcome!" begrüßt mich die Verkäuferin und fügt in makellosem amerikanischem Englisch die Frage hinzu, ob ich mein Baguette lieber mit vegetarischer oder mit Fleisch-Füllung essen möchte. „Die Zutaten sind frisch, die Shrimppaste ist zu empfehlen", erklärt sie. Dann nimmt sie ein Baguette, schneidet es in der Mitte auf, streicht fett die Shrimppaste darauf, fügt ein paar Salatblätter hinzu, packt das ganze in ein Blatt Lokalzeitung ein und reicht es mir. Herzhaft beiße ich hinein und bin begeistert. „Wie um alles in der Welt …?" beginne ich meine Frage und sie unterbricht mich. „Mein Mann war bei der amerikanischen Air Force. Hat während des „Secret War" Einsätze in Kambodscha geflogen." „War er Kambodschaner?", frage ich sie. „Nein, Amerikaner! Wir haben uns in den 1960ern in Vietnam kennen gelernt." Ich frage sie, was sie hier mache. „Mein Mann ist 1974 abgeschossen worden. Ich habe dann lange in den USA gelebt, hatte ein Haus in New Jersey. Irgendwann wurde es mir langweilig, Kinder habe ich keine! Also bin ich Mitte der 1990er zurück nach Kambodscha gegangen. Von meiner Rente könnte ich gut leben, aber lieber mache ich mich ein wenig nützlich und verkaufe Baguettes!" Ob sie sich in Kambodscha wohl fühle, frage ich sie. „Es ist meine Heimat!", antwortet sie. Als ich mein Baguette bezahlen möchte, winkt sie ab. „Ich bin froh, mal wieder Englisch zu reden!", sagt sie, und schickt mich auf den Weg.

Dann hupt der Bus, ich bin der letzte fehlende Gast und nach kurzer Fahrt biegen wir von der Staatsstraße 3 in Richtung Kep ab. Auf der Nebenstraße ist unser Bus annähernd der einzige Verkehrsteilnehmer, mehrmals kreuzen wir die Schienen der inzwischen stillgelegten Schmalspurbahn zwischen Phnom Penh und Sihanoukville, dann erreichen wir das Südchinesische Meer. Der Fahrer schreit einmal laut „Kep!" und Stefaan und ich steigen aus, etwa 150 Flaschen belgisches Bier im Gepäck. „Botanica" heißt die Anlage, Stefaan wird von seiner kambodschanischen Frau begrüßt und ich breite mich in einem einfachen, aber gemütlichen Bungalow aus.

Kep war zu Kolonialzeiten die Sommerfrische der französischen High Society. Die Khmer Rouge machte das Sinnbild der Dekadenz und kolonialer Unterdrückung fast dem Erdboden gleich. Prinz Sihanouk ließ sich dann nach 1979 eine seiner unzähligen Villen am Meer in Kep bauen, das koloniale Erbe verfiel derweil, durchsiebt von Maschinengewehrkugeln und tropischer Vegetation. Seit einigen Jahren versucht sich Kep an einer Renaissance, vor allem auf Initiative einiger weniger ausländischer Investoren. Im Gegensatz zu Sihanoukville, das sich zu einer Art asiatischem Ballermann entwickelt, und Kampot, jene Mangroven umsäumte Stadt, die schon seit Jahren die Phantasie geschichtsaffiner Traveller beflügelt, erscheint Kep immer noch ein wenig stiefmütterlich behandelt.

Das Restaurant des *Botanica* ist eine zum Garten offene Bar mit ein paar einfachen Tischen und Stühlen. Gemütlich, wenn auch ein wenig vernachlässigt. Als erstes fällt mir das Fehlen von Meeresfrüchten auf der Speisekarte auf. Dann stolpere ich über die Getränkepreise. Zwei US-Dollar für ein Bier. Der belgische Import, den ich gerade noch mitgetragen habe, schlägt mit vier Dollar auf die Geldbörse. Nach einem uninspirierten *Tom Yam Gong* setze ich mich an die Bar, wo sich bereits eine deutsche Dame im fortgeschrittenen Alter mit ihrer etwa zehnjährigen Tochter niedergelassen hat und sich mit Stefaan unterhält.

„Morgen ist wieder Schule!", höre ich meine Landsmännin sagen. Sie heißt Karen, ist Grundschullehrerin und hat die letzten Jahre in Asien verbracht. Ihre Tochter spricht drei asiatische Sprachen fließend und wird von Karen im Einzelunterricht auf das Leben vorbereitet. Für die kleine ausländische Gemeinde in Kep hat Karen mit einem kambodschanischen Lehrer Sprachunterricht organisiert. „Mutti, du hast deine Hausarbeiten noch nicht gemacht", nörgelt die Tochter und verzieht sich in den Garten. „Kep ist wundervoll", erzählt Karen. „Keine Hektik, viel Natur, und noch nicht überlaufen!" „Und Kampot?", frage ich nach der 25 Kilometer entfernten Kolonial-idylle, die es schon einige Jahre früher auf die touristische Landkarte geschafft hat. „Kampot ist spießig", sind sich Karen und Stefaan einig.

Ich kann es mir nicht verkneifen, Stefaan auf sein Speisenangebot und die Preisgestaltung anzusprechen. „2 US-Dollar ist ganz schön teuer für eine Flasche Bier!", sage ich und ernte sofort eine, wenn auch ein wenig gespielte Entrüstung. „Alles, was ich hier verkaufe, wird aus Phnom Penh herangekarrt", erzählt er. „Und dann sind da die Nebenkosten! Elektrizität kostet hier weit mehr als in Belgien. Es gibt ein Monopol auf dem Energiesektor, und der Profit geht direkt in die Taschen des Ministerpräsidenten Hun Sen." Der, wie ich heute erfahre, angeblich siebt-

reichste Mann der Welt. Auch im Telekommunika-
tionssektor des Landes mischt Hun Sen kräftig mit.
Mächtiger Mann im Hintergrund ist hier aber Thaksin Shinawatra, der 2006 aus Thailand gejagte ehemalige thailändische Ministerpräsident, dessen Ab-
setzung zu den bis heute noch nicht beigelegten
politischen Spannungen in Thailand geführt hat.
„Der ist ein Busenfreund von Hun Sen.", mischt sich
ein Holländer ein, der sich zu uns gesellt hat. „Man
munkelt schon, dass der thailändisch-kambodscha-
nische Konflikt ein abgekartetes Spiel zwischen Hun
Sen und Thaksin ist, um die Thaksin-freundlichen
Kräfte in Thailand zu stärken." 2008 gab es mehrere
blutige Grenzscharmützel zwischen thailändischen
und kambodschanischen Truppen. Dem thailändischen Nationalgefühl tat das mehr als gut, die damals noch Thaksin-freundliche Regierung gewann
an Stärke. Kurz bevor sie dann nach der Flughafen-
besetzung Ende November abgesetzt wurde.

„Hat man als einfacher Kambodschaner überhaupt
eine Chance, ein erfolgreiches Unternehmen aufzubauen?" frage ich Stefaan. „Wenn du Geld und Beziehungen hast, vielleicht. Das Big Business ist aber in
der Regel Ausländern und der kambodschanischen
Elite vorbehalten." Ob das nicht frustrierend sei, frage ich ihn. „Ja, schon!", ist die Antwort. „Andererseits:
Wer hat das Kapital und das Know How, um zu in-
vestieren? Eben nur Ausländer und die alten Eliten.
Da beißt sich die Katze in den Schwanz!" „Und die
NGOs?" frage ich und ernte ein beredtes Schweigen.

Der Abend wird lang, gegen ein Uhr nachts beschließen wir, dass wir die Probleme des Landes heute
nicht mehr lösen werden.

Am nächsten Tag drehe ich eine Runde durch Kep. Schaue mir die verlassene Villa von Sihanouk an, sehe aber nicht viel mehr als eine hohe Mauer. Am Hafen steht ein Betonmonster von Krebs, der nicht gerade zum ästhetischen Wohlbefinden beiträgt. Der viel gepriesene *Crab Market* entpuppt sich als Recylingstation für gut abgehangene Meeresfrüchte.

Bei Sonnenuntergang setze ich mich an die Uferpromenade. Einige Kilometer vor der Küste meine ich Phu Quoc zu erkennen, jene gerade einmal 20 Kilometer entfernte vietnamesische Insel, auf der ich meine letzten Weihnachtsferien verbracht habe. Ein paar Bettenburgen. Aber dann auch viele kleine familiengeführte Bungalows, atmosphärische vietnamesische Restaurants am Strand. Das Gefühl, dass der Tourismusboom auch bei der Bevölkerung ankommt.

Also genau das Gegenteil von Kep, Kampot und Sihanoukville.

Vietnam. Ein anderes Land, eine andere Kultur. Und immer noch der Mekong.

Literaturliste Mekong

Über die Mekong-Region ist nicht viel geschrieben worden, vor allem nicht auf Deutsch. Das hat mich unter anderem gereizt, dieses Buch zu schreiben. Die untenstehende Literaturliste hat keinen Anspruch auf Vollständigkeit, hat mir aber bei der Lektüre (und in einem Fall beim Schreiben) viel Spaß gemacht und mich auf der Reise begleitet.

Reiseführer:

China:
Francoise Hauser, Volker Häring
    „China Handbuch", Trescher Verlag.

Laos:
Jan Dücker, Annette Monreal
    „Laos", Stefan Loose Travel Handbücher.

Kambodscha:
Beverly Palmer, Steven Martin, „Kambodscha",
    Stefan Loose Travel Handbücher.

Reiselektüre:

China:
Francoise Hauser, „Reisegast in China",
    Iwanowski Verlag.
Oliver Lutz Radtke, „Welcome to Presence",
    Dryas Verlag.
James Hilton, „Der verlorene Horizont",
    Piper Verlag.
Peter Goullart, „Forgotten Kingdom",
    Yunnan People's Publishing House.

Laos:

Brett Dakin, „Another quiet American", Asia Books.
Colin Cotterill, „The Coroner's Lunch", Lao Insight
    Books.

Kambodscha:

Sihanouk, „My War with the CIA", Penguin.
Kenneth Cain, Heidi Postlewait, Andrew Thomson
    „Emergency Sex and other desperate Measures",
    Ebury Press.
Amit Gilboa, „Off the Rails in Phnom Penh", Gra-
    ham Brash.

Legende

1 Zhongdian / Shangri-La

2 Deqin

3 Cizhong

4 Weixi

5 Dali

6 Weishan

7 Jingdong

8 Jinghong

9 Luang Namtha

10 Udomxai

11 Muang Khua

12 Luang Prabang

13 Siphandon

14 Stungtreng

15 Kratie

16 Kampong Cham

17 Phnom Penh

18 Kep

Rad und Trekkingtouren
in China und Südostasien

Unsere Fahrrad- und Trekkingtouren
bieten die einzigartige Möglichkeit, das
Reiseland und seine Bevölkerung haut-
nah zu erleben.

Auf unseren Touren mit dem Rad durch
China erkunden Sie die malerische Region um Beijing, die ethnische Vielfalt
der Provinz Yunnans oder die Karstland-
schaft bei Guilin. Oder erleben Sie mit
uns die märchenhaften Stätten entlang
der Seidenstraße.

CHINA BY BIKE

Wenn Sie dem europäischen Winter entfliehen wollen, radeln Sie auf
den Touren von China in die angrenzenden Länder Laos, Burma und
Vietnam durch reizvolle Vegetation bei angenehmen Temperaturen.
"Auf den Spuren der Khmer" führen wir Sie von Thailand über Laos
nach Kambodscha.

CHINA BY BIKE

Karlsgartenstr. 19, 12049 Berlin
Tel: 030-622 5645, Fax: 627 20590
E-Mail: info@china-by-bike.de
Internet: www.china-by-bike.de